Guy Beaucamp

Einführung in das Verfassungsrecht der USA

Guy Beaucamp

Einführung in das Verfassungsrecht der USA

Prof. Dr. Guy Beaucamp, Jahrgang 1964, Studium an den Universitäten Hamburg und Genf, Promotion 1996, Habilitation 2001, 2002 Justitiar, 2003 Verwaltungsrichter, seit 2004 Professor am Department Public Management der HAW Hamburg.

Bibliografische Information der Deutschen Nationalbibliothek
Die Deutsche Nationalbibliothek verzeichnet diese Publikation in der Deutschen Nationalbibliografie; detaillierte bibliografische Daten sind im Internet über <http://dnb.d-nb.de> abrufbar.

ISBN 978-3-8114-6980-8

E-Mail: kundenservice@cfmueller.de
Telefon: +49 6221 1859 599
Telefax: +49 6221 1859 595

www.cfmueller.de
www.cfmueller-campus.de

Satz: TypoScript, München
Druck: CPI Clausen & Bosse, Leck

Vorwort

Dieses Buch wendet sich an alle deutschsprachigen Leserinnen und Leser, die mehr vom U.S.-amerikanischen Verfassungsrecht wissen wollen. So oft es sinnvoll erscheint, werden zusätzlich Parallelen und Unterschiede zum deutschen Grundgesetz aufgezeigt. Auf diese Weise können die neuen Informationen über die Verfassung der Vereinigten Staaten hoffentlich besser eingeordnet und behalten werden. Die Regeln des Grundgesetzes dienen als Referenzpunkte, werden ihrerseits jedoch nicht ausführlich erläutert, sondern nur insoweit angesprochen, wie sie für den Vergleich relevant sind. Dies dürfte für fortgeschrittene Studierende, Referendare oder fertige Juristinnen und Juristen kein großes Problem darstellen. Studierenden der ersten Semester sei geraten, zumindest einen Grundgesetztext parat zu haben. Den Text der Verfassung der U.S.A. finden Sie unter E. vor dem Sachverzeichnis des Buches.

Viele Kapitel dieser Einführung entstanden während eines Forschungsaufenthalts an der Law School der Washington und Lee University in Lexington, Virginia im Herbstsemester 2019, der dankenswerterweise von einem Stipendium der Fulbright-Stiftung unterstützt wurde. Dass dieser Aufenthalt rundum gelang, ist der Freundlichkeit und Hilfsbereitschaft vieler amerikanischer Kolleginnen und Kollegen zu verdanken. In guter Erinnerung seien benannt: *Marc* und *Michelle Drumbl*, *Mary Earvin, J.D. King, Alex Klein* und Dekan *Brent Hellwig*. Ganz besonderer Dank geht an den Kollegen und Freund *Russell Miller*, der das Projekt mit der Einladung nach Lexington, Literaturtipps und wertvollen Kommentaren unterstützt hat. Außerdem durfte ich seine begeisternde Vorlesung zum US-amerikanischen Verfassungsrecht besuchen (studiengebührenfrei)!

Bei meinem Sohn Lionel bedanke ich mich für die Erstellung des Sachverzeichnisses.
Hinweise und Ergänzungsvorschläge können gern an guy.beaucamp@haw-hamburg.de gesandt werden.

Hamburg, im Dezember 2020 *Guy Beaucamp*

Inhaltsverzeichnis

Abkürzungsverzeichnis

A.A.	anderer Auffassung
Abs.	Absatz
ACLU	American Civil Liberties Union
AFSCME	American Federation of State, County and Municipal Employees
Alt.	Alternative
Art.	Artikel
Aufl.	Auflage
BDSG	Bundesdatenschutzgesetz
Beschl.	Beschluss
BGBl	Bundesgesetzblatt
BVerfG	Bundesverfassungsgericht
BVerfGE	Amtliche Sammlung der Entscheidungen des Bundesverfassungsgerichts
BVerfGG	Bundesverfassungsgerichtsgesetz
BVerwG	Bundesverwaltungsgericht
BVerwGE	Amtliche Sammlung der Entscheidungen des Bundesverwaltungsgerichts
cl.	clause
D.C.	District of Columbia
DÖV	Die öffentliche Verwaltung (Zeitschrift)
DSGVO	Datenschutzgrundverordnung
DVBl	Deutsches Verwaltungsblatt (Zeitschrift)
EAC	Election Assistance Commission
E.O.	Executive Order
EU	Europäische Union
f.	folgend
ff.	fortfolgend
FEC	Federal Election Commission
Fn.	Fußnote
G	Gesetz
GG	Grundgesetz
h.M.	herrschende Meinung
Hrsg.	Herausgeber
Inc.	Incorporation
INS	Immigration and Naturalization Service
i.S.d.	im Sinne des
i.V.m.	in Verbindung mit

JA	Juristische Arbeitsblätter (Zeitschrift)
JbÖR	Jahrbuch des öffentlichen Rechts
JM	Juris Monatszeitschrift
Jura	Juristische Ausbildung (Zeitschrift)
JZ	Juristenzeitung
m.a.W.	mit anderen Worten
MV	Mecklenburg-Vorpommern
m.w.N.	mit weiteren Nachweisen
NAACP	National Association for the Advancement of Colored People
NJOZ	Neue Juristische Online Zeitschrift
NLRB	National Labor Relations Board
No.	Number
Nr.	Nummer
NVwZ	Neue Zeitschrift für Verwaltungsrecht
OVG	Oberverwaltungsgericht
PAC	Political Action Committee
Rn.	Randnummer
Rspr.	Rechtsprechung
s.	siehe
S.	Seite/Satz
S.Ct.	Supreme Court Reporter (Zeitschrift)
st. Rspr.	ständige Rechtsprechung
SZ	Süddeutsche Zeitung
UCLA	University of California Los Angeles
Urt.	Urteil
U.S.	United States/United States Reports, amtliche Sammlung der Entscheidungen des Supreme Court
USC	United States Constitution
U.S.C.	United States Code
v.	versus
VerwArch	Verwaltungsarchiv (Zeitschrift)
VGH	Verwaltungsgerichtshof
WRV	Weimarer Reichsverfassung
ZaöRV	Zeitschrift für ausländisches öffentliches Recht und Rechtsvergleichung
ZfP	Zeitschrift für Politik
zit.	zitiert
ZRP	Zeitschrift für Rechtspolitik

Literaturverzeichnis

Abrams, Floyd, The Soul of the First Amendment, 2017

Abu El-Haj, Tabatha, The Neglected Right of Assembly, UCLA Law Review 56 (2009), 543 ff.

Amar, Akhil Reed, America's Constitution – A Biography, 2006, zit.: *Amar* (2006)

ders., America's Unwritten Constitution, 2012, zit.: *Amar* (2012)

ders., Introduction to the New Edition, in: *Scalia, Antonin,* A Matter of Interpretation, 2. Aufl. 2018, S. XV ff., zit.: *Amar* (2018)

Baer, Susanne, Comparing Courts, in: Kaiser, Anna Bettina/Petersen, Niels/Saurer, Johannes, The U.S. Supreme Court and contemporary constitutional law: The Obama Era and its Legacy, 2018, S. 253 ff.

Barron, Jerome/Dienes, Thomas, Constitutional Law in a Nutshell, 10. Aufl. 2020

Beaucamp, Guy, „Obamacare" vor dem Supreme Court, JZ 2016, 987 ff.

ders., Das Stichwort Gerechtigkeit in der amtlich gesammelten Rechtsprechung des Bundesverfassungsgerichts seit dem Jahr 2000, DVBl 2017, 348 ff.

ders., Homeschooling: Ist die ausnahmslose Durchsetzung der Schulpflicht verfassungsgemäß?, in: Weilert, Katarina/Hildmann, Philipp, Religion in der Schule, 2018, S. 183 ff.

ders./Beaucamp, Jakob, Methoden und Technik der Rechtsanwendung, 4. Aufl. 2019

Bernstein, David, The Story of Lochner v. New York, in: Dorf, Michael, (Hrsg.), Constitutional Law Stories, 2. Aufl. 2009, S. 299 ff.

Bhagwat, Ashutosh, The Story of Whitney v. California, in: Dorf, Michael, (Hrsg.), Constitutional Law Stories, 2. Aufl. 2009, S. 383 ff.

Blumenwitz, Dieter, Einführung in das anglo-amerikanische Recht, 7. Aufl. 2003

Bradley, Curtis/Morrison, Trevor, Presidential Power, Historical Practise, and Legal Constraint, Columbia Law Review 113 (2013), 1197 ff.

Branum, Tara, President or King – The Use and Abuse of Executive Orders in Modern-Day America, Journal of Legislation 28 (2002), 1 ff.

Brennan Center, The Case for Automatic Permanent Voter Registration, Democracy & Justice 9 (2015), 30 ff.

Brinkbäumer, Klaus, Nachruf auf Amerika, 2018

Brugger, Winfried, Einführung in das öffentliche Recht der USA, 2. Aufl. 2001

ders., Neuere Rechtsprechung des U.S. Supreme Court, JZ 2009, 609 ff.

Byrd, Sharon, Einführung in die anglo-amerikanische Rechtssprache, Band I, 3. Aufl. 2011

Calabresi, Steven, Afterword to the New Edition, in: *Scalia, Antonin,* A Matter of Interpretation, 2. Aufl. 2018, S. 151 ff.

Chemerinsky, Erwin, Constitutional Law – Principles and Policies, 6. Aufl. 2019

ders., Constitutional Law – Supplement, 2019

Cho, Moohyung/Todd, Jason Douglas/Vanberg, Georg Politics, Polarization, and the U.S. Supreme Court, in: Kaiser, Anna Bettina/Petersen, Niels/Saurer, Johannes, The U.S. Supreme Court and contemporary constitutional law: The Obama Era and its Legacy, 2018, S. 41 ff.

Chu, Vivian/Garvey, Todd, Executive Orders: Issuance, Modification, and Revocation, Congressional Research Service, 2014

Collings, Justin, An American Perspective on the German Constitutional Court, in: Kaiser, Anna Bettina/Petersen, Niels/Saurer, Johannes, The U.S. Supreme Court and contemporary constitutional law: The Obama Era and its Legacy, 2018, S. 273 ff.

Cottrol, Robert/Diamond, Raymond, Public Safety and the Right to Bear Arms, in: Bodenhamer, David/Ely, James (Hrsg.), The Bill of Rights in Modern America, 2008, S. 88 ff.

Currie, David, The Constitution of the United States, 2. Aufl. 2000

Currie, David/Doernberg, Donald, Federal courts, 5. Aufl. 2016

Curtin, John, A System That Works, in: Lundquist, Weyman/Pytte, Alison, Jury Trials, 2008, S. 1 ff.

Dawkins, Philip, Restoring Power to the People: Problems with Voter Registration and Ideas for a more Participatory Democracy, Law and Society Journal UCSB 7 (2008), 17 ff.

Determann, Lothar, Datenschutz in den USA – Dichtung und Wahrheit, NVwZ 2016, 561 ff.

Dorf, Michael, Introduction, in: ders., (Hrsg.), Constitutional Law Stories, 2. Aufl. 2009, S. 1 ff.

Dworkin, Ronald, Comment, in: *Scalia, Antonin,* A Matter of Interpretation, 2. Aufl. 2018, S. 115 ff.

EAC = Election Assistance Commission, Election administration and voting survey 2018, 2019

Eckman, Sarah, Federal Role in Voter Registration, Congressional Research Service 2019

Egli, Patricia, Key Federalism Cases During the Obama Presidency, in: Kaiser, Anna Bettina/Petersen, Niels/Saurer, Johannes, The U.S. Supreme Court and contemporary constitutional law: The Obama Era and its Legacy, 2018, S. 97 ff.

Eisgruber, Christopher, The Story of Dred Scott v. Sandford, in: Dorf, Michael, (Hrsg.), Constitutional Law Stories, 2. Aufl. 2009, S. 155 ff.

Endler, Tobias/Thunert, Martin, Entzauberung – Skizzen und Ansichten zu den USA in der Ära Obama, 2016

Epps, Garrett, The Story of Al Smith: The First Amendment Meets Grandfather Peyote, in: Dorf, Michael, (Hrsg.), Constitutional Law Stories, 2. Aufl. 2009, S. 455 ff.

Feldman, Noah, Obama and the limits of Executive Power, BloombergView, December 28, 2015

Frankenberg, Günter, Critical Comparisons: Re-thinking Comparative Law, Harvard International Law Journal 1985, 411 ff.

Gade, Gunther, Waffengesetz, 2. Aufl. 2018

Gitterman, Daniel, Calling the shots, the president, executive orders, and public policy, 2017

Glendon, Mary, Comment, in: *Scalia, Antonin,* A Matter of Interpretation, 2. Aufl. 2018, S. 95 ff.

Green, Steven, The Irrelevance of Church-State Separation in the Twenty-First Century, Syracuse Law Review 69 (2019), 27 ff.

Grimm, Dieter, Was ist politisch an der Verfassungsgerichtsbarkeit?, ZfP 2019, 86 ff.

ders., Types of Constitutions, Rosenfeld, Michel/Sajo, Andras (editors), The Oxford Handbook of Comparative Constitutional law, 2012, S. 98 ff.

Hailbronner, Michaela, All Same-Sex Marriage Is not the Same: Obergefell from a comparative perspective, in: Kaiser, Anna Bettina/Petersen, Niels/Saurer, Johannes, The U.S. Supreme Court and contemporary constitutional law: The Obama Era and its Legacy, 2018, S. 133 ff.

Harris, Cheryl, The Story of Plessy v. Ferguson, in: Dorf, Michael, (Hrsg.), Constitutional Law Stories, 2. Aufl. 2009, S. 187 ff.

Heldt, Amélie, Terror-Propaganda online: Die Schranken der Meinungsfreiheit in Deutschland und den USA, NJOZ 2017, 1458 ff.

Heringa, Aalt Willem, Constitutions Compared, 4. Aufl. 2016

Hirschl, Ran, The Question of Case Selection in Comparative Constitutional Law, American Journal of Comparative Law 53 (2005), 125 ff.

Hong, Mathias, Campaign Finance and Freedom of Speech – A Transatlantic Perspective, in: Kaiser, Anna Bettina/Petersen, Niels/Saurer, Johannes, The U.S. Supreme Court and contemporary constitutional law: The Obama Era and its Legacy, 2018, S. 79 ff.

Horwitz, Paul, The Hobby Lobby Moment, Harvard Law Review 128 (2014), 154 ff.

Inazu, John, The Forgotten Freedom of Assembly, Tulane Law Review 84 (2010), 565 ff.

Issacharoff, Samuel, What Does the Supreme Court Do?, in: Kaiser, Anna Bettina/Petersen, Niels/Saurer, Johannes, The U.S. Supreme Court and contemporary constitutional law: The Obama Era and its Legacy, 2018, S. 19 ff.

Jackson, Vicki, Methodological Challenges in Comparative Constitutional Law, Penn State International Law Review 28 (2010), 319 ff.

Jarass, Hans/Pieroth, Bodo, Grundgesetz, Kommentar, 16. Aufl. 2020

Kahn, Paul, Comparative Constitutionalism in a New Key, Michigan Law Review 101 (2003), 2677 ff.

Kaiser, Anna Bettina/Petersen, Niels/Saurer, Johannes, Introduction, in: dies., The U.S. Supreme Court and contemporary constitutional law: The Obama Era and its Legacy, 2018, S. 7 ff.

Karp, Aaron, Estimating Global Civilian-Held Firearms Numbers, 2018

Kingreen, Thorsten/Möslein, Florian, Die Identität der juristischen Person: Die Hobby-Lobby-Entscheidung des U.S. Supreme Court zur Glaubensfreiheit gewinnorientierter Kapitalgesellschaften, JZ 2016, 57 ff.

Kischel, Uwe, Rechtsvergleichung, 2015

Kommers, Donald, The Value of Comparative Law, German Law Journal 20 (2019), 532 ff. (Nachdruck aus John Marshall Journal of Practice & Procedure 9 (1976), 685 ff.)

Kommers, Donald/Miller, Russell, The Constitutional Jurisprudence of the Federal Republic of Germany, 3. Aufl. 2012

Kube, Hanno, Zehn Thesen für Demokratie und Reformfähigkeit in Deutschland, ZRP 2004, 52 ff.

Kulick, Andreas, Der Kristallisationspunkt moderner Verfassungstheorie: Werte, Verfassungsinterpretation und Gewaltenteilung in Obergefell v. Hodges, JZ 2016, 67 ff.

Legrand, Pierre, Negative Comparative Law, Journal of Comparative Law 10, 405 ff.

Lepore, Jill, These Truths – A History of the United States, 2018

Lepsius, Oliver, Was kann die deutsche Staatsrechtslehre von der amerikanischen Rechtswissenschaft lernen?, in: Schulze,-Fielitz, Helmuth (Hrsg.), Staatsrechtslehre als Wissenschaft, 2007, S. 319 ff.

ders., The Second Amendment and the Debate on Originalism, in: Kaiser, Anna Bettina/Petersen, Niels/Saurer, Johannes, The U.S. Supreme Court and contemporary constitutional law: The Obama Era and its Legacy, 2018, S. 149 ff., zit. Lepsius (2018)

ders., Kontextualisierung als Aufgabe der Rechtswissenschaft, JZ 2019, 793 ff.

Levinson, Sanford, Our Undemocratic Constitution, 2006

Levitzky, Steven/Ziblatt, Daniel, How democracies die, 2018

Lindenblatt, Thomas, Der Einfluss amerikanischen Verfassungsdenkens auf die Verfassungsentwicklung in Deutschland, 2014

Ludington, Sarah/Denning, Brannon/Henigan, Dennis/Kopel, David/Shearer, Hannah, Heller in the Lower Courts, Campbell Law Review 40 (2018), 399 ff.

Lütjen, Torben, Amerika im kalten Bürgerkrieg, 2020

Lundmark, Thomas, Die Methodik des Präzedenzfalls im Common Law-Rechtskreis, Ad Legendum 2016, 109 ff.

Mangoldt, Hermann von/Klein, Franz/Starck, Christian, (Hrsg.), Grundgesetz, Kommentar, 7. Aufl. 2018, zit.: *Bearbeiter,* in: v. Mangoldt/Klein/Starck, GGK, Art., Rn.

Mathews, Jud, Presidential Administration in the Obama Era, in: Kaiser, Anna Bettina/Petersen, Niels/Saurer, Johannes, The U.S. Supreme Court and contemporary constitutional law: The Obama Era and its Legacy, 2018, S. 67 ff.

Mayer, Kenneth, With the stroke of the pen, 2001

Mazo, Eugene, Finding Common Ground on Voter ID Laws, University of Memphis Law Review 19 (2019), 1233 ff.

Mazzone, Jason, Freedom's Associations, Washington Law Review 77 (2002), 639 ff.

Michael, Lothar/Morlok, Martin, Grundrechte, 7. Aufl. 2020

Michl, Fabian/Kaiser, Roman, Wer hat Angst vorm Gerrymander?, Jahrbuch des öffentlichen Rechts 2019, 51 ff.

Miller, Russell, Germany's German Constitution, Virginia Journal of International Law 2017, 95 ff.

Morlok, Martin/Michael, Lothar, Staatsorganisationsrecht, 4. Aufl. 2019

Muckel, Stefan, Grundrechtsberechtigung und Grundrechtsverpflichtung – Wer kann sich auf Grundrechte berufen und wer wird durch sie verpflichtet?, JA 2020, 411 ff.

Müller, Lukas, Die Rolle der Equal Protection Clause des 14. Amendment im US-amerikanischen Verfassungs- und insbesondere Wahlrecht im Vergleich zum deutschen Gleichheitssatz, ZaöRV 79 (2019), 85 ff.

Nejaime, Douglas/Siegel, Reva, Conscience Wars: Complicity-Based Conscience Claims in Religion and Politics, Yale Law Journal 124 (2015), 2516 ff.

Newland, Erica, Executive Orders in Court, Yale Law Journal 124 (2015), 2026 ff.

Norris, Pippa, Why American Elections Are Flawed (And How to Fix Them), Harvard Kennedy School Working Paper 2016, 1 ff.

Prümm, Hanns Paul, Was die deutsche von der amerikanischen Rechtslehre lernen kann, in: Kokemoor, Axel u.a. (Hrsg.), Gedächtnisschrift Wörlen, 2013, S. 685 ff.

Radke, Holger, Schließen wir nen kleinen Kompromiss, JM 2020, 45

Reynolds, Glenn, Second Amendment Penumbras: Some Preliminary Observations, Southern California Law Review 85 (2012), 247 ff.

Ruben, Eric/Blocher, Joseph, From Theory to Doctrine: An Empirical Analysis of the Right to Keep and Bear Arms After Heller, Duke Law Journal 67 (2018), 1433 ff.

Sacco, Rodolfo, Einführung in die Rechtsvergleichung, 3. Aufl. 2017

Sachs, Michael, (Hrsg.), Kommentar zum Grundgesetz, 8. Aufl. 2018, zit.: *Bearbeiter,* in: Sachs, Art., Rn.

Scalia, Antonin, A Matter of Interpretation, 2. Aufl. 2018

Schiedermaier, Stephanie, Bundespräsident verhindert Verbraucherinformationsgesetz, DÖV 2007, 726 ff.

Schlaich, Klaus/Korioth, Stefan, Das Bundesverfassungsgericht, 11. Aufl. 2018

Schmidt-Aßmann, Eberhard, Grundstrukturen des Verwaltungsrechts und des Verwaltungsrechtsschutzes in den USA, Verwaltungsarchiv 111 (2020), 1 ff.

Slattery, Elizabeth/Kloster, Andrew, An Executive Unbound: The Obama Administration's Unilateral Actions, 2014, https://www. heritage.org

Snyder, Timothy, On Tyranny, 2017

Sodan, Helge/Ziekow, Jan, Grundkurs Öffentliches Recht, 9. Aufl. 2020

Springford, John/Tilford, Simon, Wer kommt besser durch die Corona-Krise, Europa oder die USA?, SZ Nr. 195 v. 25.08.2020, S. 20.

Steiner, Udo, 70 Jahre Grundgesetz für die Bundesrepublik Deutschland, Jura 2019, 441 ff.

Stevenson, Bryan, Just Mercy – a story of justice and redemption, 2015

Sukurs, Angela, How Strict Voter Registration Laws Will Affect Transgender Voters, Public Interest Law Reporter 20 (2014), 1 ff.

Teitel, Ruti, Comparative Constitutional Law in a Global Age, Harvard Law Review 117 (2004), 2570 ff.

The Federalist Papers, with introduction by Gary Wills, Bantam Classic Reissue 2003

Tribe, Laurence, Comment, in: *Scalia, Antonin,* A Matter of Interpretation, 2. Aufl. 2018, S. 65 ff.

Tushnet, Mark, The Constitution of the United States of America, 2. Aufl. 2015

Tushnet, Mark, Advanced Introduction to comparative constitutional law, 2. Aufl. 2018

Tushnet, Mark/Chen, Allen/Blocher, Joseph, Free Speech beyond Words, 2017, zit.: *Tushnet u.a.*

Twining, William/Miers, David, How to do things with rules, 5. Aufl. 2010

Ungern-Sternberg, Antje, The Obama Era: Freedom of Religion, in: Kaiser, Anna Bettina/ Petersen, Niels/Saurer, Johannes, The U.S. Supreme Court and contemporary constitutional law: The Obama Era and its Legacy, 2018, S. 175 ff.

Vidmar, Neil/Hans, Valerie, American Juries – The Verdict, 2007

Volkmann, Uwe, Krise der konstitutionellen Demokratie?, Der Staat 58 (2019), 643 ff.

Voßkuhle, Andreas, Multilevel cooperation of European constitutional courts: Der Europäische Verfassungsgerichtsverbund, European Constitutional Law Review 6 (2010), 175 ff.

ders., Karlsruhe Unlimited? Zu den (unsichtbaren) Grenzen der Verfassungsgerichtsbarkeit, BayVBl 2020, 577 ff.

Weaver, Russell, Understanding the First Amendment, 7. Aufl. 2020

Weber, Albrecht, European Constitutions Compared, 2019

Whitman, James, Eine Lobby für die Menschenwürde, SZ Nr. 145 v. 27.06.2014, S. 12

Wiederin, Ewald, Entgrenzung der Verfassungsgerichtsbarkeit, BayVBl 2020, 583 ff.

Wieland, Wolfgang/Albin, Wolf, Demokratiedefizite aus einer Verlängerung der Wahlperiode können aufgefangen werden, ZRP 2006, 76 ff.

Wieser, Bernd, Vergleichendes Verfassungsrecht, 2005

Wilkinson, Harvie, Of Guns, Abortions and the Unraveling Rule of Law, Virginia Law Review 95 (2009), 253 ff.

Winkler, Adam, Gunfight, 2011

Wischmeyer, Thomas, "Faraway, So Close!" – A Constitutional Perspective on Transatlantic Data Flow Regulation, in: Kaiser, Anna Bettina/Petersen, Niels/Saurer, Johannes, The U.S. Supreme Court and contemporary constitutional law: The Obama Era and its Legacy, 2018, S. 191 ff.

Wood, Gordon, Comment, in: *Scalia, Antonin,* A Matter of Interpretation, 2. Aufl. 2018, S. 49 ff.

Wright, George, What Counts as Speech in the First Place: Determining the Scope of the Free Speech Clause, Pepperdine Law Review 37 (2010), 1217 ff.

Zebrowski, John, Judge or Jury: A Judges's Perspective, in: Lundquist, Weyman/Pytte, Alison, Jury Trials, 2008, S. 11 ff.

Zoethout, Carla, The dilemma of Constitutional Comparativism, ZaöRV 2011, 787 ff.

A. Einleitung

Zu Beginn dieses Abschnitts werden die vielen – auf den ersten Blick – ähnlich anmutenden Elemente des Grundgesetzes und der United States Constitution (USC) angesprochen (I.). In einem zweiten Schritt geht es dann darum auszuloten, in welchen doch sehr unterschiedlichen historischen, politischen und rechtlichen Zusammenhängen die jeweiligen Verfassungstexte stehen (II.). Nach einem Blick auf die generellen Schwierigkeiten jeder Rechtsvergleichung (III.), werden unter IV. einige Besonderheiten bei der Auslegung der US-Verfassung geschildert. Den weiteren Aufbau des Buches können Sie unter V. nachlesen. 1

I. Parallele Strukturen?

Auf den ersten Blick weisen die Verfassung der Vereinigten Staaten von Amerika aus dem Jahr 1787 und das Grundgesetz von 1949 erstaunlich viele Parallelen auf 2

Beide Verfassungen legen eine bundesstaatliche Struktur fest[1], die in beiden Ländern auch auf einer langen Tradition beruht[2]. Sie verteilen die staatlichen Befugnisse und Aufgaben also auf zwei Ebenen (s. Art. 20 Abs. 1, 31, 70 ff., 83 ff. GG und Art. I, section 7, 8, 9 USC). Die Ebene der Gliedstaaten ist in beiden Verfassungen durch eine einflussreiche[3] zweite Kammer an der Gesetzgebung des Bundes beteiligt (bicameralism), nämlich durch den Senat (Art. I section 3 USC) bzw. den Bundesrat (Art. 50 ff. GG)[4]. 3

Obwohl die amerikanische Verfassung im Gegensatz zu Art. 20 Abs. 1, 28 Abs. 1 GG das Wort Demokratie nicht verwendet, lassen sich beide Systeme als repräsentative Demokratien kennzeichnen[5]. Die Wahl von Volksvertretern ist jeweils entscheidend (Art. I, section 2, 17th amendment bzw. Art. 38 GG) über Sachfragen abzustimmen, ist in der US-Verfassung überhaupt nicht[6], im Grundgesetz nur extrem selten vorgesehen (s. Art. 29 u. 146 GG). 4

Beide Verfassungssysteme setzen auf Gewaltenteilung. Im Grundgesetz ergibt sich dies ausdrücklich aus Art. 20 Abs. 2, in der US-Verfassung folgt dies aus dem Aufbau der Artikel I bis III sowie der jeweiligen section 1[7]. 5

1 *Levinson,* S. 30; *Lindenblatt,* S. 84; *Schmidt-Aßmann,* VerwArch 111 (2020), 1, 3; *Kommers,* German Law Journal 20 (2019), 524, 527.
2 *Weber,* S. 186 für Deutschland, Articles of Confederation für die USA.
3 *Levinson,* S. 30 f.
4 *Lindenblatt,* S. 84.
5 *Kommers,* German Law Journal 20 (2019), 524, 527; *Schmidt-Aßmann,* VerwArch 111 (2020), 1, 3.
6 *Heringa,* S. 38; *Lütjen,* S. 77.
7 *Heringa,* S. 37; ebenso *Grimm,* S. 109.

6 Beide Verfassungen kennen einen Präsidenten als Staatsoberhaupt (Art. II USC, Art. 54 ff. GG). Beide verfügen über ein starkes Verfassungsgericht[8] (Art. 93 f. GG, Art. III section 1 and 2 USC) und ein Mehrparteiensystem[9]. Beide sehen Verfassungsänderungen nur durch qualifizierte Mehrheitsentscheidungen vor, kennen aber auch änderungsfestes Verfassungsrecht (Art. 79 GG, Art. V USC)[10].

7 Verwandte Grundrechtskataloge finden sich schließlich sowohl in der sogenannten Bill of Rights (Amendment 1-8 USC) als auch in Art. 1–17 GG[11]. Beide Verfassungen setzen z.B. auf Meinungsvielfalt und Pluralismus[12].

8 Ob diese erste Bestandsaufnahme von Parallelen näherer Betrachtung standhält, soll im Folgenden geklärt werden. Es könnte sich herausstellen, dass man auf einige „falsche Freunde" (false friends) gestoßen ist[13]. So bezeichnen Übersetzer Worte in verschiedenen Sprachen, die zwar gleich oder sehr ähnlich aussehen, jedoch eine völlig andere Bedeutung haben. „Gymnasium" ist im Englischen eine Turnhalle oder ein Fitnessstudio, jedoch keine weiterführende Schule. Wenn man im Deutschen „brav" sagt, kann man dies nicht mit dem englischen Wort „brave" (= tapfer) übersetzen, sondern muss etwa den Ausdruck „well-behaved" wählen.

9 Um für solche möglichen Fehleinschätzungen zu sensibilisieren sollen im folgenden Abschnitt Gründe zusammengestellt werden, die echten Parallelen zwischen den beiden Verfassungen entgegenstehen.

II. Mögliche Gründe für gravierende Unterschiede

10 Es mag banal erscheinen, aber der Text der US-Verfassung ist im Original mit 4543 Worten[14] weniger als halb so lang wie der Text des Grundgesetzes von 1949 mit rund 11.000 Worten[15]. Nimmt man alle Verfassungsänderungen hinzu, bleibt das Bild gleich. Die heutige US-Verfassung hat 7591 Worte[16], das aktuelle Grundgesetz mehr als 20.000[17]. Dies bedeutet, dass in der US-Verfassung viel mehr Aspekte ungeregelt geblieben und Konkretisierung, Interpretation sowie Ergänzung häufiger nötig sind[18],

8 *Kommers/Miller,* S. 38; *Schlaich/Korioth,* S. 1 u. 409 ff.; *Voßkuhle,* European Constitutional Law Review 6 (2010), 175, 179; *Steiner,* Jura 2019, 441, 446; *Glendon,* S. 95, 103 für Deutschland; *Kahn,* Michigan Law Review 101 (2003), 2677, 2686; *Lepore*, S. 716 für die USA.

9 *Kommers,* German Law Journal 20 (2019), 524, 527.

10 *Grimm,* S. 111.

11 *Kommers,* German Law Journal 20 (2019), 524, 527; *Lindenblatt,* S. 85.

12 Vergl. *Grimm,* S. 117 f.

13 S.a. *Tushnet,* Comparative, S. 6 mit dem Beispiel „judicial review", ein Ausdruck, der in den USA und in Großbritannien unterschiedlich verstanden wird; ähnlich *Teitel,* Harvard Law Review 117 (2004), 2570, 2577.

14 http://www.constitutionfacts.com/us-constitution-amendments/fascinating-facts/

15 Wissenschaftlicher Dienst des Bundestags, 60 Jahre GG, Zahlen und Fakten, S. 6.

16 http://www.constitutionfacts.com/us-constitution-amendments/fascinating-facts/

17 Wissenschaftlicher Dienst des Bundestags, 60 Jahre GG, Zahlen und Fakten, S. 5.

18 *Amar* (2012), S. 208 u. 309; *Chemerinsky* S. 18; *Glendon,* S. 95, 106.

als ohnehin im eher offen formulierten Verfassungsrecht[19]. „Ungeschriebenes“ Verfassungsrecht, obwohl in jedem Verfassungssystem vorhanden[20], hat ein größeres Gewicht für die US-Verfassung[21] als für das Grundgesetz.

Die US-Verfassung ist 162 Jahre älter und zählt zu den am längsten geltenden Verfassungen weltweit[22]. Ihr historischer, politischer und philosophischer Hintergrund ist mit dem des Grundgesetzes unvergleichbar[23]: Auf der einen Seite ein Befreiungskrieg gegen den englischen König und die Konföderationsartikel als erste Verfassung, auf der anderen Seite die Erfahrungen der gescheiterten Weimarer Republik, der Zeit des Nationalsozialismus, der Besatzung einschließlich der Vorgaben der Militärgouverneure für die neue Verfassung. In den 162 Jahren, die zwischen den beiden Verfassungen liegen, sind Probleme aufgekommen, von denen man 1787 wenig oder nichts ahnen konnte, etwa die Dominanz der politischen Parteien[24], die sogenannte soziale Frage, die Gleichberechtigung von Frauen und Männern oder die Frage der Massenmedien. **11**

Für die Väter und Mütter des Grundgesetzes stellte sich andererseits – ebenfalls aus historischen Gründen – ein Problem nicht, welches an verschiedenen Stellen der US-Verfassung angesprochen wird: die Sklaverei. Diese war für die Gründungsväter der USA ein fester Bestandteil ihrer Gesellschaft[25]. Sklaven zählten nach dem mittlerweile aufgehobenen Art. I, section 3 USC zur Bevölkerung und steigerten sowohl die Zahl der Sitze im Repräsentantenhaus, die ein Bundesstaat erhielt, als auch die Zahl der Wahlmänner zur Wahl des US-Präsidenten, wobei die nicht wahlberechtigten Sklaven mit Drei-Fünftel eingerechnet wurden[26]. Diese Regelungen hatten die Wirkung, dass der weiterlaufende Import von Sklaven in die Südstaaten der USA deren politischen Einfluss erhöhte (slave bonus)[27]. Ein praktisches Beispiel: 1790 hatten sowohl der Bundesstaat New Hampshire als auch der Bundesstaat South Carolina 140.000 freie Bürger und damit jeweils vier Sitze im damaligen Repräsentantenhaus. Weil in South Carolina aber 100.000 Sklaven registriert waren, bekam dieser Bundesstaat zwei weitere Sitze zugesprochen[28]. Der Sklavenhandel durfte bis 1808 selbst durch Verfassungsänderung nicht verboten werden (Art. I section 9 cl 1 i.V.m. Art. V USC). Der mittlerweile ebenfalls aufgehobene Art. IV section 3 USC verpflichtete dazu, entflohene Sklaven ihren Eigentümern zurückzugeben. Insgesamt lassen die aufgeführten Regelungen den Schluss zu, das die Verfassung von 1787 den Staaten, die Sklaven hielten, sehr entgegenkam[29]. **12**

19 *Wieser,* S. 119; *Glendon,* S. 95, 110; *Grimm,* ZfP 2019, 86, 94; *Beaucamp/Beaucamp,* S. 64 m.w.N. für das GG.
20 *Heringa,* S. 4 f.
21 *Tushnet,* S. 1, 39 u. 118.
22 *Tushnet,* Comparative, S. 7.
23 Ähnlich *Kommers,* German Law Journal 20 (2019), 524, 527.
24 *Levinson,* S. 62 f.; *Steiner,* Jura 2019, 441, 444.
25 *Tushnet,* S. 12 u. 254; *Amar,* (2006), S. 20; *Currie,* S. 2.
26 *Amar,* (2006), S. 20 f.
27 *Amar,* (2006), S. 90 f.; *Levinson,* S. 90; *Tushnet,* S. 12; *Amar,* (2012), S. 467.
28 *Amar,* (2006), S. 91; *Lepore,* S. 125.
29 *Amar,* (2006), S. 468; *Chemerinsky,* S. 748; *Brugger,* S. 127; *Lepore,* S. 124 ff.; *Eisgruber,* S. 183.

13 Die beiden Verfassungstexte stehen in sehr unterschiedlichen juristischen Traditionen. Das amerikanische Recht fußt auf dem englischen common law, welches als Fallrecht von Richtern entwickelt wurde[30], das Grundgesetz entstand vor dem Hintergrund des civil law, welches stärker von Rechtswissenschaftlern entwickelt wurde und auf dem System – oder Kodifikationsgedanken beruht[31]. Es darf vermutet werden, dass im US-amerikanischen Recht pragmatische Lösungen bevorzugt werden (legal realism)[32], wohingegen im deutschen Recht die dogmatische Schlüssigkeit größere Bedeutung haben könnte[33]. Im deutschen Verfassungsrecht haben zudem die Ansichten der Rechtswissenschaft größere Bedeutung als im US-amerikanischen Verfassungsrecht[34], nicht zuletzt deshalb, weil Professorinnen und Professoren an das Bundesverfassungsgericht berufen werden.

14 Die Rolle des Staates und die Rolle des Marktes werden in beiden Ländern traditionell sehr unterschiedlich gesehen[35]. Um einen Gedanken von *Günter Frankenberg* aufzugreifen[36]: Es gibt in verschiedenen Ländern unterschiedliche Auffassungen darüber, was ein öffentliches und was ein rein privates Problem darstellt. In Deutschland wird eher nach dem Staat gerufen, der sich grundsätzlich um fast alle Probleme seiner Bürger zu kümmern hat. In den USA wird die Bundesregierung von nicht wenigen als die zentrale Bedrohung der Freiheiten des Einzelnen gesehen (Angst vor big government)[37]. Bei seiner Einführung in das Präsidentenamt sagte Ronald Reagan 1981[38]: *Government is not the solution to our problems, government is the problem.* Es wird sogar konstatiert, dass es eine alte und ehrwürdige amerikanische Tradition sei, die Mächtigen zu hassen[39]. Der „self-made-man" braucht keine Hilfe, von niemandem[40]. Es gibt bedeutsame politische Strömungen in den USA, etwa den Libertarianism[41] oder die radikalen Republikaner (tea-party)[42], die den Einfluss des Staates rigoros zurückdrängen wollen. Diese unterschiedliche Mentalität könnte auch darauf zurückzuführen sein, dass die USA ein klassisches Einwanderungsland waren und sind[43], so dass viele Menschen sich ihr Leben neu aufbauen mussten und müssen.

30 *Glendon,* S. 95, 97; *Lepsius,* S. 319, 323 f.; *Schmidt-Aßmann,* VerwArch 111 (2020), 1, 2; *Prümm,* S. 685, 686; *Kommers/Miller,* S. 55; ausführlich *Kischel,* S. 244 ff.

31 *Glendon,* S. 95, 97; *Kommers/Miller,* S. 55 f.; *Prümm,* S. 685, 686; vertiefend *Miller,* Virginia Journal of International Law, 57 (2017), 95, 118 ff.

32 Vertiefend hierzu *Kischel,* S. 374 ff.

33 *Wright,* Pepperdine Law Review 37 (2010), 1217, 1230; *Dorf,* S. 1, 6; *Lepsius,* S. 319, 326 u. 332; *Collings,* S. 273, 299; *Kommers/Miller,* S. 55.

34 *Kommers/Miller,* S. 73; *Voßkuhle,* BayVBl 2020, 577, 581 f.; generell für das common law *Kischel,* S. 261 ff.

35 *Kommers/Miller,* S. 56; *Lütjen,* S. 37 ff.; *Schmidt-Aßmann,* VerwArch 111 (2020), 1, 34; *Brinkbäumer,* S. 443; *Brugger,* S. 156; s.a. *Heringa,* S. 261.

36 *Frankenberg,* Harvard International Law Journal 26:2 (1985), 411, 451.

37 *Brinkbäumer,* S. 442; *Currie,* S. 26; *Müller,* ZaöRV 79 (2019), 85, 104; *Endler/Thunert,* S. 214; *Whitman,* SZ Nr. 145 v. 27.06.2014, S. 12.

38 Zitiert nach *Lepore,* S. 668; s.a. *Lütjen,* S. 38.

39 *Levitsky/Ziblatt,* S. 42.

40 *Brinkbäumer,* S. 442; ähnlich *Lepore,* S. 694; *Lütjen,* S. 38.

41 S. insoweit *Endler/Thunert,* S. 43 ff. m.w.N.

42 *Endler/Thunert,* S. 51 f.

43 *Brinkbäumer,* S. 443.

Verfassungsrecht wird ferner vom jeweiligen politischen Hintergrund beeinflusst[44]. **15**
Dies scheint in den USA etwas offener diskutiert und akzeptiert zu werden[45], z.B. bei der Auswahl einer neuen Verfassungsrichterin bzw. eines neuen Verfassungsrichters[46] oder bei der Diskussion um die verfassungsrechtliche Rolle des Präsidenten[47]. Deutschland, so Beobachter, hänge stärker an der Wunschvorstellung, dass Politik und Recht getrennte Bereiche seien[48]. Jedenfalls für Verfassungsgerichte – also auch das deutsche Bundesverfassungsgericht – trifft die generelle Beobachtung zu, dass sie sich im Überschneidungsbereich von Recht und Politik bewegen[49].

Zum politischen Hintergrund des deutschen Grundgesetzes lässt sich sagen, dass in **16**
Deutschland eine gewisse Kompromissorientierung vorherrscht, seit der Ära Adenauer hat keine Partei mehr allein regiert, immer gab es Koalitionen[50], vielfach sogar große Koalitionen – das wäre in den USA nicht denkbar. Die beiden großen politischen Lager, die Demokraten und die Republikaner, liegen in vielen Fragen weit auseinander, etwa wenn es um Minderheitenschutz, Einwanderung, Religion, Klimaschutz, Abtreibung[51] oder Waffennutzung[52] geht[53]. Diese Konfrontation der beiden Lage war auch beim Umgang mit dem Corona-Virus zu beobachten[54]. Viele Beobachter konstatieren für die letzten Jahre sogar eine politische Spaltung des Landes[55], eine extreme Zuspitzung[56] und Polarisierung[57] in Hinblick auf das Verhältnis der beiden großen Parteien sowie ihrer jeweiligen Wählerschaften zueinander[58], die bisweilen zu politischer Blockade und Handlungsunfähigkeit führt[59]. Politische Auseinandersetzungen scheinen in den USA härter und persönlicher ausgetragen zu werden, der irrationalen Wut wird in den Medien viel Platz eingeräumt[60]; der frühere Präsident Obama wurde von manchen mit Hitler oder Mussolini verglichen[61]. Es scheint weniger „common ground" zu geben[62], der jedoch für den Erfolg eines demokratischen Gemeinwesens zentral ist[63]. Angst vor

44 *Kahn,* Michigan Law Review 101 (2003), 2677, 2680; *Glendon,* S. 95, 106.
45 *Lepsius,* S. 319, 333; *Grimm,* ZfP 2019, 86, 87; *Kulick,* JZ 2016, 67, 75.
46 *Kahn,* Michigan Law Review 101 (2003), 2677, 2687; kritisch zu der parteipolitisch gesteuerten Auswahl *Scalia,* S. 3, 46 f.
47 *Bradley/Morrison,* Columbia Law Journal 113 (2013), 1097, 1102 u. 1124.
48 *Kommers/Miller,* S. 58 u. 64 f.; *Lepsius,* S. 319, 334.
49 *Wieser,* S. 118 f., 125 u. 127; s.a. *Kommers/Miller,* S. 65; vertiefend *Grimm,* ZfP 2019, 86, 87 f.
50 *Radke,* Editorial, JM 2020, 45; *Collings,* S. 273, 278.
51 Hierzu vertiefend *Lepore,* S. 647 f. u. 702.
52 Speziell zum Konflikt um das Tragen von Waffen *Lepore,* S. 648, 673 u. 675 f.
53 *Levitsky/Ziblatt,* S. 210 u. 225.
54 Exemplarisch *Springford/Tilford,* SZ v. 25.08.2020, S. 20.
55 *Lütjen,* S. 12, 19 f. u. 140 f.; *Brinkbäumer,* S. 379; *Collings,* S. 273, 278.
56 *Brinkbäumer,* S. 387.
57 *Endler/Thunert,* S. 33, 39 ff., 75, 79, 93 u. 219; *Cho u.a.,* S. 41 f.; *Lütjen,* S. 15 u. 34; *Hailbronner,* S. 133 u. 142; *Lepore,* S. 691.
58 *Levitsky/Ziblatt,* S. 11, 142 u. 271; *Lütjen,* S. 67; *Lepore,* S. 707. 711, 726, 728 u. 748; *Tushnet,* S. 88; *Levinson,* S. 65; *Endler/Thunert,* S. 79.
59 *Tushnet,* S. 88; *Endler/Thunert,* S. 55, 78 u. 225; *Brinkbäumer,* S. 429 u. 455.
60 *Levitsky/Ziblatt,* S. 75; *Lütjen,* S. 72 u. 153; *Brinkbäumer,* S. 145 u. 397.
61 *Lepore,* S. 755.
62 *Brinkbäumer,* S. 137 u. 397; *Lütjen,* S. 141 f.
63 *Volkmann,* Staat 58 (2019), 643, 650; ähnlich *Lütjen,* S. 69.

sozialem Abstieg, Angst vor allem Fremden, sogar dem Fortschritt, – so ein Beobachter – überdecke manchmal den grundlegenden amerikanischen Optimismus[64].

17 Ohne hier in die Details gehen zu können, scheinen auch die Medien in beiden Staaten unterschiedlich geprägt zu sein. In den USA werden Medien häufig nicht mehr als neutral wahrgenommen[65], sondern dem jeweils anderen Lager zugeordnet. Dies gilt sowohl für die großen Zeitschriften, wie die New York Times und die Washington Post, als auch für die zahlreichen Nachrichtensender des Radios oder Fernsehens sowie die neuen sozialen Medien[66].

18 Ein weiterer grundlegender Unterschied zwischen den beiden Staaten, der sich auch auf die Verfassung auswirkt, liegt in ihrer Geographie und ihrer weltpolitischen Bedeutung. Die Idee einer „splendid isolation" ist für Deutschland als Land mit vielen Nachbarn in der Mitte Europas nicht praktikabel, die Idee einer europäischen Einigung ist indes aus aktuell machtpolitischen Gründen sowie aus der historischen Erfahrung zweier Weltkriege auf europäischem Boden[67] sinnvoll und in der Präambel zum Grundgesetz benannt. Von ihrer geographischen Lage, ihren Bodenschätzen, ihrer Wirtschaftskraft, ihrer Bevölkerungszahl und ihrer militärischen Stärke her gesehen können die USA dagegen auch allein bestehen[68]. Die von vielen angenommene Sonderstellung der USA findet sich bisweilen auch in einer Geringschätzung von Rechtsvergleichung, internationalen Gerichten und multilateralen Organisationen ausgedrückt[69]. Der Supreme Court hat in einem Fall, der die Missachtung des für die USA bindenden Wiener Übereinkommens über konsularische Beziehungen betraf, entschieden, dass die Gerichte der Bundesstaaten solange nicht an einen völkerrechtlichen Vertrag und ein die Missachtung feststellendes Urteil des Internationalen Gerichthofs in Den Haag gebunden sind, bis der Kongress ein dahingehendes Bundesgesetz erlassen hat[70]. Deutschland dagegen hat hohes Interesse an internationaler Einbindung, was sich am Europaartikel (Art. 23 GG)[71], seiner völkerrechtsfreundlichen Rechtsordnung[72], seiner Berücksichtigung der Europäischen Menschenrechtskonvention als Auslegungshilfe für die Grundrechte[73] und seinem – allein durch das europäische Projekt – starkem Interesse an internationaler Rechtsvergleichung zeigt[74].

---

64 *Brinkbäumer,* S. 145; ähnlich *Endler/Thunert,* S. 21.

65 *Lepore,* S. 742; *Lütjen,* S. 52 f.; *Brinkbäumer,* S. 138.

66 Vertiefend insoweit *Lepore,* S. 704 f. zum Radio, S. 707 f. zum Kabelfernsehen sowie S. 648, 724, 761 u. 770 zum Internet.

67 *Voßkuhle,* European Constitutional Law Review 6 (2010), 175, 179; *Brinkbäumer,* S. 443.

68 *Endler/Thunert,* S. 23.

69 *Kahn,* Michigan Law Review 101 (2003), 2677, 2678 u. 2702; *Baer,* S. 253, 271; *Brinkbäumer,* S. 464; ähnlich *Lepsius,* S. 319, 347.

70 *Medellin v. Texas,* 554 U.S. 760 ff., (2008); hierzu *Brugger,* JZ 2009, 609, 614 ff.

71 *Steiner,* Jura 2019, 441, 445.

72 *Voßkuhle,* European Constitutional Law Review 6 (2010), 175, 179 f. u. 184 f.

73 BVerfGE 128, 326, 366 ff.; 137, 273, 320 f.; *Steiner,* Jura 2019, 441, 445; *Wiederin,* BayVBl 2020, 583, 585; *Jarass/Pieroth,* Art. 1, Rn. 29 f.; *Sodan/Ziekow,* § 5, Rn. 39; *Voßkuhle,* BayVBl 2020, 577, 580.

74 *Voßkuhle,* BayVBl 2020, 577, 581; *Kommers/Miller,* S. 74 f. u. 302.

Ein weiterer interessanter Erklärungsansatz für Unterschiede zwischen dem deutschen und dem US-amerikanischen Verfassungsrecht nimmt die jeweilige Relevanz von Vernunft und Volkssouveränität in den Blick. Die These lautet, dass westeuropäische Verfassungsgerichte auf einer gleitenden Skala dieser beiden Werte, die beide für demokratische Verfassungen wichtig sind[75], eher die Vernunftargumente, z.B. das Allgemeinwohl, Interessenabwägungen und Verhältnismäßigkeitsüberlegungen höher gewichteten, wohingegen der US-amerikanische Supreme Court sich eher als Stimme des Volkes begreife[76]. So könnte erklärt werden, dass vom Supreme Court gefordert wird, dass er nicht gegen die Meinung der Bevölkerungsmehrheit entscheiden und nicht die Meinung elitärer Kreise durchsetzen dürfe[77]. Als Anhaltspunkt für diese Idee lassen sich ferner der neunte und der vierzehnte Zusatzartikel heranziehen, die beide weitere ungeschriebene Rechte des Volkes annehmen[78]. Die stärkere Betonung der Bevölkerungsmeinung macht es auch verständlicher, dass es in der Debatte um zweifelhafte Präzedenzfälle ein wichtiges Argument ist, ob sie in der Öffentlichkeit weitgehend Zustimmung gefunden haben und befolgt werden; dann sollen sie aufrechterhalten werden, selbst wenn ihre rechtliche Überzeugungskraft gering ist[79]. **19**

Ein letzter gravierender Unterschied: Obwohl beide Staaten seit Jahrzehnten Einwanderungsländer sind, prägt die Einwanderung die USA historisch stärker. Nahezu jeder Amerikaner hat einen Einwanderungsstammbaum[80]. Es gibt also eine viel geringere ethnische Homogenität in den USA als in Deutschland, sodass die Verfassung als gemeinsames Band wichtiger wird[81]. Dies mag auch erklären, dass eine quasi-religiöse Überhöhung der Verfassung, ihrer Schöpfer und ihrer Institutionen[82], die man nicht selten in den USA antreffen kann, in Deutschland unbekannt ist. **20**

III. Generelle Schwierigkeiten des rechtsvergleichenden Blicks

Eine Darstellung des Verfassungsrechts der USA mit einem rechtsvergleichenden Blick auf das Grundgesetz ist ein sehr ehrgeiziges Unterfangen. Deshalb heißt es im Titel auch „Einführung". Es können nur ausgewählte Strukturen der beiden Verfassungen dargestellt und nur vereinzelt verglichen werden. **21**

75 *Grimm,* S. 115.
76 *Kahn,* Michigan Law Review 101 (2003), 2677, 2693, 2698 f. u. 2703 ff.; *Grimm,* S. 115 u. 124.
77 *Calabresi,* S. 151, 159 u. 163.
78 *Amar* (2012), S. 239.
79 *Calabresi,* S. 151, 163; *Amar* (2012), S. 239.
80 *Brinkbäumer,* S. 428.
81 *Kahn,* Michigan Law Review 101 (2003), 2677, 2699 f.; *Amar* (2012), S. 480.
82 *Baer,* S. 253, 257; *Lütjen,* S. 136; kritisch insoweit *Lepore,* S. 787 f.

22 Gerade die Rechtsvergleichung steckt zudem voller Tücken. Wie *Pierre Legrand* eindrucksvoll gezeigt hat, steht man nicht nur vor einem sprachlichen Problem[83], sondern auch vor der erkenntnistheoretischen Schwierigkeit, dass man das fremde Recht immer durch die Brille seiner eigenen juristischen Sozialisation, der eigenen Begriffswelt, der eigenen Methodik und somit verfälscht wahrnimmt[84]. *Mark Tushnet* spricht in diesem Zusammenhang von einem normativen oder ideologischen Ballast, den jede Verfassungsrechtsvergleichung mitbringt[85].

23 Schließlich sei – um überhöhten Erwartungen zu begegnen – darauf hingewiesen, dass die Ursachen möglicher rechtlicher Unterschiede, die unter 2. bereits angedeutet wurden, zahlreich und häufig nicht einfach zu rekonstruieren sind. Verfassungsrecht zu vergleichen ist ein sehr schwieriges Unterfangen[86]. Wenn man, was plausibel erscheint, Verfassungsrecht als Produkt einer bestimmten Kultur begreift[87], kommen neben den erwähnten historischen, politischen, philosophischen und geographischen Aspekten auch noch soziale und ökonomische Erklärungen für bestimmte Regelungen in Betracht[88]. In einem einführenden Werk wie diesem, kann indes nicht annähernd allen Erklärungsansätzen nachgegangen werden.

IV. Verfassungsauslegung in den USA und Deutschland

24 In beiden Ländern gibt es einen weitgehend akzeptierten Katalog von Interpretationsmöglichkeiten des Rechts, der auch für die Verfassungsauslegung herangezogen wird[89]. Er besteht aus der Wortlautauslegung, der systematischen oder auch kontextbezogenen[90] Auslegung, der historischen Auslegung[91] und der Auslegung nach dem Sinn und Zweck[92]. Die Gewichtung dieser Auslegungsgesichtspunkte ist allerdings durchaus unterschiedlich. In den USA werden, wie sogleich erläutert wird, historische Argu-

83 *Legrand*, JCL 10:2, 405, 443 spricht sogar von „no translatability"; s.a. *Frankenberg*, Harvard International Law Journal 26:2 (1985), 411, 420; *Voßkuhle*, European Constitutional Law Review 6 (2010), 175, 184; *Kommers*, German Law Journal 20 (2019), 524, 529; *Jackson*, Penn State International Law Review 28 (2010), 319 u. 323; *Kischel*, S. 33; *Tushnet*, Comparative, S. 6.

84 *Legrand*, JCL 10:2, 405, 423 u. 428; ähnlich bereits *Frankenberg*, Harvard International Law Journal 26:2 (1985), 411, 413 f., 416, 425, 441 f u. 455; *Kischel*, S. 199 f.

85 *Tushnet*, Comparative, S. 9.

86 *Heringa*, S. 34; *Kommers*, German Law Journal 20 (2019), 524, 528.

87 *Legrand*, JCL 10:2, 405, 420, 422, 431 u. 433 m.w.N.; ähnlich *Teitel*, Harvard Law Review 117 (2004), 2570, 2578; *Weber*, S. 4; *Kischel*, S. 1 u. 34.

88 Ähnlicher Ansatz bei *Frankenberg*, Harvard International Law Journal 26:2 (1985), 411, 454; *Kommers*, German Law Journal 20 (2019), 524, 528; s.a. *Jackson*, Penn State International Law Review 28 (2010), 319 u. 323; *Müller*, ZaöRV 79 (2019), 85, 88; *Hirschl*, American Journal of Comparative Law 53 (2005), 125, 129.

89 *Kommers/Miller*, S. 62 f.; *Currie*, S. IX.

90 So *Scalia*, S. 3, 37 u. 147; s.a. *Amar* (2018), XV, XXI.

91 Skeptisch in Bezug auf die Gesetzesmaterialien *Scalia*, S. 3, 29 ff.

92 Für die USA: *Wood*, S. 49, 62; *Brugger*, S. 11 f., S. 194 u. S. 198; für Deutschland: *Jarass/Pieroth*, Einleitung, Rn. 6-9; *Glendon*, S. 95, 105 f.; *Kommers/Miller*, S. 63; *Sodan/Ziekow*, § 2, Rn. 4 ff.; *Grimm*, ZfP 2019, 86, 95.

mente oft sehr wichtig genommen[93], wohingegen systematisch-dogmatische Argumente, etwa der Gedanke der Einheit der Verfassung, weniger Relevanz haben[94].

Eine Besonderheit der US-amerikanischen Verfassungsauslegung ist allerdings der von manchen vertretene Ansatz des „original meaning". Hier wird nach der Bedeutung gesucht, die der Verfassungstext ursprünglich, also zu seiner Entstehungszeit, hatte[95]. Selbst der Wille des Verfassungsgebers wird hierbei von manchen nicht berücksichtigt[96]. Auf diese Weise soll dem Verfassungstext selbst mehr Gewicht zukommen als etwa den hierzu später ergangenen Entscheidungen des Supreme Court[97]. Dies kann bedeuten, dass der demokratisch gewählte Verfassungsgeber gegenüber dem Verfassungsgericht aufgewertet wird[98]. Außerdem soll dieser Interpretationsmodus mehr zur Rechtssicherheit beitragen als sein Gegenentwurf, der etwa mit den Stichworten „living" oder „evolving constitution" gekennzeichnet wird[99]. Denn die Bedeutung bestimmter von der Verfassung eingesetzter Begriffe zu einer bestimmten Zeit lässt sich leichter ermitteln, als etwa der Sinn und Zweck, den eine Verfassungsbestimmung heute am besten haben sollte[100]. Zudem solle eine Verfassung Stabilität vermitteln und nicht nach dem Willen der Verfassungsrichterinnen und -richter beliebig wandelbar sein[101]. Generell bestehe bei der teleologischen Interpretation die Gefahr, dass Richter ihre eigenen Vorstellungen an die Stelle der Vorstellungen des Gesetzgebers setzten[102]. **25**

Aus deutscher Perspektive ist der Wunsch, an der ursprünglichen Wortbedeutung aus dem 18. Jahrhundert festzuhalten, ungewöhnlich[103]. *Paul Kahn* formuliert dies treffend[104]: *The American concern with "original intent" for example, appears simply irrational – a kind of legal fetish – to the rest of the world.* Eventuell spielt hier die fast religiöse Verehrung des Verfassungstextes[105] und der Verfassungsväter eine gewisse Rolle. Dennoch vermag der streng originalistische Ansatz nicht zu überzeugen[106]. Denn auch ein historisch interpretierter Wortlaut bietet Spielräume, geschichtliche Quellen sind vielfältig und ihre Aussagen nicht eindeutig[107]. Es kommt hinzu, dass die Methode, sich **26**

93 *Lepsius,* S. 319, 361 ff.; *Collings,* S. 273, 289 ff.; *Kulick,* JZ 2016, 67, 70.
94 *Lepsius,* S. 319, 352.
95 *Scalia,* S. 3, 38; darstellend *Chemerinsky,* S. 19 f. u. 22; *Kulick,* JZ 2016, 67, 72; *Heringa,* S. 9 f.; *Tushnet,* S. 253; *Amar* (2018), XV, XVI; *Lepsius* (2018), S. 149, 152 f.; *Kischel,* S. 82 f.; *Winkler,* S. 271.
96 *Scalia,* S. 3, 38.
97 *Scalia,* S. 3, 39 f.; *Amar* (2018), XV, XVI.
98 *Scalia,* S. 3, 40 f.; *Calabresi,* S. 151; *Chemerinsky,* S. 20 u. 23.
99 S. z.B. *Chemerinsky,* S. 20; *Tribe,* S. 65, 66; *Lepsius* (2018), S. 149, 154; *Kulick,* JZ 2016, 67, 71; *Dworkin,* S. 115, 122; *Heringa,* S. 9.
100 *Scalia,* S. 3, 45 f. u. 137.
101 *Scalia,* S. 3, 40 f.; *Calabresi,* S. 151, 155 ff.
102 *Scalia,* S. 3, 17 f., 20, 41, 132 u. 149.
103 *Kulick,* JZ 2016, 67, 71.
104 *Kahn,* Michigan Law Review 101 (2003), 2677, 2678; ähnlich *Collings,* S. 273, 284.
105 *Kahn,* Michigan Law Review 101 (2003), 2677, 2686 u. 2700; *Dorf,* S. 1, 4; *Levinson,* S. 124; kritisch *Lepore,* S. 787 f.
106 Ebenso *Tushnet,* S. 256.
107 *Lepsius* (2018), S. 149, 161 f.; 165 u. 169; *Wood,* S. 49, 63; *Tushnet,* S. 253 f.; *Chemerinsky* S. 26; *Brugger,* S. 195; *Kommers/Miller,* S. 72; *Kulick,* JZ 2016, 67, 71; *Winkler,* S. 271 f.; *Wilkinson,* Virginia Law Review 95 (2009), 253, 257; *Dworkin,* S. 115, 124 f.

auf den ursprünglichen Text zu konzentrieren, bei Regelungslücken ins Leere geht. So spricht Art. I, section 8, cl. 12 USC von Armeen und Art. I, section 8, cl. 13 USC von der Marine, aber eine Luftwaffe ist in der Verfassung nicht erwähnt, weil 1787 noch unvorstellbar[108]. Dennoch besteht kein vernünftiger Zweifel daran, dass der Kongress die Kompetenz hat, eine Luftwaffe einzurichten. Folglich müssen „Originalisten" bei historisch umstrittenem Wortlaut oder Regelungslücken ebenfalls auf die anderen Interpretationsmethoden zurückgreifen[109], so dass die Unterschiede zur Gegenauffassung nur graduell sein können. Hier besteht die Gefahr der Inkonsistenz, nämlich dass ich mich nur solange auf die ursprüngliche Wortbedeutung beschränke, wie mir das Ergebnis passt[110]. Es erscheint ohnehin unplausibel, in komplexen Auslegungsfragen bestimmte Informationen, wie etwa die Absichten des Verfassungsgebers oder die Betrachtung der aktuellen Auswirkung bestimmter Auslegungsvarianten von vornherein auszuschließen.

27 Überdies müssen die Verfechter der These, dass die ursprüngliche Wortbedeutung das entscheidende Auslegungsinstrument sei, eine Ausnahme für Präzedenzentscheidungen machen[111], die für die US-Verfassungsinterpretation indes eine zentrale Rolle spielen[112]. Diese Ausnahme reißt jedoch eine große Lücke in die Theorie.

28 Es lässt sich ferner nicht zuverlässig sagen, dass die streng historische Wortlautinterpretation demokratischen Grundsätzen besser entspricht[113]. Wie ist mit Fällen von unglücklichen oder widersprüchlichen Formulierungen umzugehen, wenn die Absicht des Verfassungsgebers erkennbar ist? Warum sollte die heutige Bevölkerung streng an Überlegungen gebunden sein, die 200 Jahre zurückliegen?[114] Die originalistische Verfassungsinterpretation bevorzugt den Vergangenheitsbezug auf Kosten der Gegenwart[115].

29 Als zentrales Argument gegen die Überbetonung des „original meaning" erweist sich aber die Unterscheidung zwischen Regel und Prinzip. Viele Verfassungsbestimmungen wollen keine präzise Regel formulieren, deren genauer Wortlaut entscheidend ist, sondern eine Grundidee festlegen, etwa Religionsfreiheit, Meinungsfreiheit oder ein faires Gerichtsverfahren[116]. Prinzipien sind grundsätzlich entwicklungsoffen, um die Flexibilität der Verfassung im Wandel der Zeit zu sichern[117]; diese Sichtweise dürfte auch eher der Intention der Verfassungsväter entsprechen[118]. Eine solche Bewertung der Ausle-

108 Beispiel nach *Tribe,* S. 65, 70; s.a. *Issacharoff,* S. 19, 29.

109 *Dworkin,* S. 115, 116 f.

110 *Tushnet,* S. 230; *Dworkin,* S. 115, 116; *Lepore,* S. 684.

111 *Tushnet,* S. 259; *Scalia,* S. 140; *Calabresi,* S. 151, 162 f.; *Winkler,* S. 272 u. 288; *Lepsius* (2018), S. 149, 164; *Tribe,* S. 65, 82 f.; *Amar* (2018), XV, XXIII.

112 S. genauer unten B. II. 6.

113 *Dworkin,* S. 115, 118.

114 *Chemerinsky,* S. 25; *Kulick,* JZ 2016, 67, 70 f.

115 *Lepsius* (2018), S. 149, 157.

116 *Tribe,* S. 65, 67 f.; *Dworkin,* S. 115, 122; *Grimm,* ZfP 2019, 86, 94; ähnlich *Tushnet,* S. 256; *Kulick,* JZ 2016, 67, 71 u. 73; *Kommers/Miller,* S. 66 m.w.N.

117 *Tribe,* S. 65, 87 spricht von transtemporality; s.a. *Kulick,* JZ 2016, 67, 71; A.A. *Scalia,* S. 3, 40 Zweck der Verfassung besteht darin, Veränderung zu verhindern.

118 *Amar* (2018), XV, XVIII; *Winkler,* S. 287; *Chemerinsky,* S. 27.

gungsfrage passt ebenfalls besser zur generellen Aufgabe von Recht, das Zusammenleben von Menschen (in der Gegenwart) gerecht zu ordnen[119], also auch flexibel auf technische oder moralische Veränderungen zu reagieren[120]. Diese Perspektive ist in den USA ebenfalls vertreten, wie folgendes Zitat des früheren Verfassungsrichters *William Brennan* zeigt[121]: *„But the ultimate question must be: What do the words of the text mean in our time? For the genius of the Constitution rests not in any static meaning it might have had in a world that is dead and gone, but in the adaptability of its great principles to cope with current problems and current needs."*

Eine weitere Besonderheit der US-amerikanischen Verfassungsauslegung besteht darin, **30** dass keine Protokolle der verfassungsgebenden Versammlung in Philadelphia 1787 existieren. Als historisches Dokument, welches die Anliegen der Verfassungsväter zumindest annähernd abbildet, werden die sogenannten Federalist Papers genutzt[122], das sind 85 ausführliche Zeitungsartikel aus dem Zeitraum von Oktober 1787 bis August 1788, die von James Madison, Alexander Hamilton und John Jay unter dem Pseudonym Publius verfasst wurden und insbesondere die Bürger in New York von den Vorzügen der neuen Verfassung überzeugen sollten. Noch in den Jahren 1990 bis 2010 zitierte der Supreme Court in mehr als 100 Entscheidungen aus dieser Textsammlung[123].

V. Aufbau des Buches

Im direkt anschließenden Teil B werden zentralen Strukturen und Institutionen der US- **31** amerikanischen Verfassung geschildert, d.h. die Staatsorganisation. Zunächst geht es um den Präsidenten (I.), dann um das höchste Gericht sowie das Jury-System (II.), anschließend um den Kongress, der aus den beiden Kammern Senat und Repräsentantenhaus besteht (III.), und das Verhältnis von Bund und Bundesstaaten (IV.). Nach einem Blick auf einige Besonderheiten des US-amerikanischen Wahlrechts (V.) werden am Ende dieses Teils die gegenseitigen Kontrollmöglichkeiten der genannten Institutionen beleuchtet (VI.). Hier finden Sie auch eine graphische Darstellung der Staatsorganisation (S. 72).

Teil C des Buches widmet sich ausgewählten Grundrechten der US-Verfassung. Nach **32** einigen allgemeinen Fragen (I. u. II.) befasst sich dieser Teil zunächst mit den geschriebenen Grundrechten des 1. und 2. Zusatzartikels USC, also der Religionsfreiheit (III.), der Meinungs- und Pressefreiheit (IV.), der Versammlungs- und Vereinigungsfreiheit (V.) und dem Recht auf Waffenbesitz (VI.). Es folgt ein Blick auf den Gleichheitsgrundsatz der US-Verfassung (VII.). Am Ende des Grundrechtsabschnitts werden die

119 Hierzu vertiefend u. m.w.N. *Beaucamp/Beaucamp,* S. 6.
120 *Chemerinsky,* S. 25; *Grimm,* ZfP 2019, 86, 96; *Winkler,* S. 281; ähnlich *Kischel,* S. 83.
121 Rede auf einem Symposium der Georgetown Universität 1985, Absatz 16, http://www.thirteen.org/wnet/supremecourt/democracy/source_document7.html
122 *Brugger,* S. 5; *Lepsius* (2018), S. 149, 153.
123 *Amar* (2012), S. 256.

aus dem 5. und 14. Zusatzartikel USC abgeleiteten, Rechte, z.B. das Recht auf Heirat oder das Recht auf Privatsphäre (VIII.) behandelt. Das Buch schließt mit einem persönlichen Fazit (D.).

33 So oft es mir sinnvoll und hilfreich erschien, habe ich vergleichende Betrachtungen zur Verfassungsrechtslage in Deutschland angestellt. Diese sollen Bezüge herstellen sowie Ähnlichkeiten und Unterschiede herausstellen[124]. Ein umfassender Verfassungsvergleich wird aber nicht versucht, um nicht das eigentliche Thema, die Einführung in das US-amerikanische Verfassungsrecht, zu verfehlen.

124 Zu dieser zweiten Stufe der Rechtsvergleichung *Hirschl,* American Journal of Comparative Law 53 (2005), 125, 126 ff.

B. Zentrale Institutionen der US-amerikanischen Verfassung

I. Der Präsident

Von außen betrachtet, scheint diese Institution der US-amerikanischen Verfassung die wichtigste zu sein[1]. Die Wahl eines neuen amerikanischen Präsidenten (s. hierzu Art. II, section 1 USC)[2], – eine US-amerikanische Präsident**in** hat es bislang noch nie gegeben –, der voraufgehende Wahlkampf und die bereits davor liegende Kandidatenauswahl sind weltweit intensiv beobachtete und kommentierte Ereignisse. Im Folgenden sollen zunächst die wesentlichen außen- und innenpolitischen Kompetenzen des US-Präsidenten vorgestellt werden (1.). Sodann werden diese mit den Befugnissen des deutschen Bundespräsidenten verglichen, wobei dieser Abschnitt auch das Veto-Recht des US-Präsidenten behandelt (2.). Anschließend geht es um das beiden Präsidentschaften gemeinsame Amtsenthebungsverfahren (3.). Sodann werden zwei Spezialfragen der US-amerikanischen Verfassung behandelt, die in Deutschland keine Parallele haben. Zum einen die Rolle des Vizepräsidenten (4.), zum anderen die Durchführungsanordnungen des Präsidenten (executive orders) (5.). Das Kapitel schließt mit einer Übersicht über die festgestellten Gemeinsamkeiten und Unterschiede (6.) sowie dem Versuch, diese zu erklären (7.). 34

1. Zentrale außen- und innenpolitischen Befugnisse des US-Präsidenten

Für das Verhältnis zu den anderen Staaten der Welt ist der jeweilige US-amerikanische Präsident tatsächlich von zentraler Bedeutung[3]. Er ist Oberbefehlshaber aller US-amerikanischen Soldaten (Art. II, section 2, cl. 1 USC) und zentraler Akteur der Außenpolitik, weil er – allerdings mit Zustimmung von zwei Dritteln der Senatsmitglieder – völkerrechtliche Verträge abschließt und alle Botschafterinnen und Botschafter ernennt (Art. II, section 2, cl. 2 USC). 35

Ferner wird aus der sogenannten receiving-clause des Art. II, section 3 USC das ausschließliche Recht des Präsidenten entwickelt, fremde Staaten anzuerkennen bzw. diese Anerkennung zurückzunehmen[4]. Außenpolitisch relevant sind ferner die durch historisch gewachsene Staatspraxis anerkannten Kompetenzen des Präsidenten, völkerrechtliche Verträge zu kündigen[5] und Regierungsvereinbarungen (executive agreements) abzuschließen[6] und damit die für völkerrechtliche Verträge eigentlich notwendigen 2/3 36

1 *Heringa,* S. 184.
2 Genauer zum Wahlverfahren unter IV. 2.
3 *Barron/Dienes*, S. 205 f.; *Brugger,* S. 85.
4 *Zivotovsky ex re. Zivotovsky v. Kerry,* 135 S.Ct. 2076, 2084 ff. (2015); *Amar*, (2012), S. 314.
5 *Bradley/Morrison,* Columbia Law Journal 113 (2013), 1097, 1098; *Amar*, (2006), S. 473; *Amar*, (2012), S. 315.
6 *Dames v. Regan,* 453 U.S. 654, 679 f. (1981); *Chemerinsky,* S. 401 f.; *Bradley/Morrison,* Columbia Law Journal 113 (2013), 1097, 1098 u. 1104 f.; *Levinson,* S. 22 u. 111; *Brugger,* S. 84 f.

Mehrheit im Senat (Art. II, section 2, cl. 2 USC) zu umgehen. Schließlich hat der Kongress durch die War Powers Resolution von 1973 akzeptiert, dass es einen begrenzten Truppeneinsatz seitens des Präsidenten ohne offizielle Kriegserklärung durch den Kongress geben darf und damit seine eigene Kompetenz aus Art. I, section 8, cl. 11 USC eher restriktiv gehandhabt[7].

37 Innenpolitisch hat der US-Präsident ebenfalls eine dominante Rolle[8]. Er darf alle Bundesbediensteten und Bundesrichterinnen bzw. -richter ernennen (Art. II, section 2, cl. 2 USC). Hierzu zählen auch die Minister und Ministerinnen seiner Regierung und die Richterinnen und Richter des obersten Bundesgerichts. Für die Ernennungen – nicht aber für Entlassungen[9] – braucht der Präsident die Zustimmung des Senats (Art. II, section 2, cl. 2 USC)[10]. Ähnlich wie der deutsche Bundespräsident ist der US-Präsident für Begnadigungen auf Bundesebene zuständig (Art. I, section 2, cl. 1 USC, Art. 60 Abs. 2 GG).

38 Der US-Präsident ist nicht nur Staatschef sondern auch Regierungschef[11], er leitet die Exekutive (Art. II, section 1, cl. 1 USC) und trägt die Verantwortung für diese allein[12]. Ressortverantwortung der Ministerinnen und Minister oder den Regierungschef bindende Entscheidungen des Kabinetts, wie in Art. 65 GG vorgesehen, sind dem US-amerikanischen Verfassungsrecht unbekannt[13]. Der Präsident kann Ministerinnen und Minister sowie andere hochrangige Beschäftigte, etwa seinen Regierungssprecher, die ihm nicht mehr zusagen, entlassen[14]. Lebenszeitbeamtinnen und -beamte kennt das amerikanische Verfassungsrecht im Unterschied zu Art. 33 Abs. 4 GG nicht. Dies bedeutet, dass mit einem neuen Präsidenten auch rund 4000 Spitzenpositionen in Washington neu besetzt werden[15]. Man benennt deshalb die jeweilige Bundesverwaltung auch nach dem amtierenden Präsidenten und spricht etwa von der Bush-Administration, der Obama-Administration und aktuell von der Trump-Administration.

2. Vergleich mit den Aufgaben des deutschen Bundespräsidenten

39 Die geschilderten Befugnisse des US-Präsidenten (President of the United States = POTUS) lassen es plausibel erscheinen, dass er von manchen als mächtigster Mann der Welt bezeichnet wird[16]. Niemand würde auf die Idee kommen, dem deutschen Bundespräsidenten eine entfernt ähnliche Bedeutung zuzuschreiben. Der deutsche Bundespräsident – eine Bundespräsident**in** hat es ebenfalls noch nicht gegeben – ist zwar das

7 Einzelheiten insoweit bei *Currie,* S. 41 f.; *Brugger,* S. 86; *Tushnet,* S. 113 f.; *Levinson,* S. 108 f.; *Mayer,* 222 f.

8 *Tushnet,* S. 78.

9 *Schmidt-Aßmann,* VerwArch 111 (2020), 1, 6; *Brugger,* S. 223.

10 *Brugger,* S. 79 f.

11 *Heringa,* S. 37 u. 167.

12 *Amar,* (2006), S. 197; *Amar,* (2012), S. 327.

13 *Amar,* (2006), S. 188 f. u. 197.

14 *Amar,* (2006), S. 194; *Brugger,* S. 222 f.; *Mathews,* S. 67; *Heringa,* S. 186; *Amar,* (2012), S. 320.

15 *Schmidt-Aßmann,* VerwArch 111 (2020), 1, 5 f.; *Lütjen,* S. 169.

16 *Branum,* Journal of Legislation 28 (2002), 1, 32 m.w.N.; s.a. *Lindenblatt,* S. 74; ähnlich … *stunning amount of power in one man … Amar* (2006), S. 177.

Staatsoberhaupt[17], seine tatsächliche Macht ist allerdings gering[18]. Art. 58 GG knüpft z.B. die Gültigkeit seiner Anordnungen und Verfügungen an die Gegenzeichnung der Bundeskanzlerin oder des zuständigen Bundesministers. Der Bundespräsident ist nicht Regierungs- oder Armeechef, er leitet die deutsche Bundesverwaltung nicht, sondern lediglich das Bundespräsidialamt. Er wird nicht vom Volk sondern von der Bundesversammlung gewählt (Art. 54 GG) und ist nicht in die Wahl der Bundesverfassungsrichterinnen und –richter eingebunden (s. insoweit Art. 94 Abs. 1 GG). Zwar hat er ebenfalls Ernennungsaufgaben, doch ist er – anders als sein US-amerikanischer Amtskollege – nicht befugt, die zu ernennenden Bundesbeamten, Bundesrichterinnen und -richter oder Bundesministerinnen und – minister selbst mit auszuwählen (Art. 60 Abs. 1, 64 Abs. 1 GG)[19]. Selbst im Verteidigungsfall (Art. 115a ff. GG) werden nicht dem Bundespräsidenten, sondern dem Bundeskanzler und dem Bundestag erweiterte Kompetenzen zugestanden.

Im Bereich der Außenpolitik unterzeichnet der Bundespräsident zwar formell die völkerrechtlichen Verträge nach Art. 59 Abs. 1 GG. Die Vorbereitung, Aushandlung und Entscheidung über den jeweiligen Vertrag, die inhaltliche Arbeit also, ist jedoch der Bundesregierung und dem Bundestag vorbehalten[20]. **40**

Der Bundespräsident hat ferner kein generelles Vetorecht im Gesetzgebungsverfahren. **41** Immerhin wird ihm zugebilligt, dass er bei Gesetzen, die er für formell verfassungswidrig hält, seine nach Art. 82 Abs. 1 GG erforderliche Unterschrift verweigern darf[21]. Ob er auch Gesetze verwerfen darf, die ihm inhaltlich verfassungswidrig erscheinen (materielle Prüfungskompetenz) ist heftig umstritten, die wohl überwiegende Meinung nimmt dies bei schweren und offensichtlichen Verfassungsverstößen an[22]. Jedenfalls haben die Bundespräsidenten von ihrer Verwerfungskompetenz nur sehr selten Gebrauch gemacht, bis zum Jahr 2007 nur achtmal[23].

Dagegen steht dem US-Präsidenten im Gesetzgebungsverfahren ein generelles Veto- **42** recht zu (Art. I, section 7, cl. 2 USC), welches nur mit einer Zwei-Drittel-Mehrheit in Senat und Repräsentantenhaus überwunden werden kann. Dieses Veto kann aus rein politischen Gründen eingelegt werden, es ist nicht an verfassungsrechtliche Bedenken geknüpft[24].

---

17 BVerfGE 136, 323, 332; 138, 102, 112; *Morlok/Michael*, Rn. 865, *Nierhaus,* in: Sachs, Art. 54, Rn. 7; *Jarass/Pieroth,* Art. 54, Rn. 1; *Heringa,* S. 189; *Sodan/Ziekow,* § 14, Rn. 1.

18 *Sodan/Ziekow,* § 14, Rn. 3; *Kommers/Miller,* S. 53; *Morlok/Michael*, Rn. 866 f.; *Heringa,* S. 43, 170 u. 189.

19 *Nierhaus,* in: Sachs, Art. 60, Rn. 7; *Heringa,* S. 190; *Jarass/Pieroth,* Art. 60, Rn. 1 u. Art. 64, Rn. 1; *Sodan/Ziekow,* § 14, Rn. 14 u. 17.

20 *Sodan/Ziekow,* § 14, Rn. 18; *Streinz,* in: Sachs, Art. 59, Rn. 18 f.; *Morlok/Michael*, Rn. 902; *Jarass/Pieroth,* Art. 59, Rn. 6.

21 *Morlok/Michael*, Rn. 890; *Jarass/Pieroth,* Art. 82, Rn. 3; *Nierhaus/Mann,* in: Sachs, Art. 82, Rn. 7; *Schiedermaier,* DÖV 2007, 726, 728; *Sodan/Ziekow,* § 14, Rn. 9.

22 *Jarass/Pieroth,* Art. 82, Rn. 3; *Morlok/Michael*, Rn. 899; *Schiedermaier,* DÖV 2007, 726, 728 f.; *Sodan/Ziekow,* § 14, Rn. 11; *Nierhaus/Mann,* in: Sachs, Art. 82, Rn. 13 jeweils m.w.N.

23 *Schiedermaier,* DÖV 2007, 726, 727 f. mit Einzelnachweisen; diese Zahl wird auch für 2020 angegeben s. SZ Nr. 216 v. 18.09.2020, S. 7 mit Bezugnahme auf das geplante Gesetz zur Bekämpfung rechtsextremer Internet-Hetze.

24 *Amar,* (2006), S. 183 u. 213; *Tushnet,* S. 90; *Levinson,* S. 42.

43 Es existiert in zwei Varianten: Zunächst kann der amerikanische Präsident die Unterschrift auf dem ihm zugeleiteten Gesetzesentwurf ausdrücklich ablehnen und den Entwurf mit seinen Bedenken an Senat oder Repräsentantenhaus zurückgeben. Der andere Fall des Art. I, section 7, cl. 2 USC tritt nur ein, wenn der Gesetzesentwurf dem Präsidenten so kurz vor Ende der Sitzungsperiode der beiden Parlamentskammern zugeleitet wird, dass ihm nicht einmal zehn Tage zu einer Entscheidung bleiben. In diesem Fall kommt das Gesetz nicht zustande, wenn der Präsident es schlicht nicht unterschreibt (sogenanntes pocket veto)[25]. Die letztgenannte Variante kam in der Geschichte der amerikanischen Präsidenten bis einschließlich Barack Obama 1067 Mal vor, das erstgenannte ausdrückliche Veto 1505 Mal[26]. Den Rekord mit 635 abgelehnten Gesetzesentwürfen hält Franklin D. Roosevelt.

44 Bereits die Drohung mit einem präsidentiellen Veto führt häufig zu Veränderungen an den geplanten Gesetzen[27]. Der Präsident hat durch das Veto immense – manche sagen zu große[28] – politische Verhandlungsmacht[29], weil die Zwei-Drittel-Mehrheit in Repräsentantenhaus und Senat, die zum Überstimmen eines solchen Vetos nötig ist, nur selten erreicht wird: bei den insgesamt 2572 von einem präsidentiellen Veto gestoppten Gesetzesvorschlägen[30], fand sich die erforderliche Gegenmehrheit im Kongress nur 110 Mal, das sind ca. 4 % der Veto-Fälle[31]. Auf drei Begrenzungen der Vetomacht sei noch hingewiesen: Das Veto muss sich erstens immer auf das ganze Gesetz erstrecken und kann nicht einzelne Vorschriften – etwa eine kostspielige Subventionsregelung – aus einem Gesetz „herausschießen“[32]. Zweitens muss das Veto wegen Art. I, section 7, cl 2 USC vor der Unterzeichnung des Gesetzes eingelegt werden, ein nachträgliches Veto ist verfassungswidrig[33]. Das Veto ermöglicht dem Präsidenten schließlich nicht die Schaffung eines neuen Gesetzes, sondern nur dessen Blockade[34]. Immerhin kann der Präsident aufgrund Art. II section 3 USC dem Kongress gesetzgeberische Maßnahmen vorschlagen[35].

3. Das Amtsenthebungsverfahren

45 Schwache Parallelen lassen sich beim Amtsenthebungsverfahren, im US-Verfassungsrecht als impeachment bezeichnet, feststellen. Beiden Präsidenten kann dieses drohen (Art. 61 GG bzw. Art. I, section 2 cl. 5, section 3 cl. 6, 7, Art. II, section 4 USC), wenn sie das Recht brechen, nicht aber aus rein politischen Gründen[36]. Die amerikanische

25 *Levinson,* S. 43 f.; *Amar,* (2006), S. 183 mit Fn. 17.
26 https://en.wikipedia.org/wiki/List_of_United_States_presidential_vetoes
27 *Levinson,* S. 39; *Tushnet,* S. 90.
28 *Levinson,* S. 39.
29 *Amar,* (2006), S. 143.
30 Erneut gezählt bis einschließlich der Präsidentschaft Barack Obamas.
31 https://en.wikipedia.org/wiki/List_of_United_States_presidential_vetoes; *Levinson,* S. 40.
32 *Clinton v. City of New York,* 524 U.S. 417, 439 f. (1998); *Levinson,* S. 46; *Currie,* S. 46; *Barron/Dienes,* 8. Aufl., S. 175.
33 *Clinton v. City of New York,* 524 U.S. 417, 447 ff. (1998).
34 *Tushnet,* S. 85.
35 S.a. *Branum,* Journal of Legislation 28 (2002), 1, 5 u. 19.
36 *Currie,* S. 6; *Levinson,* S. 115; bzw. *Jarass/Pieroth,* Art. 61, Rn. 2; *Nierhaus,* in: Sachs, Art. 61, Rn. 8.

Verfassung ist weiter gefasst und erlaubt ein Amtsenthebungsverfahren auch bei Fehlverhalten (misdemeanor), also etwa einer Falschaussage[37]. Während die deutsche Verfassungsnorm nie praktisch angewandt wurde[38], das Bundesverfassungsgericht also nie mit einer Präsidentenanklage befasst war, hat es vier ernsthafte Versuche der Amtsenthebung in den USA gegeben und zwar gegen die Präsidenten Andrew Johnson (1868), Richard Nixon (1974), William Clinton (1998) und Donald Trump (2020)[39]. In solchen Verfahren fungiert das Repräsentantenhaus als Ankläger (Art. I, section 2 cl. 5 USC). Für die Anklageentscheidung reicht bereits eine einfache Mehrheit aus. Der Senat arbeitet dann als Gericht unter der Leitung des obersten Richters (Art. I, section 3 cl. 6 USC). Zu einer Amtsenthebung kommt es aber nur, wenn Zwei-Drittel der Senatorinnen und Senatoren dafür stimmen. Diese qualifizierte Mehrheit wurde in den Fällen Johnson, Clinton und Trump nicht erreicht. Im Fall Nixon kam ein Rücktritt der Entscheidung im Senat zuvor[40].

Wenn sich ein US-Präsident keines gravierenden Fehlverhaltens schuldig macht, kann **46**
er vom Parlament nicht aus dem Amt gedrängt werden, er braucht – da selbst direkt gewählt – als Regierungschef das Vertrauen des Parlaments nicht[41]. Deshalb lässt sich die US-Verfassung als Präsidialsystem charakterisieren[42]. Die deutsche Regierungsspitze – Bundeskanzlerin oder -kanzler – ist dagegen von ihrer parlamentarischen Mehrheit abhängig. Verliert sie diese, so kann der Bundestag nach Art. 67 GG einen neuen Kanzler bzw. eine neue Kanzlerin wählen. Weil das Parlament die Möglichkeit hat, die Regierung zu stürzen, wird das deutsche System als parlamentarische Demokratie eingeordnet[43].

4. Der Vizepräsident

Die großen Unterschiede zwischen den Präsidentenämtern in Deutschland und den **47**
USA werden an der Figur des Vizepräsidenten besonders deutlich.

Der Vizepräsident wird in den USA mit dem Präsidenten zusammen vom Volk gewählt. **48**
Die Verfassung widmet ihm eine Reihe von Vorschriften etwa Art. I, section 3, cl. 4, Art. II, section 1, cl. 1 und cl. 6, 25th amendment USC. Das Grundgesetz sieht einen Vizepräsidenten schlicht nicht vor. Wird ein Bundespräsident seines Amtes enthoben (Art. 61 GG), erkrankt, tritt zurück oder stirbt, vertritt ihn der Präsident des Bundesrates (Art. 57 GG). Angesichts der geschilderten geringen Bedeutung des Bundespräsidenten für das Funktionieren des Staates sind genauere Regelungen nicht nötig. Dies sieht beim US-Präsidenten anders aus. Selbst kurzzeitig wäre es fatal, wenn die Armee keinen Befehlshaber – man denke nur an die Entscheidung über den Einsatz von Atom-

37 *Brooks* auf https://foreignpolicy.com/2017/01/30/3-ways-to-get-rid-of-president-trump-before-2020-impeach-25th-coup/; *Brugger,* S. 91.
38 *Jarass/Pieroth,* Art. 61, Rn. 1.
39 Einzelheiten zum letztgenannten Verfahren bei en.wikipedia.org/wiki/Impeachment_of_Donald_Trump.
40 *Currie,* S. 6.
41 *Levinson,* S. 116 f.; *Heringa,* S. 26.
42 *Kommers,* German Law Journal 20 (2019), 524, 526; *Heringa,* S. 26 u. 34.
43 *Heringa,* S. 26 f., 34 u. 171; *Kommers,* German Law Journal 20 (2019), 524, 526.

waffen – und die Regierung keine Führung hätte. Deshalb übernimmt der Vizepräsident nach 25th amendment, section 1 USC die Aufgaben des Präsidenten in den Todes- oder Rücktrittsfällen sowie nach erfolgreicher Amtsenthebung. Eine solche Situation ist in der US-Geschichte mehrfach aufgetreten, z.B. nach den Attentaten auf Abraham Lincoln und John F. Kennedy sowie dem Rücktritt von Richard Nixon.

49 Sollte der Vizepräsident vorzeitig ausfallen, sorgt der Präsident mit Zustimmung beider Kammern für Ersatz (25th amendment, section 2 USC). Im Fall einer vorübergehenden Erkrankung kann die Amtsmacht auf schriftlichen Wunsch des Präsidenten hin – ebenfalls vorübergehend – auf den Vizepräsidenten übertragen werden, der dann als „Acting President“ bezeichnet wird (25th amendment, section 3 USC)[44].

50 Die letzte Regelung im 25. Verfassungszusatz ermöglicht dem Vizepräsidenten sogar eine Palastrevolution, obwohl dieses Verfahren noch nie praktisch angewandt wurde[45]. Ist der Präsident z.B. bewusstlos, verschollen oder geistesgestört, sodass die kurzfristige Übertragung der Amtsgeschäfte nach 25th amendment, section 3 USC, keine Lösung bietet, erlaubt 25th amendment, section 4 USC es dem Vizepräsidenten, die Amtsgeschäfte zu übernehmen, wenn die Mehrheit der Kabinettsmitglieder einem solchen Vorgehen schriftlich gegenüber dem Sprecher des Repräsentantenhauses und dem zeitweiligen Vorsitzenden des Senats zustimmt. Ein solcher Präsidentensturz erscheint indes sehr unwahrscheinlich, da der Präsident und nicht der Vizepräsident die Kabinettsmitglieder aussucht.[46] Sollte der Präsident befürchten, vom Vizepräsidenten und einer Kabinettsmehrheit gestürzt zu werden, hat er im Vorfeld noch die Möglichkeit, ihm unzuverlässig erscheinende Ministerinnen und Minister zu entlassen, so dass dem Vizepräsidenten die Mehrheit für sein Vorhaben abhandenkommt. Außerdem kann der Präsident seine Amtsunfähigkeit bestreiten. Tut er dies schriftlich muss der Vizepräsident erneut eine Kabinettsmehrheit hinter sich bringen. Gelingt ihm dies ein zweites Mal, entscheiden die beiden Parlamentskammern über die Sache (25th amendment, section 4 USC). Der Präsident gewinnt, wenn nicht eine Zwei-Drittel-Mehrheit in Senat und Repräsentantenhaus mit dem Vizepräsidenten der Meinung ist, eine Amtsunfähigkeit liege vor.

5. Die Durchführungsanordnungen (executive orders) des Präsidenten

a) Grundlegendes

51 Ein weiterer gravierender Unterschied zwischen dem deutschen Bundespräsidenten und dem US-amerikanischen Präsidenten liegt in den Befugnissen des letztgenannten, executive orders zu erlassen. Dieser Ausdruck lässt sich am ehesten mit präsidentiellen Verfügungen oder Durchführungsanordnungen übersetzen. Mit diesen wird die gesamte

---

44 Zum 25th amendment vertiefend *Amar,* (2006), S. 449 ff.; *Levinson,* S. 73 f.

45 *Brooks* auf https://foreignpolicy.com/2017/01/30/3-ways-to-get-rid-of-president-trump-before-2020-impeach-25th-coup/

46 *Amar,* (2006), S. 450.

Bundesverwaltung, einschließlich der Streitkräfte, gesteuert und angewiesen[47]. Im Unterschied zu präsidentiellen Memoranden werden die Durchführungsanordnungen als bindendes Recht betrachtet[48].

Die Verfassung erwähnt präsidentielle Verfügungen nicht ausdrücklich. Ihre Zulässig- 52
keit kann sich zum einen auf eine direkte oder indirekte gesetzliche Ermächtigung durch den Kongress stützen[49]. Häufig wird die Ermächtigung für executive orders jedoch aus den Einzelbefugnissen des Präsidenten abgeleitet, die in der Zuweisung der Exekutivgewalt (Art. II, section 1, cl. 1 USC), der Kommandogewalt über die Streitkräfte (Art. II, section 2, cl. 1 USC) und der Gesetzesausführungsaufgabe (Art. II, section 3, cl. 1 USC) bestehen, bisweilen wird eine generelle präsidentielle Machtstellung aus den genannten Befugnissen entwickelt[50]. Die letztgenannte Herleitung lässt sich als Rechtsanalogie bewerten[51].

Die Durchführungsanordnungen werden nummeriert und im Federal Register veröffent- 53
licht. Mittlerweile sind dort fast 14.000 dieser Anordnungen gesammelt. Art, Inhalt und Auswirkungen der Durchführungsanordnungen variieren sehr stark[52]. Sie können sich etwa mit den Arbeitsbedingungen der Bundesbediensteten beschäftigen, die Vergabe von Bundesaufträgen im Detail regeln, neue Behörden oder Beratungsgremien einrichten, Importbeschränkungen und Zölle vorsehen, außenpolitische Sanktionen verhängen u.v.m.[53] Einige konkrete Beispiele:

- Executive Order (E.O.) 6581 (1934) rief die Export-Import-Bank der USA ins Leben;
- E.O. 9066 (1942) regelte die Internierung japanischstämmiger Bürgerinnen und Bürger nach Beginn des 2. Weltkrieges;
- E.O. 9981 (1948) hob die Rassentrennung in den Streitkräften auf;
- E.O. 12.333 (1981) ermächtigt die National Security Agency (NSA) bis heute zu vielen ihrer Abhöraktivitäten[54];
- E.O. 13.767 (2017) ordnete den Bau einer Grenzmauer zu Mexiko an;
- E.O. 13.768, 13.769 und 13.780 (2017) verhinderten, dass Menschen aus bestimmten muslimischen Ländern in die USA einreisen[55].

---

47 *Gitterman,* S. 6, note 23; *Branum*, Journal of Legislation 28 (2002), 1, 5; *Chu/Garvey,* S. 2; *Mayer*, S. 4 u. 34.

48 House Government Operations Committee 1957, zitiert nach *Chu/Garvey,* S. 1; *Mayer,* S. 4; *Newland,* Yale Law Journal 124 (2015), 2026, 2030 u. 2035 mit Urteil in Fn. 50 u. 2045; *Branum*, Journal of Legislation 28 (2002), 1, 6; s.a. *Jenkins v. Collard,* 145 U.S. 546, 561 (1892).

49 *Chu/Garvey,* S. 2; *Brugger,* S. 222; *Branum*, Journal of Legislation 28 (2002), 1, 65 f.; *Mayer,* S. 35 f.; *Newland,* Yale Law Journal 124 (2015), 2026, 2031 u. 2050.

50 *Newland,* Yale Law Journal 124 (2015), 2026, 2098; *Branum*, Journal of Legislation 28 (2002), 1, 68 f.; *Brugger,* S. 73; *Chu/Garvey,* S. 2; s.a. *Youngstown Sheet and Tube v. Sawyer*, 343 US 579, 587 (1952).

51 *Brugger,* S. 73.

52 *Gitterman,* S. 7; *Newland,* Yale Law Journal 124 (2015), 2026, 2034.

53 *Mayer,* S. 66 ff.; *Chu/Garvey,* S. 2 f.; *Branum*, Journal of Legislation 28 (2002), 1, 32; *Brugger,* S. 214.

54 Einzelheiten insoweit bei *Newland,* Yale Law Journal 124 (2015), 2026, 2030 f.

55 Details s. *Trump v. Hawaii,* 138 S.Ct. 2392, 2404 f. (2018).

54 Während George Washington in seiner achtjährigen Amtszeit als erster Präsident der USA nur 8 Durchführungsanordnungen erließ, nahm der Einsatz dieses Instruments über die Jahre stark zu[56]. Theodore Roosevelt (1901-1909) nutzte es bereits über 1000 Mal, Franklin D. Roosevelt (1933-1945) kam auf die Rekordzahl von 3721 executive orders[57]. Auch die US-Präsidenten seit 1993, Bill Clinton, George W. Bush und Barack Obama haben jeder deutlich über 250 Durchführungsanordnungen in ihren jeweils achtjährigen Amtszeiten erlassen[58].

55 Warum ist diese Handlungsform bei allen Präsidenten, unabhängig von ihrer Parteizugehörigkeit[59], so beliebt? In gewisser Weise sind die Durchführungsanordnungen unausweichlich, um die vielen Bundesbehörden mit ihren über 2,1 Millionen Beschäftigten[60] zu steuern und zu koordinieren sowie insbesondere die Rechtssetzung von Bundesbehörden zu kontrollieren[61].

56 Präsidenten können außerdem Durchführungsanordnungen einseitig, d.h. ohne langes Verfahren und vor allem ohne die Zustimmung des Kongresses erlassen oder widerrufen[62]. So kann – z.B. in Krisensituationen – flexibel und schnell agiert[63] sowie die häufig erwartete Führungsstärke demonstriert werden[64]. Dies gilt insbesondere dann, wenn der Kongress sich in einer Sache nicht entscheiden kann[65] oder wenn die Partei des Präsidenten im Kongress keine Mehrheit hat (divided government)[66]. Will man einen handlungsfähigen Staat (funktioneller Ansatz), erscheint es sinnvoll, präsidentielle Verfügungen in großem Umfang als verfassungsrechtlich zulässig zu bewerten[67]. Viele Bürgerinnen und Bürger erwarten, dass sich der Präsident ihrer Wünsche annimmt und entsprechende Durchführungsanordnungen erlässt[68]. Manchmal bewegt eine präsidentielle Durchführungsanordnung den Kongress auch zu einem späteren Gesetz[69].

57 Worin liegen die Nachteile der Durchführungsanordnungen? Sie können ohne weiteres vom nächsten Präsidenten geändert oder aufgehoben werden[70]. Außerdem können die Durchführungsanordnung ihre eigene Finanzierung nicht sichern, sondern sind auf Budgetbewilligungen des Kongresses angewiesen. Auf dieses Problem traf auch Präsident Trump bei dem Plan, eine Mauer an der Grenze zu Mexiko zu errichten (E.O.

56 *Branum*, Journal of Legislation 28 (2002), 1, 9 u. 23 ff.
57 Einzelheiten insoweit https://www.federalregister.gov/presidential-documents/executive-orders
58 Einzelheiten insoweit https://www.federalregister.gov/presidential-documents/executive-orders
59 *Branum*, Journal of Legislation 28 (2002), 1, 2 u. 32.
60 Congressional Research Service, Federal Workforce Statistic Sources, 2019, S. 6.
61 *Gitterman*, S. 145; *Branum*, Journal of Legislation 28 (2002), 1, 21; *Brugger*, S. 210; *Barron/Dienes*, 8. Aufl., S. 166; Einzelbeispiele insoweit bei *Chu/Garvey*, S. 7 ff.
62 *Gitterman*, S. 5 u. 21; *Mayer*, S. 3 u. 220; *Newland*, Yale Law Journal 124 (2015), 2026, 2032.
63 *Newland*, Yale Law Journal 124 (2015), 2026, 2035 u. 2083; *Branum*, Journal of Legislation 28 (2002), 1, 24 am Beispiel Lincolns; *Mayer*, S. 218.
64 *Gitterman*, S. 21; *Mayer*, S. 220.
65 *Slattery/Kloster*, S. 1, 11; *Issacharoff*, S. 19, 35; *Newland*, Yale Law Journal 124 (2015), 2026, 2031.
66 *Gitterman*, S. 6, 8 u. 145; *Mathews*, S. 67, 78; *Branum*, Journal of Legislation 28 (2002), 1, 22.
67 *Feldman*, Obama and the limits of Executive Power, BloombergView, 28.12.2015.
68 *Branum*, Journal of Legislation 28 (2002), 1, 56 ff. u. 82.
69 *Chu/Garvey*, S. 10; *Gitterman*, S. 136, 140 u. 146.
70 *Chu/Garvey*, S. 7; *Gitterman* S. 136.

13767 2017). Schließlich besteht eine Missbrauchsgefahr[71]. Zum einen wird die Gewaltenteilung zu Lasten des Kongresses modifiziert, zum anderen könnten Durchführungsanordnungen in Rechte von Bürgerinnen und Bürgern eingreifen[72]. Mangels parlamentarischer Debatte besteht ferner die Gefahr, dass Durchführungsanordnungen sehr einseitige politische Positionen umsetzen[73]. Man kann die mögliche Blockade von Gesetzgebung bei unterschiedlicher parteipolitischer Besetzung von Kongress und Präsidentenamt auch als Charakteristikum der US-amerikanischen Verfassung betrachten und nicht als Fehler, der durch eine großzügige Interpretation präsidentieller Befugnisse behoben werden muss[74].

b) Überprüfung der präsidentiellen Verfügungen durch die anderen beiden Staatsgewalten

Der Kongress kann eine Durchführungsanordnung unterlaufen, indem er eventuell notwendige Finanzmittel nicht bereitstellt[75]; hier setzt sich das Budgetrecht des Parlaments durch. Denkbar ist es weiterhin, dass der Kongress ein Gesetz erlässt, welches eine präsidentielle Verfügung aufhebt[76]. Solche Gesetze sind allerdings sehr selten, auch weil der Kongress mit einem Veto des Präsidenten rechnen muss, welches dann nur mit einer Zwei-Drittel-Mehrheit überstimmt werden kann[77]. Weniger als 4 % der präsidentielle Durchführungsanordnungen sind vom Kongress verändert oder aufgehoben worden[78]. 58

Der Steel-Seizure-Fall bildet seit langer Zeit einen wichtigen Meilenstein der Kontrolle präsidentieller Durchführungsanordnungen durch den Supreme Court. Während des Koreakrieges verfügte Präsident Truman 1952 per executive order[79], dass stahlerzeugenden Unternehmen unter eine zeitlich begrenzte staatliche Zwangsverwaltung zu nehmen waren. Truman befürchtete, dass anderenfalls die Stahlproduktion zum Erliegen können komme, weil sich die Arbeitgeber Lohnerhöhungen verweigerten und die Gewerkschaften mit Streik gedroht hatten. Das streikbedingte Ruhen der Stahlproduktion hätte wiederum negative Auswirkungen auf die Versorgung der amerikanischen Truppen mit Waffen und Ausrüstung haben können. 59

Aus deutscher Perspektive wäre die rechtliche Lösung dieses Falles klar: Da Truman keine gesetzliche Ermächtigung für den Eigentumseingriff vorweisen konnte[80], was er auch selbst einräumte, würde man diesen Eingriff wegen des Vorbehalts des Gesetzes als verfassungswidrig bewerten. Der Supreme Court, den die Stahlunternehmen anrie- 60

71 *Gitterman,* S. 145; *Mayer,* S. 9 u. 220; *Slattery/Kloster,* S. 1, 14; *Branum,* Journal of Legislation 28 (2002), 1, 32 u. 83.
72 *Branum,* Journal of Legislation 28 (2002), 1, 2, 6 u. 9; *Newland,* Yale Law Journal 124 (2015), 2026, 2036 f. u. 2054; *Chu/Garvey,* S. 3 m.w.N.
73 *Branum,* Journal of Legislation 28 (2002), 1, 58.
74 *Feldman,* Obama and the limits of Executive Power, BloombergView, 28.12.2015.
75 *Chu/Garvey,* S. 10.
76 *Branum,* Journal of Legislation 28 (2002), 1, 69; *Mayer,* S. 222.
77 *Gitterman,* S. 145; *Chu/Garvey,* S. 9; *Branum,* Journal of Legislation 28 (2002), 1, 22, 71 u. 79 f.
78 *Chu/Garvey,* S. 9 m.w.N.; ähnliche Zahlen bei *Branum,* Journal of Legislation 28 (2002), 1, 59.
79 E.O. 10340 (1952).
80 *Youngstown Sheet and Tube v. Sawyer,* 343 US 579, 585 f. (1952).

fen, kam zwar ebenfalls zu dem Ergebnis der Verfassungswidrigkeit, allerdings waren die Argumentationen der verschiedenen Richter deutlich komplexer und vielfältiger[81]. Drei Richter vertraten die abweichende Meinung, das Vorgehen des Präsidenten sei verfassungsgemäß, da eine Notlage vorläge, in der rasch und entschlossen gehandelt werden müsse[82]. Die Enteignung sei nicht verfassungsrechtlich verboten, solange die Eigentümer entschädigt würden[83]. Dass die Verfassung zu den Notstandskompetenzen schweige, heiße nicht, dass der Präsident keine Handlungsmöglichkeiten haben solle[84]. Vielmehr sei aus den Regelungen über die Präsidentschaft und aus historischen Argumenten[85] abzuleiten, dass Präsidenten in Krisensituationen auch ohne parlamentarische Ermächtigung handeln dürften[86]. So stelle sich auch die Verfassungspraxis sowie eine Reihe von Präzedenzfällen dar; Beschlagnahmen durch Präsidenten in Kriegszeiten seien bislang durchgehend gebilligt worden[87]. Präsident Truman habe den Kongress überdies rechtzeitig über die Zwangsverwaltung der Stahlbetriebe informiert, der aber keine (gesetzlichen) Gegenmaßnahmen für nötig gehalten habe[88].

61 Von den sechs Richtern, die von der Verfassungswidrigkeit der Zwangsverwaltung überzeugt waren, wurden sehr unterschiedliche Begründungen vorgelegt. Zunächst wurde eine Ermächtigung des Präsidenten aus seiner Funktion als Oberbefehlshaber abgelehnt, weil es nicht direkt um die Streitkräfte, sondern um einen arbeitsrechtlichen – und damit einen innenpolitischen – Konflikt ging, der nur indirekt Folgen für die Streitkräfte hatte[89]. Aber auch die sonstigen exekutiven Befugnisse des Präsidenten wurden nicht als ausreichende Ermächtigung angesehen, weil es hier um Gesetzgebung gehe – wie andere Gesetze über die Zulässigkeit von Enteignungen zeigten[90] – und dies die Aufgabe des Kongresses darstelle[91]. Der Wortlaut der Verfassung (Art. I, section 1 USC) ordne alle gesetzgeberischen Befugnisse dem Parlament zu; Art. I, section 8, cl. 18 USC bekräftige diese Gesetzgebungsaufgabe des Parlaments[92]. Justice Douglas ergänzt diese Überlegungen mit einem systematischen Argument[93]: Die Zwangsverwaltung der Stahlunternehmen stelle ein zeitweise Enteignung dar, die nach dem 5. Zusatzartikel entschädigungspflichtig sei. Weil der Präsident allein, d.h. am Kongress vorbei, überhaupt keine finanziellen Leistungen bewilligen dürfe, seien ihm Enteignungen untersagt, da diese ohne gleichzeitige Entschädigung verfassungswidrig seien.

81 *Youngstown Sheet and Tube v. Sawyer*, 343 US 579 ff. (1952).
82 *Youngstown Sheet and Tube v. Sawyer*, 343 US 579, 667 ff. (1952).
83 *Youngstown Sheet and Tube v. Sawyer*, 343 US 579, 680 u. 702 (1952).
84 *Youngstown Sheet and Tube* v. Sawyer, 343 US 579, 681 (1952).
85 The Federalist Papers Nr. 70, S. 426: *Energy in the executive is a leading character in the definition of good government.*
86 *Youngstown Sheet and Tube v. Sawyer*, 343 US 579, 682 (1952).
87 *Youngstown Sheet and Tube v. Sawyer*, 343 US 579, 683 ff. (1952).
88 *Youngstown Sheet and Tube v. Sawyer*, 343 US 579, 701 (1952).
89 *Youngstown Sheet and Tube v. Sawyer*, 343 US 579, 587 (1952) (Justice Black).
90 Hierzu ausführlich *Youngstown Sheet and Tube v. Sawyer*, 343 US 579, 597 ff. (1952) (Justice Frankfurter).
91 *Youngstown Sheet and Tube v. Sawyer*, 343 US 579, 587 ff. (1952) (Justice Black).
92 *Youngstown Sheet and Tube v. Sawyer*, 343 US 579, 587 f. (1952) (Justice Black).
93 *Youngstown Sheet and Tube v. Sawyer*, 343 US 579, 631 f. (1952).

Eine vermittelnde Lösung bildet drei unterschiedliche Modelle[94]: 62

- Handelt der Präsident mit gesetzlicher Ermächtigung, ist seine Macht am stärksten und die gerichtliche Kontrolle muss sehr zurückhaltend ausfallen.
- Fehlt ein Gesetz, kann sich der Präsident nur auf seine eigenen Befugnisse stützen. Hier gibt es Raum für Zweifel, ob die Legislative oder die Exekutive zuständig ist. Je nach Situation und Problematik kann ein Handeln des Präsidenten hier zulässig oder unzulässig sein.
- Wendet sich der Präsident gegen den ausdrücklichen oder konkludent erkennbaren Willen des Parlaments, hat er die geringsten Handlungsmöglichkeiten. Hier ist eine sorgfältige gerichtliche Kontrolle angebracht, um die Rechte des Parlaments zu wahren.

Der Zwangsverwaltungsfall wird dann in die letztgenannte Kategorie eingeordnet und 63
als verfassungsrechtlich unzulässig bewertet[95]. Aus deutscher Perspektive ist es erstaunlich, dass die dritte Kategorie überhaupt existiert, dass es also als grundsätzlich möglich betrachtet wird, dass ein Exekutivorgan sich gegen den Willen der Legislative stellt.

Justice Frankfurter bringt eine weitere, ganz anders strukturierte Begründung für die 64
Verfassungswidrigkeit[96]: Wenn es keine textlich eindeutige Kompetenzverteilung gebe, müsse nach einer langjährigen Verfassungspraxis gefahndet werden. Wenn diese zugunsten des Präsidenten nachweisbar sei, seien seine Anordnungen verfassungsrechtlich zulässig. Diese ständige Verfassungspraxis existiere indes für die Anordnung von Zwangsverwaltungen nicht[97].

David Currie leitet aus der geschilderten Entscheidung ab, dass der Präsident nicht 65
gegen das Gesetz handeln dürfe und dass er im Allgemeinen eine gesetzliche Grundlage für sein Handeln benötige[98]. So eindeutig ist der Steel-Seizure-Case jedoch nicht. Sowohl die abweichende Meinung als auch eine Reihe von Richtern der Mehrheitsmeinung lassen dem Präsidenten zumindest Notfallbefugnisse, wenn nicht sogar noch mehr Legislativmacht. Es fehlt ferner eine klare Aussage darüber, wo die Notfallkompetenz des Präsidenten endet[99].

Erica Newland hat über 150 Entscheidungen US-amerikanischer Gerichte, die sich auf 66
präsidentielle Verfügungen beziehen, im Detail analysiert[100]. Sie stellt zusammenfassend fest, dass die Gerichte die Rechtssetzung durch executive orders des Präsidenten auf Kosten der Rechtssetzungskompetenzen des Kongresses in verschiedener Hinsicht gestärkt haben[101].

94 *Youngstown Sheet and Tube v. Sawyer*, 343 US 579, 635 ff. (1952) (Justice Jackson); s.a. *Brugger,* S. 73 f.
95 *Youngstown Sheet and Tube v. Sawyer*, 343 US 579, 655 (1952) (Justice Jackson).
96 *Youngstown Sheet and Tube v. Sawyer*, 343 US 579, 610 f. (1952).
97 *Youngstown Sheet and Tube v. Sawyer*, 343 US 579, 511 f. (1952) (Justice Frankfurter).
98 *Currie*, S. 40.
99 *Barron/Dienes*, 8. Aufl., S. 167; *Brugger,* S. 75; *Levinson,* S. 107; zweifelnd auch *Branum*, Journal of Legislation 28 (2002), 1, 6 u. 29.
100 *Newland,* Yale Law Journal 124 (2015), 2026, 2037 ff.
101 *Newland,* Yale Law Journal 124 (2015), 2026, 2055; ähnlich *Branum*, Journal of Legislation 28 (2002), 1, 60 ...*reluctance to get involved.*; *Bradley/Morrison,* Columbia Law Journal 113 (2013), 1097, 1111 ... *deference to patterns of governmental practice ...*

67 So wurde es als verfassungsrechtlich zulässig bewertet, dass ein späteres Parlamentsgesetz eine vorausgehende Durchführungsanordnung des Präsidenten nachträglich legitimierte[102]. Fehlt eine ausdrückliche gesetzliche Ermächtigung oder nachträgliche Billigung des Kongresses, wird die Finanzierung einer präsidentiellen Verfügung als konkludente Zustimmung angesehen[103]. Selbst das Schweigen des Parlaments in Kenntnis einer Durchführungsanordnung des Präsidenten wird bisweilen als Zustimmung gedeutet[104]. Die letztgenannte Variante ist besonders dann bedenklich, wenn, wie im Bereich der nationalen Sicherheit üblich, eine Durchführungsanordnung zwar grundsätzlich bekannt ist, die Details ihrer Nutzung aber gerade geheim gehalten werden[105].

68 Wenn Durchführungsanordnungen des Präsidenten und Bundesgesetze in Konflikt geraten, wäre die Erwartung, dass sich die gesetzliche Regelung durchsetzt. Entscheidungen in diese Richtung gibt es auch. So hob ein Berufungsgericht eine präsidentielle Verfügung auf[106], die Bundesbehörden verbot, Verträge mit Unternehmen abzuschließen, die rechtmäßig streikende Arbeitnehmer dauerhaft ersetzten; denn diese Ersetzungsbefugnis war im National Labor Relations Act vorgesehen[107].

69 Es gibt jedoch ebenfalls Entscheidungen, die beide Rechtsakte auf eine Ebene stellen und einen möglichst harmonischen Ausgleich zwischen ihnen anstreben[108]. Der Durchführungsanordnung wird so der gleiche Rang wie einem Bundesgesetz gegeben[109]. Auch im Verhältnis zu Gesetzen der Bundesstaaten sollen präsidentielle Durchführungsanordnungen stärker sein[110]. Hier wird die supremacy clause des Art. VI, section 2 USC herangezogen, die allerdings von verfassungsgemäß zustande gekommenen Gesetzen spricht, nicht von Verfügungen des Präsidenten.

70 In einer weiteren Entscheidung wird die Rückwirkung einer präsidentiellen Verfügung dadurch gerechtfertigt, dass dies die Absicht des Präsidenten gewesen sei[111]; ungeklärt bleibt, ob das Gesetz, welches zu Durchführungsanordnungen ermächtigte, ebenfalls eine Rückwirkung zugelassen hätte[112]. Solche Judikate drängen die Rechtssetzungsmacht des Kongresses zurück[113].

---

102 *Newland,* Yale Law Journal 124 (2015), 2026, 2056 m.w.N.; *Chu/Garvey,* S. 10; *Branum*, Journal of Legislation 28 (2002), 1, 69.
103 *Chu/Garvey,* S. 10; *Branum*, Journal of Legislation 28 (2002), 1, 69; *Newland,* Yale Law Journal 124 (2015), 2026, 2057.
104 *Newland,* Yale Law Journal 124 (2015), 2026, 2056 f. u. 2074; *Branum*, Journal of Legislation 28 (2002), 1, 71.
105 *Newland,* Yale Law Journal 124 (2015), 2026, 2060 f.
106 E.O. 12.954 (1995).
107 *Chamber of Commerce v. Reich,* 74 F. 3d, 1322, 1339 (1996).
108 *Rattigan v. Holder,* 689 F.3d 764, 769 f. (D.C. Cir. 2012).
109 *Newland,* Yale Law Journal 124 (2015), 2026, 2065.
110 *Old Dominion Branch v. Austin,* 418 U.S. 264, 273 ff. (1974); *Newland,* Yale Law Journal 124 (2015), 2026, 2071 u. 2076.
111 *Sea-Land Services v. Interstate Commerce Commission,* 738 F. 2d 1311, 1314, (D.C. Cir. 1984).
112 *Newland,* Yale Law Journal 124 (2015), 2026, 2071.
113 *Newland,* Yale Law Journal 124 (2015), 2026, 2066.

Diese Entscheidungen überraschen auch deshalb, weil es ansonsten unumstritten ist, dass Gesetze nur vom Kongress und nicht vom Präsidenten aufgehoben oder geändert werden dürfen[114]. Die Gewaltenteilung wäre nach Auffassung des Supreme Court schwer gefährdet, wenn der Präsident allein Gesetze aufheben dürfte[115]. Der Präsident darf ferner die Ausführung eines Gesetzes nicht verweigern. Denn er hatte vorher die Möglichkeit, durch sein Veto das Gesetz zu verhindern, deshalb wäre die nachträgliche Nichtbefolgung ein Widerspruch zur Systematik der US-Verfassung[116]. Hinzu kommt, dass es Fälle geben kann, in denen der Kongress ein Gesetz beschlossen hat, um die Befugnisse des Präsidenten in einem bestimmten Sektor einzuschränken. Könnte der Präsident dieses Gesetz missachten, wäre die Gewaltenteilung unterminiert[117]. 71

Executive orders werden auch für die Interpretation von Gesetzen herangezogen, obwohl die Urheber verschieden sind; so hat es der Präsident in der Hand, durch den Erlass von Verfügungen die Anwendung eines unklar formulierten Gesetzes in seinem Sinne zu steuern[118]. 72

Ein letztes Problem der präsidentiellen Durchführungsanordnungen besteht in der Bindungswirkung für Bürgerinnen und Bürger und den Präsidenten selbst. Hier gilt, dass Dritte sich vor Gericht nur dann auf die Regeln einer Durchführungsanordnung berufen können, wenn diese selbst ausdrücklich einklagbare Rechte schafft[119]. Beruht die präsidentielle Verfügung auf einer gesetzlichen Ermächtigung, die eventuell drittschützend ist, wirkt die Konzentration auf die Durchführungsanordnung wenig plausibel[120]. Der Präsident hat es nämlich erneut in der Hand, durch den Erlass einer den Drittschutz ausschließenden Verfügung das Gesetz zu verkürzen. Dass eine Durchführungsanordnung den Zugang zu den Gerichten eröffnet ist extrem selten[121], betroffenen Bürgern bleibt im Regelfall nur die Möglichkeit an den Präsidenten zu appellieren, die Durchführungsanordnung zu ändern[122]. 73

Der Präsident selbst wiederum ist nicht an seine eigenen Durchführungsanordnungen gebunden[123]. Er kann sie jederzeit offiziell aufheben oder sie schlicht nicht mehr beachten[124]. Im letztgenannten Fall ist die Durchführungsanordnung zwar noch im Federal Register veröffentlicht, wird aber nicht mehr befolgt, was das Gegenteil von 74

114 *Clinton v. City of New York,* 524 US 417, 428, 438 (1998); *Slattery/Kloster,* S. 1, 3.
115 *United States v. Windsor,* 133 S.Ct. 2675, 2688 (2013).
116 *Tushnet,* S. 81.
117 *Tushnet,* S. 81 f.; s.a. *Bradley/Morrison,* Columbia Law Journal 113 (2013), 1097, 1107 m.w.N.; A.A. *Levinson,* S. 45; *Amar* (2006), S. 179 u. 559, n. 1 für eindeutig verfassungswidrige Gesetze.
118 *Newland,* Yale Law Journal 124 (2015), 2026, 2071 f. u. 2074 m.w.N. aus der Rechtsprechung.
119 *Newland,* Yale Law Journal 124 (2015), 2026, 2079.
120 *Newland,* Yale Law Journal 124 (2015), 2026, 2079.
121 *Newland,* Yale Law Journal 124 (2015), 2026, 2079.
122 *Newland,* Yale Law Journal 124 (2015), 2026, 2077.
123 *Newland,* Yale Law Journal 124 (2015), 2026, 2080 f.
124 *Newland,* Yale Law Journal 124 (2015), 2026, 2081.

Rechtssicherheit darstellt[125]. Insgesamt befremdet das Ergebnis, dass die von Durchführungsanordnungen Betroffenen diese befolgen müssen, wohingegen ihr Urheber ungebunden bleibt[126].

75 Zusammenfassend ist festzuhalten, dass die Durchführungsanordnungen dem US-Präsidenten weitgehende Machtbefugnisse einräumen[127]. Dies wäre nicht so gravierend, wenn die Durchführungsanordnungen nur den Charakter von Verwaltungsvorschriften hätten, d.h. allein Interna des Dienstbetriebs der Bundesbehörden regelten. Obwohl es zahlreiche executive orders dieser Prägung gibt, existieren ebenfalls viele mit direkter Auswirkung auf Bürger, Wirtschaft und Gesellschaft. Deshalb erscheint es aus Sicht der Gewaltenteilung bedenklich, dass die Präsidenten Kontrollen durch den Kongress oder die Gerichte nur im Ausnahmefall fürchten müssen[128]. Es war gerade ein Anliegen der Väter der Verfassung, durch die Gewaltenteilung eine Situation zu verhindern, in der eine Gewalt die Regeln erlässt, die sie dann selbst ausführt[129]; genau dies erscheint aber bei jenen präsidentiellen Durchführungsanordnungen möglich, die über verwaltungsinterne Regeln hinausgehen.

76 Vergleichbare unilaterale Handlungsmöglichkeiten haben in Deutschland weder der Bundespräsident noch die Bundeskanzlerin. Selbst in Notstandssituationen wird zunächst auf freiwillige Anforderung von Hilfe durch das betroffene Bundesland gesetzt (Art. 35 Abs. 2 GG und Art. 91 Abs. 1 GG). Erst wenn mehrere Bundesländer betroffen sind (Art. 35 Abs. 3 GG) oder das betroffene Bundesland nicht bereit bzw. nicht in der Lage ist, die Gefahr abzuwehren (Art. 91 Abs. 2 GG), darf die Bundesregierung als Kollegium weitere Maßnahmen einleiten. Diese sind dann einzustellen, wenn die Gefahr abgewehrt ist oder wenn der Bundesrat dies verlangt. Diese befristeten Möglichkeiten der Bundesintervention, die zudem noch unter der Kontrolle des Bundesrates stehen, bleiben hinter den exekutiven Standardbefugnissen des US-Präsidenten weit zurück.

77 Die Steuerung der deutschen Bundesverwaltung ist in großem Umfang Aufgabe der Bundesminister, die Verwaltungsvorschriften für ihre jeweiligen Ressorts erlassen. Exekutivische Rechtssetzung ist nach Art. 80 Abs. 1 GG durch die Bundesregierung oder Bundesminister möglich, jedoch in Inhalt, Zweck und Ausmaß an ein ermächtigendes Gesetz gebunden. Sobald es um Eingriffe in Freiheit oder Eigentum der Bürger geht oder wesentliche Entscheidungen getroffen werden sollen (Wesentlichkeitstheorie), muss nach der Lehre vom Vorbehalt des Gesetzes eine parlamentarisch gebilligte Rechtsgrundlage vorliegen[130].

---

125 *Newland,* Yale Law Journal 124 (2015), 2026, 2081 m.w.N.

126 *Newland,* Yale Law Journal 124 (2015), 2026, 2082.

127 *Mayer,* S. 223; als zu weitgehend bewertet dies *Branum*, Journal of Legislation 28 (2002), 1, 34; generell zum Machtzuwachs der Exekutive auch *Issacharoff,* S. 19, 35 ff.

128 *Branum*, Journal of Legislation 28 (2002), 1, 78 u. 81; *Tushnet*, S. 179.

129 The Federalist Papers Nr. 47, S. 294 f.; *Branum*, Journal of Legislation 28 (2002), 1, 13 ff. u. 20.

130 BVerfGE 125, 175, 223; 133, 112, 132; 139, 19, 45 ff.; 143, 38, 53 f.; s.a. *Morlok/Michael*, Rn. 343 ff.; *Sachs,* in: ders., GG, Art. 20, Rn. 113 ff.; *Jarass/Pieroth*, Art. 20, Rn. 71 ff.; *Sodan/Ziekow,* § 7, Rn. 25 ff.

Auch in der Weimarer Reichsverfassung gab es keine allgemeinen exekutivischen Kompetenzen des Reichspräsidenten; er war nur in Notsituationen, d.h. bei erheblicher Störung oder Gefährdung der öffentlichen Sicherheit und Ordnung zum Eingreifen ermächtigt[131]. 78

6. Übersicht über Gemeinsamkeiten und Unterschiede

Gemeinsamkeiten: 79

- Staatsoberhaupt
- Für Ernennungen zuständig
- Begnadigungsrecht
- Unterschreibt völkerrechtliche Verträge
- Kann des Amtes enthoben werden

Unterschiede durch zusätzliche Befugnisse des US-Präsidenten:

- Chef der Exekutive mit dem Machtinstrument der Durchführungsanordnungen
- Regierungschef
- Oberbefehlshaber der Streitkräfte
- Zentraler Akteur der Außenpolitik
- Vorschlagsrecht für Richter und Verwaltungsmitarbeiter
- Unbeschränktes Vetorecht im Gesetzgebungsverfahren
- Direktwahl durch das Volk, zusammen mit Vizepräsidenten

Die Gegenüberstellung führt insgesamt zu dem Ergebnis, dass wir es mit einem „false friend" zu tun haben. Zwar verfügen beide Verfassungen über einen Präsidenten als Staatsoberhaupt, doch sind die Ämter völlig unterschiedlich ausgestaltet. 80

7. Erklärungsansätze für die Unterschiede zwischen US-Präsidenten und Bundespräsidenten

Die Erfahrungen mit dem Reichspräsidenten der Weimarer Republik als eine Art Ersatzkaiser dürften stark dazu beigetragen haben, dass das Grundgesetz die Stellung des Bundespräsidenten viel schwächer ausgestaltet hat[132]. 81

Die starke Stellung des amerikanischen Präsidenten mag aus der Kriegs- und Krisenerfahrung der vorausgehenden Jahre 1775-1788 zu erklären sein. In den vor 1789 geltenden Konföderationsartikeln, der ersten Verfassung der USA, war die Verwaltung Ausschüssen des Parlaments übertragen worden (Art. X), einen Präsidenten gab es nicht. Da ein Parlament nicht ständig tagt, angesichts der Transportverhältnisse der damaligen Zeit auch nicht schnell zusammentreten konnte und sich schließlich bei widerstreitender Positionen nicht immer zu einer schnellen Entscheidung durchringen kann[133], hatten 82

131 Art. 48 WRV.

132 BVerfGE 136, 277, 309 ff.; *Sodan/Ziekow,* § 14, Rn. 2; *Heringa,* S. 42 u. 189; *Morlok/Michael*, Rn. 867; *Nierhaus,* in: Sachs, Art. 54, Rn. 2.

133 *Amar,* (2006), S. 186.

die Verfassungsväter der USA erlebt, dass ohne eine starke Exekutive die Gefahr entsteht, dass die Demokratie zumindest kurzzeitig handlungsunfähig ist[134]. Eine starke Exekutive in Gestalt eines Präsidenten ermöglicht dagegen schnelles und effektives Handeln[135], insbesondere in Krisensituationen – wie etwa dem amerikanischen Bürgerkrieg – und in der Außenpolitik[136]. Es kommt hinzu, dass der Präsident aufgrund seiner direkten Wahl eine dem Parlament gleichwertige demokratische Legitimation hat[137]. Der Text der US-Verfassung zählt nur die Kompetenzen der Legislative und der Judikative katalogmäßig auf, während der Präsident pauschal mit (allen) Exekutivaufgaben betraut wird[138], also eine Art Reservefunktion hat[139]. Was Rechtsprechung und Gesetzgebung angeht, konnte man als Auffanglösung auf die Institutionen der Bundesstaaten setzen; diese Lösung funktionierte allerdings nicht im Bereich der Exekutive, da sich die vielen Bundesstaaten der USA im Zweifel nicht auf eine einheitliche Außen- oder Sicherheitspolitik hätten einigen können[140]. Letztlich lässt sich hier anführen, dass die Vielzahl der Verwaltungsaufgaben kaum abschließend zu erfassen ist, was sich auch an der verbreiteten Definition zeigt, dass Verwaltung alle Aufgaben des Staates erfasst, die nicht Rechtsprechung und nicht Gesetzgebung sind[141].

83 Da alle an der Verfassungsgebung Beteiligten davon ausgingen, dass George Washington – der sich als General der US-Armee und Präsident der verfassungsgebenden Versammlung ausgezeichnet hatte – der erste Präsident der USA sein würde, hat auch diese Erwartung zu der großzügigen Ausgestaltung der Befugnisse des Präsidenten beigetragen[142]. Es kommt hinzu, dass ein großer demokratischer Flächenstaat zur Zeit der Gründung der USA weitgehend unbekannt war, es allerdings zuhauf Vorbilder für Monokratien gab[143].

84 *Akhil Amar* weist interessanterweise darauf hin, dass nachfolgende Generationen gerade bei der Wahl und der Rolle des Präsidenten offenbar Korrekturbedarf gesehen haben[144]. Zehn Verfassungsänderungen seit 1791 beziehen sich direkt oder indirekt auf den Präsidenten (12th, 14th, 15th, 19th, 20th, 22nd, 23rd, 24th, 25th, 26th amendment). Speziell die Amtszeitbegrenzung (22nd amendment) und die Aufwertung des Vizepräsidenten (25th amendment) verfolgen deutlich die Tendenz, die Macht des US-Präsidenten einzudämmen. Dennoch hat die Machtposition des US-Präsidenten in den letzten Jahrzehnten eher zugenommen als abgenommen[145].

---

134 *Heringa*, S. 35; *Tushnet*, S. 10 f.; *Lindenblatt*, S. 9; *Brugger*, S. 28; *Abrams*, S. 3; s.a. *Lepore*, S. 114 u. 121.

135 *Barron/Dienes*, 8. Aufl., S. 163; ähnlich *Endler/Thunert*, S. 88.

136 *Tushnet*, S. 111; *Branum*, Journal of Legislation 28 (2002), 1, 51; *Amar*, (2012), S. 312.

137 *Brugger*, S. 217; *Lindenblatt*, S. 74.

138 *Amar*, (2012), S. 310 f.; *Amar*, (2006), S. 225; *Bradley/Morrison*, Columbia Law Journal 113 (2013), 1097, 1099 u. 1104.

139 *Amar*, (2006), S. 225.

140 *Amar*, (2006), S. 225.

141 *Amar*, (2012), S. 312.

142 *Amar*, (2012), S. 313; *Tushnet*, S. 11; s.a. *Lepore*, S. 120.

143 *Levinson*, S. 121 schreibt dem amerikanischen Präsidenten monarchische Züge zu.

144 *Amar*, (2006), S. 461.

145 *Bradley/Morrison*, Columbia Law Journal 113 (2013), 1097, 1112 f.; *Branum*, Journal of Legislation 28 (2002), 1, 32; *Schmidt-Aßmann*, VerwArch 111 (2020), 1, 31.

II. Der Supreme Court und das Jury-System

Der folgende Textteil beschäftigt sich mit der Judikative. Zunächst wird die Hauptaufgabe eines Verfassungsgerichts erläutert (1.) sowie auf die Kritik eingegangen, die an vermeintlich zu weit gehenden Entscheidungen der Verfassungsgerichte geübt wird (2.). Sodann geht es um die Möglichkeiten, eine Entscheidung des Supreme Court zu bekommen (3.), anschließend um die Auswahl und die Amtsdauer der Richterinnen und Richter (4.). Abschnitt 5. geht auf Zulässigkeitsfragen ein, Abschnitt 6. auf die Wirkung verfassungsgerichtlicher Entscheidungen. Abschnitt 7. fasst die Gemeinsamkeiten und Unterschiede zwischen dem Bundesverfassungsgericht und dem Supreme Court zusammen. Im letzten Abschnitt dieses Textteils wird das Jury-System besprochen, das die US-Verfassung an verschiedenen Stellen erwähnt (8.). 85

1. Die Aufgabe der Verfassungsgerichtsbarkeit

Als Gemeinsamkeit des deutschen und des US-amerikanischen Verfassungssystems 86 wurde in der Einleitung bereits auf die bedeutende Rolle der Verfassungsgerichtsbarkeit hingewiesen[146]. Staatliche Entscheidungen, seien es Verwaltungsmaßnahmen, Gerichtsurteile oder Gesetze, unterliegen einer Kontrolle daraufhin, ob sie mit der Verfassung vereinbar sind (constitutional or judicial review). Das letzte Wort hat in den USA dann der Supreme Court[147], in Deutschland das Bundesverfassungsgericht[148]. M.a.W. ist die Verfassung in beiden Ländern das höchstrangige (nationale) Recht und die verbindliche Interpretation der Verfassung obliegt in beiden Ländern dem Verfassungsgericht[149]. Der Supreme Court hat sogar ausdrücklich entschieden, dass der Kongress dem Gericht nicht gesetzlich vorschreiben darf, wie eine Verfassungsnorm zu interpretieren ist[150]. In den Worten des Supreme-Court-Richters *Charles Hughes*[151]: *We are under a constitution, but the constitution is what the judges say it is, and the judiciary is the safeguard of our liberty and of our property under the constitution.*

Die Zuständigkeit des Bundesverfassungsgerichts für verfassungsrechtliche Konflikte 87 in Bezug auf Bundesgesetze folgt aus Art. 93, Art. 100 GG sowie § 13 BVerfGG[152]. In den USA fehlt eine ausdrückliche Verfassungsnorm, die dem Supreme Court erlaubt, die Verfassungsmäßigkeit von Gesetzen zu kontrollieren[153]. Doch hat sich das Gericht

146 S.o. A. I.
147 *Cooper v. Aaron,* 358 U.S. 1, 18 (1958); *Kahn,* Michigan Law Review 101 (2003), 2677, 2686; *Schmidt-Aßmann,* VerwArch 111 (2020), 1, 21.
148 *Kommers/Miller,* S. 33 u. 46; *Steiner,* Jura 2019, 441, 446.
149 *Tushnet,* S. 134 u. 136 f.; *Currie,* S. 19 u. S. 86; *Amar* (2006), S. 215; *Amar* (2012), S. 208.
150 *City of Boerne v. Flores,* 521 U.S. 507, 524 (1997); *Currie,* S. 86.
151 S. en.wikiquote.org m.w.N.
152 Einzelheiten u.w.N. bei *Schlaich/Korioth,* S. 63 ff.
153 *Tushnet,* S. 132; *Currie,* S. 15; *Chemerinsky,* S. 37; *Grimm,* S. 112; *Kommers/Miller,* S. 11; *Heringa,* S. 233; *Wieser,* S. 121; *Grimm,* ZfP 2019, 86, 87.

diese Kompetenz in der Entscheidung *Marbury v. Madison* aus dem Jahr 1803[154] selbst zugesprochen. Gestützt wurde dies vor allem auf folgende Argumente[155]:

– Die Verfassung sei nach Art. VI, section 2 USC das oberste Recht des Landes und müsse deshalb über den Gesetzen stehen[156]. Die Gesetze wiederum müssten sich – so der Text der gleichen Norm – nach der Verfassung richten[157]; diese Bedingung erfüllten verfassungswidrige Gesetze gerade nicht.
– Die Richter seien wegen ihres Amtseides gemäß Art. VI, section 3 USC verpflichtet, die Verfassung zu wahren und könnten deshalb verfassungswidrige Gesetze nicht akzeptieren[158].
– Ohne verfassungsgerichtliche Kontrolle könne der Kongress beim Erlass von Gesetzen die Verfassung missachten, obwohl diese den Willen des Volkes repräsentiere[159] und nur unter den erschwerten Bedingungen des Art. V USC zu ändern sei. Es geht also auch um Fragen der Gewaltenteilung, genauer Fragen der Begrenzung der Legislative[160].
– Schließlich sei es die Aufgabe der Richter und keiner anderen Instanz, Normkonflikte aufzulösen; hierzu gehörten auch Konflikte zwischen Verfassung und einfachem Gesetz[161].

88 In den USA wird seitdem jedes Gericht als befugt angesehen, selbst die Verfassungswidrigkeit der anzuwendenden Vorschriften festzustellen[162]. In Deutschland besteht für die unteren Gerichte dagegen nach Art. 100 Abs. 1 GG die Vorlagepflicht an das Landes- bzw. Bundesverfassungsgericht, wenn sie eine Norm für verfassungswidrig halten, so dass Fragen der Verfassungsmäßigkeit von Bundesgesetzen beim Bundesverfassungsgericht konzentriert sind (Verwerfungsmonopol)[163]. Dies kostet zwar Zeit, hat aber den Vorteil größerer Rechtssicherheit, da die Situation ausgeschlossen wird, dass verschiedene untere Gerichte die Verfassungsmäßigkeit einer gesetzlichen Bestimmung unterschiedlich beurteilen[164]. Die US-amerikanische Lösung gibt den Klägern dagegen eine deutlich schnellere Antwort auf ihre Frage nach der Verfassungsmäßigkeit gesetzlicher Neuregelungen. Dann allerdings beginnt der Instanzenzug und der Zeitgewinn wird durch eine längere Phase der rechtlichen Unsicherheit – zumindest auf nationaler Ebene – erkauft[165].

154 *Heringa*, S. 222; *Wieser*, S. 122; s.a. *City of Boerne v. Flores*, 521 U.S. 507, 516 (1997).
155 5 U.S. 137, 176 ff.; s.a. *Brugger*, S. 9 f.; *Wieser*, S. 121 f.; *Tushnet*, S. 134.
156 *Marbury v. Madison*, 5 U.S. 137, 177 (1803).
157 *Marbury v. Madison*, 5 U.S. 137, 180 (1803).
158 *Marbury v. Madison*, 5 U.S. 137, 180 (1803).
159 *Marbury v. Madison*, 5 U.S. 137, 178 (1803).
160 *Currie/Doernberg*, S. 32 f.; s.a. *Schlaich/Korioth*, S. 389 f.
161 *Marbury v. Madison*, 5 U.S. 137, 177 f. (1803).
162 *Tushnet*, S. 122; *Currie/Doernberg*, S. 30 f.; *Lindenblatt*, S. 82; *Chemerinsky*, S. 39; *Heringa*, S. 233; *Levinson*, S. 124 u. 135.
163 *Heringa*, S. 223; *Jarass/Pieroth*, Art. 100, Rn. 2; *Sodan/Ziekow*, § 54, Rn. 1; *Kommers/Miller*, S. 3 f.; *Schlaich/Korioth*, S. 3 u. 97 f.; *Morlok/Michael*, Rn. 1061.
164 BVerfGE 63, 131, 141; 130, 1, 41 f.; 138, 64, 91; *Jarass/Pieroth*, Art. 100, Rn. 1; *Kommers/Miller*, S. 3; *Wieser*, S. 124.
165 *Wieser*, S. 125; *Dorf*, S. 1, 8.

Eine vorherige abstrakte Normenkontrolle, wie in Art. 93 Abs. 1 Nr. 2 und 2a GG vorgesehen, gibt es vor dem Supreme Court der USA nicht[166]. Dies folgt aus dem bereits erwähnten Art. III, section 2, cl. 1 USC der nur von „cases“ und „controversies“ spricht. **89**

2. Kritik an der Verfassungsgerichtsbarkeit

Die herausgehobene Rolle des Verfassungsgerichts hat in beiden Ländern auch Kritik auf den Plan gerufen. In Deutschland wird dem Bundesverfassungsgericht zuweilen vorgeworfen, sich als Ersatzgesetzgeber zu betätigen[167]. In den USA wird die gleiche Problematik unter dem Stichwort „countermajoritarian difficulty“ oder „judicial activism“ diskutiert[168]. Dieser Ausdruck meint, dass die wenigen Richterinnen und Richter am Supreme Court Gesetze verwerfen können, die eine Mehrheit der vom Volk gewählten Parlamentarier zuvor beschlossen hat, und auf diese Weise unzulässig im Aufgabenbereich der Gesetzgebung tätig werden[169]. Die Verfassungsrichter selbst gehen dabei kein Risiko ein, da sie nicht abgewählt werden können[170]. Zwar hat das Verfassungsgericht aufgrund des parlamentarisch zumindest mitkontrollierten Ernennungsverfahrens ebenfalls eine demokratische Legitimation, doch wird es nicht direkt gewählt[171] und seine Zusammensetzung repräsentiert, wenn man z.B. das Alter, das Geschlecht, die Herkunft und die Ausbildung seines Personals berücksichtigt, das jeweilige Volk deutlich weniger als ein Parlament[172]. Hinzu kommt, dass Verfassungstexte eher interpretationsoffen formuliert werden[173], so dass die Verfassungsgerichte weniger an den Wortlaut gebunden sind als einfache Gerichte. **90**

Es gibt Verfassungen, die die genannten Argumente so ernst nehmen, dass sie es den Gerichten generell verwehren, eine Kontrolle der Verfassungsmäßigkeit von Gesetzen vorzunehmen[174]. Die englische Tradition räumte den Gerichten ebenfalls nicht die Befugnis ein, Parlamentsgesetze für nichtig zu erklären[175]. **91**

---

166 *Wieser,* S. 122; *Jackson,* Penn State International Law Review 28 (2010), 319, 320; *Brugger,* S. 18 f.; *Heringa,* S. 222 u. 229; *Collings,* S. 273, 280; *Kommers/Miller,* S. 15 u. 47; *Kommers,* German Law Journal 20 (2019), 524, 526; *Tushnet,* S. 153, der allerdings Ausnahmen für möglich hält.

167 *Schlaich/Korioth,* S. 366, 384 f. u. 388 m.w.N; s.a. *Kommers/Miller,* S. 39; *Kulick,* JZ 2016, 67, 75; berichtend *Voßkuhle,* BayVBl 2020, 577 f.

168 *Tushnet,* S. 138 u. 144; *Kulick,* JZ 2016, 67, 69; *Grimm,* S. 112; *Dorf,* S. 1, 10; *Hailbronner,* S. 133, 142; *Chemerinsky,* S. 23; *Schmidt-Aßmann,* VerwArch 111 (2020), 1, 5; *Heringa,* S. 221; *Brugger,* S. 12 spricht von antimajoritarian difficulty; *Calabresi,* S. 151, 160 verwendet den Ausdruck antidemocratic.

169 *Scalia,* S. 3, 20 f. u. 23; *Chemerinsky,* S. 23 f.; s.a. *Wieser,* S. 119; *Kulick,* JZ 2016, 67, 69; *Currie,* S. 92; erwähnt auch in *Bush v. Gore,* 531 U.S. 98, 111 (2000); s.a. *Lepsius,* JZ 2019, 793, 799 f.

170 *Brugger,* S. 12; *Grimm,* ZfP 2019, 86, 89; s.a. *Rucho v. Common Cause,* 139 S.Ct. 2484, 2507 (2019).

171 *Heringa,* S. 220; *Scalia,* S. 3, 22; *Wood,* S. 49 f.; s.a. *Amar* (2005), S. 208; *Rucho v. Common Cause,* 139 S.Ct. 2484, 2507 (2019).

172 *Obergefell v. Hodges,* 135 S.Ct. 2584, 2629 (2015) dissent *Scalia*; *Wieser,* S. 119.

173 *Tushnet,* S. 85; *Grimm,* ZfP 2019, 86, 94; *Schlaich/Korioth,* S. 14; *Currie,* S. VII.

174 Z.B. Art. 120 der niederländischen Verfassung: *Der Richter darf die Verfassungsmäßigkeit von Gesetzen und Verträgen nicht überprüfen.*; weitere Beispiele bei *Grimm,* S. 112; *Hirschl,* American Journal of Comparative Law 53 (2005), 125, 135; *Levinson,* S. 124 f.

175 *Amar* (2005), S. 211; *Wood,* S. 49, 59; *Scalia,* S. 129, 130 m.w.N.

92 Der Vorwurf, gegen die Parlamentsmehrheit zu entscheiden, kann indes genauso gegen die Vetomacht des US-Präsidenten erhoben werden[176]. Vergleicht man die Zahlen, erscheint dies sogar überzeugender: Bis einschließlich Barack Obama haben amerikanische Präsidenten 2572 Parlamentsgesetze durch ihr Veto verhindert[177], der Supreme Court hat dagegen bis 2006 nur 160 Gesetze für verfassungswidrig erklärt[178]. Dass manche Supreme Court Entscheidungen an die Stelle von Parlamentsgesetzen treten, kann auch dem Umstand geschuldet sein, dass die Gesetzgebung in diesen Fragen blokkiert ist, weil keine der beiden großen Parteien über die notwendige Mehrheit im Senat und Repräsentantenhaus verfügt, oder weil der Präsident Gesetze mit seinem Veto verhindert (divided government)[179].

93 Wie aus der referierten Entscheidung *Marbury v. Madison* hervorgeht[180], würde ein Fehlen verfassungsgerichtlicher Kontrollmöglichkeiten die Durchsetzung verfassungsrechtlicher Positionen entscheidend schwächen[181]. Die Verfassung wäre dann nicht mehr wert als ein einfaches Gesetz, obwohl sie – nach dem Willen des verfassungsgebenden Volkes und von ihrer Aufgabe her gesehen[182] – von größerer Bedeutung sein soll[183]. Eine starke Ausrichtung der Gerichte auf die Verfassung verwirklicht also den rechtsstaatlichen Grundsatz des Vorrangs der Verfassung[184]. Die Verfassung und die Verfassungsgerichtsbarkeit haben zudem die Funktion, Einzelne und Minderheiten vor verfassungswidrigen Mehrheitsentscheidungen zu schützen[185].

94 Meistens bemühen sich die unteren Gerichte und die Verfassungsgerichte darum, ein umstrittenes Gesetz durch verfassungskonforme Auslegung zu retten; das Verdikt der Verfassungswidrigkeit stellt eine seltene Ausnahme dar[186]. Sollten sich Verfassungsrichterinnen und -richter dennoch zu viel Macht anmaßen, steht dem Parlament ferner eine Korrekturmöglichkeit zur Verfügung: die Verfassungsänderung[187]. Zuzugeben ist, dass diese nur unter erschwerten Bedingungen verwirklicht werden kann[188]. Dass die Latte hoch liegt, gilt insbesondere für die USA, die in Art. V USC eine Zwei-Drittel Mehrheit im Kongress und eine Drei-Viertel Mehrheit der Bundesstaaten verlangen, bevor die Verfassung geändert werden kann; die Verfassung ist also äußerst schwer zu ändern, wenn sich nicht mindestens 37 Bundesstaaten für die Änderung entscheiden, wird sie scheitern[189].

---

176 So *Levinson,* S. 44 u. 46.

177 https://en.wikipedia.org/wiki/List_of_United_States_presidential_vetoes

178 *Levinson,* S. 46.

179 *Tushnet*, S. 225.

180 S.o. 1.

181 The Federalist Papers Nr. 78, S. 473; *Heringa*, S. 220; *Grimm,* S. 109; *Grimm,* ZfP 2019, 86, 88 f.

182 *Grimm,* S. 104.

183 *Wieser,* S. 119; *Brugger,* S. 13; *Schlaich/Korioth,* S. 95; *Heringa*, S. 220.

184 *Wieser,* S. 119 f.

185 *Heringa*, S. 220; *Voßkuhle,* BayVBl 2020, 577, 582; *Kulick*, JZ 2016, 67, 68; *Barron/Dienes*, S. 269; *Grimm,* S. 105 u. 109; *Currie,* S. 93 mit Einzelbeispielen.

186 *Heringa*, S. 224; *Currie,* S. 92 f.; *Schlaich/Korioth,* S. 342 ff.

187 *Grimm,* ZfP 2019, 86, 97; *Schlaich/Korioth,* S. 410.

188 *Heringa*, S. 235.

189 *Dorf,* S. 1, 9; *Jackson,* Penn State International Law Review 28 (2010), 319, 324; *Grimm,* S. 111; *Kulick*, JZ 2016, 67, 68 u. 73 f.; *Lepsius* (2018), S. 149, 174; *Schmidt-Aßmann,* VerwArch 111 (2020), 1, 5; *Endler/Thunert,* S. 81; *Heringa*, S. 8; *Kischel,* S. 83; *Tushnet,* S. 1; *Kaiser u.a.,* S. 7, 15.

Das Parlament kann ferner ein neues – jetzt verfassungsmäßiges – Gesetz erlassen[190], sodass der Übergriff des Verfassungsgerichts in die Gesetzgebungsaufgabe gering bleibt. Eine Kontrolle der Verfassungsmäßigkeit von Gesetzen durch das Parlament selbst erscheint im Vergleich zu einer Kontrolle durch ein Verfassungsgericht die deutlich schlechtere Alternative[191]. Denn die Parlamentarier sind nicht neutral und werden sich schwertun, ihre einmal getroffenen gesetzlichen Maßnahmen selbst wieder aufzuheben. 95

Schließlich ist die Verfassungsgerichtsbarkeit für die Durchsetzung ihrer Entscheidungen auf die Mitwirkung der beiden anderen Gewalten angewiesen[192]. 96

Dass der Streit um die Reichweite der richterlichen Verwerfungskompetenz in Einzelfällen immer wieder aufflammt, insbesondere wenn die verfassungsrechtliche Lage unklar ist, sei an der Entscheidung *Obergefell v. Hodges* aus dem Jahr 2015 illustriert. Hier hob der Supreme Court in einer 5:4 Entscheidung Gesetze und Verfassungsänderungen einiger Bundesstaaten auf, die die gleichgeschlechtliche Ehe ausdrücklich untersagten. Die Minderheitsauffassung bewertete dies als einen unzulässigen Übergriff in den Bereich der Gesetzgebung[193]. Die Mehrheitsauffassung sah dagegen eine Verletzung der Eheschließungsfreiheit sowie des Gleichheitssatzes aus dem 14. Zusatzartikel, section 1 USC, da homosexuellen Paare ohne ausreichenden Grund anders behandelt wurden als heterosexuelle Paare[194]. 97

3. Der Zugang zum Verfassungsgericht

Aus Art. III section 2 cl. 1 und cl. 2 USC i.V.m. Kap. 81, Title 28, § 1251 U.S.C. ergeben sich die ausschließlichen Zuständigkeiten des Supreme Court und der ihm untergeordneten Bundesgerichte. Wie viele und welche Bundesgerichte es unterhalb des Supreme Court gibt und welche Aufgaben diese unteren Instanzen übernehmen, entscheidet der Kongress im Gesetzeswege (Art. III section 1 USC)[195]. Im Einzelnen obliegt es der Bundesgerichtsbarkeit, über folgende Konflikte zu urteilen: 98

- Streitigkeiten zwischen Bundesstaaten, hier ist der Supreme Court allein zuständig und muss selbst entscheiden[196],
- alle Fälle die sich auf die Bundesverfassung, die Bundesgesetze oder die vom Bund abgeschlossenen Verträge beziehen,
- alle Streitigkeiten mit diplomatischem Personal fremder Staaten,
- alle Streitigkeiten zwischen dem Bund und einem Bundesstaat,
- alle hafen- und seerechtlichen Streitigkeiten[197],

190 *Heringa*, S. 235.
191 *Wieser*, S. 119
192 So schon The Federalist Papers Nr. 78, S. 472; *Grimm*, ZfP 2019, 86, 97; *Lindenblatt*, S. 16; *Baer*, S. 253, 265.
193 *Obergefell v. Hodges*, 135 S.Ct. 2584, 2627 u. 2629 (2015) dissent *Scalia*; s.a. *Kulick*, JZ 2016, 67, 70.
194 *Obergefell v. Hodges*, 135 S.Ct. 2584, 2599 u. 2604 (2015).
195 Details zu den Zuständigkeiten der Untergerichte in §§ 1330 ff. Kap 81, Title 28 U.S.C.
196 *Brugger*, S. 15.
197 *Amar*, (2006), S. 228.

- alle Klagen eines Bundesstaates gegen einen Bürger eines anderen Bundesstaates oder gegen einen fremden Staatsangehörigen,
- Streitigkeiten zwischen Bürgern verschiedener Bundesstaaten (diversity suits)[198].
- Streitigkeiten, die von Gerichten der Bundesstaaten stammen, wenn diese auch Bundesgesetze oder die US-Verfassung herangezogen haben (federal questions) und sich nicht allein mit dem jeweiligen Bundesstaatenrecht beschäftigen[199].

99 Verklagt dagegen ein Bürger eines anderen Bundesstaates oder ein fremder Staatsangehöriger einen Bundesstaat, so bleiben die Gerichte dieses Bundesstaates zuständig, so die Regelung des 11. Zusatzartikels.

100 Die Bundesgerichte können ferner zuständig sein, wenn der Bund Streitpartei ist. In diesen Fällen entscheiden aber dennoch die Gerichte der Bundesstaaten, wenn sich der Streit ausschließlich um Gesetze der Bundesstaaten dreht[200].

101 Die US-Verfassung hatte dem Supreme Court ursprünglich die Rolle eines obersten Berufungsgerichts für alle Rechtsstreitigkeiten zugedacht, er war nicht als reines Verfassungsgericht konzipiert (generalist court)[201]. Art. III section 2 cl. 2 USC sieht vom Wortlaut her eine Überprüfung aller zuvor genannten untergerichtlichen Entscheidungen der Bundesgerichte in tatsächlicher und rechtlicher Hinsicht, d.h. einschließlich einer erneuten Beweiswürdigung, vor[202].

102 Doch angesichts der zunehmenden Überlastung des Gerichts wurde die Möglichkeit, Berufung beim Supreme Court einzulegen im Laufe der Jahre immer weiter eingeschränkt[203]. Dies erlaubt die Verfassung in Art. III section 2 cl. 2 letzter Satz USC, wenn ein Bundesgesetz dies vorsieht. Die §§ 1254 und 1257 in Kap. 81, Title 28, U.S.C. stellen es heute in das Ermessen des Obersten Gerichts der USA, ob es Berufungen gegen Entscheidungen der unteren Gerichte annimmt oder nicht. Damit hat der Supreme Court in fast allen Fällen die Freiheit zu entscheiden, ob er entscheiden will[204]. Typischerweise müssen sich vier der neun Richter für die Relevanz der Sache aussprechen (rule of four)[205]. Die Erfolgsrate ist nicht sehr hoch. In den vier Jahren von 2014 bis 2017 wurden pro Jahr durchschnittlich 6250 Fälle an den Supreme Court herangetragen, durchschnittlich 3 % hiervon wurden zur Entscheidung angenommen[206]. Bei

198 *Amar,* (2006), S. 227; *Kischel,* S. 296 hier wird allerdings ein Mindeststreitwert von 75.000 $ gefordert, s. § 1332 Kap. 81, Title 28 U.S.C., anderenfalls bleiben die Gerichte der Bundesstaaten zuständig.
199 Die letztgenannte Konstellation soll aber von den Gerichten der Bundesstaaten entschieden werden s. *Bush v. Gore,* 531 U.S. 98, 123 u. 139 f. dissent (2000).
200 *Amar,* (2006), S. 228.
201 *Tushnet,* S. 122.
202 *Brugger,* S. 15.
203 *Currie/Doernberg,* S. 115.
204 S. Supreme Court Rule 10, supremecourtgov/ctrules/2019rulesofthe court.pdf (Stand Juli 2019); *Currie/Doernberg,* S. 115; *Dorf,* S. 1, 7; *Voßkuhle,* BayVBl 2020, 577, 578; *Amar* (2006), S. 217; *Schmidt-Aßmann,* VerwArch 111 (2020), 1, 11; *Levinson,* S. 127; *Heringa,* S. 231; *Tushnet,* S. 122; *Kischel,* S. 296; *Baer,* S. 253, 261 f.; *Wieser,* S. 122; *Brugger,* S. 16.
205 *Currie/Doernberg,* S. 115; *Amar* (2012), S. 360 f.; *Brugger,* S. 16.
206 S. supremecourtpress.com/chance_of_success.html m.w.N.; ähnlich *Issacharoff,* S. 19, 26.

ablehnender Entscheidung wird eine Begründung nicht gegeben[207]; die verfassungsrechtliche Einschätzung des angefochtenen instanzgerichtlichen Urteils bleibt bestehen. Zu einer Annahme des Verfahrens kommt es nur, wenn sehr überzeugende Gründe geltend gemacht werden[208]. Als Hinweis für die Antragsteller enthält die Supreme Court Regel 10 einige – nicht verbindliche – Beispiele dafür, welche Konstellationen eine Annahme des Verfahrens zur Entscheidung begünstigen[209]: Genannt werden widersprüchliche Gerichtsentscheidungen verschiedener Bundes-Berufungsgerichte oder verschiedener oberster Gerichte der Bundesstaaten sowie Widersprüche zwischen einer Entscheidung eines obersten Gerichts eines Bundesstaates und eines Bundes-Berufungsgerichts. Hieran lässt sich erkennen, dass der Supreme Court sich um die Einheitlichkeit der Rechtsprechung im Allgemeinen kümmern will[210], eine Aufgabe, die in Deutschland von den Bundesgerichten, aber nicht vom Bundesverfassungsgericht wahrgenommen wird. Der Verfassungsrichter *Antonin Scalia* hat geschätzt, dass nur ein Fünftel der Fälle vor dem Supreme Court als verfassungsrechtliche Fälle gelten können, in den meisten Fällen ginge es um die Auslegung einfachen Rechts[211]. Gerade diese Rolle einer Superrevisionsinstanz versucht das Bundesverfassungsgericht dagegen grundsätzlich zu vermeiden, indem es für Verfassungsbeschwerden fordert, dass die Verletzung spezifischen Verfassungsrechts gerügt werden muss[212].

Höhere Erfolgsaussichten haben ferner Anträge, die sich darauf berufen können, dass eine Gerichtsentscheidung nicht mit Entscheidungen des Supreme Court vereinbar ist oder dass es sich um eine wichtige Frage des Bundesrechts handelt, die vom Supreme Court entschieden werden sollte[213]. Umgekehrt wird solchen Anträgen eine besonders geringe Erfolgsaussicht zugeschrieben, die sich nur auf eine fehlerhafte Tatsachenermittlung oder eine falsche Anwendung geltenden Rechts stützen[214]. Rechtssicherheit scheint bei den genannten Kriterien eine größere Rolle als Grundrechtsrelevanz, also Einzelfallgerechtigkeit, zu spielen[215], was angesichts der bereits erwähnten hohen Belastung des nur neunköpfigen Gerichts verständlich erscheint. Dies hat das Gericht in einer Entscheidung aus dem Jahr 1994 ausdrücklich bestätigt, indem es ausführte, dass Verfahren wegen öffentlicher und nicht wegen privater Interessen zur Entscheidung angenommen würden; normalerweise würde eine Verfahrensannahme nicht erfolgen, um Gerechtigkeit im Einzelfall herzustellen[216]. **103**

In Deutschland beschränkt das Annahmeverfahren der §§ 93a ff. BVerfGG den Zugang zum Bundesverfassungsgericht zwar in Hinsicht auf Verfassungsbeschwerden, jedoch **104**

207 *Heringa*, S. 231.
208 S. Supreme Court Rule 10, supremecourtgov/ctrules/2019rulesofthe court.pdf (Stand Juli 2019).
209 S. Supreme Court Rule 10, supremecourtgov/ctrules/2019rulesofthe court.pdf (Stand Juli 2019).
210 *Issacharoff,* S. 19, 25.
211 *Scalia,* S. 3, 13 f.
212 BVerfGE 7, 198, 207; 18, 85, 92; 75, 302, 312 ff.; 102, 347, 362 f.; *Sodan/Ziekow,* § 51, Rn. 60; *Morlok/Michael*, Rn. 1028; *Jarass/Pieroth,* Art. 93, Rn. 62; *Schlaich/Korioth,* S. 214 u. 384.
213 S. Supreme Court Rule 10, supremecourtgov/ctrules/2019rulesofthe court.pdf (Stand Juli 2019).
214 S. Supreme Court Rule 10, supremecourtgov/ctrules/2019rulesofthe court.pdf (Stand Juli 2019).
215 Ebenso *Brugger,* S. 17.
216 *Ticor Title Insurance Co. v. Brown,* 511 U.S. 117, 122 (1994).

ist damit kein freies Annahmeermessen gewährt[217]. Wenn nämlich eine Verfassungsbeschwerde grundsätzliche verfassungsrechtliche Bedeutung hat oder wenn es zur Durchsetzung von Grundrechten oder grundrechtsgleichen Rechten angezeigt ist, sie anzunehmen, bleibt dem Bundesverfassungsgericht kein Entscheidungsspielraum; gleiches gilt, wenn dem Beschwerdeführer bei Nichtannahme ein schwerer Nachteil droht (§ 93a Abs. 2 BVerfGG). Liegen die genannten Situationen nicht vor, kann die Annahme einer Verfassungsbeschwerde abgelehnt werden, ohne dass dies begründet werden muss (§ 93d Abs. 1 S. 3 BVerfGG).

4. Auswahl und Amtsdauer der Verfassungsrichterinnen und -richter

105 Die Richterinnen und Richter am Obersten Gericht der USA werden gemäß Art. II, section 2, cl. 2 USC vom Präsidenten vorgeschlagen und – soweit der Senat mit einfacher Mehrheit zustimmt – vom Präsidenten auf Lebenszeit ernannt (Art. III, section 1 USC)[218]. Der Präsident hat folglich großen Einfluss auf die Zusammensetzung des Supreme Court[219]. Anders als in Deutschland wird die Bestellung eines neuen Richters bzw. einer neuen Richterin am Supreme Court ausführlich in der Öffentlichkeit diskutiert, die hierfür notwendigen Anhörungen im Senat werden im Fernsehen gezeigt[220]. Im Unterschied zu Deutschland[221] werden Rechtswissenschaftlerinnen und Rechtswissenschaftler in aller Regel nicht als geeignete Verfassungsrichter angesehen, es sei denn, sie haben sich zusätzlich als Richterinnen und Richter praktisch bewährt.

106 Die Amtszeit aller Bundesrichter, also auch der Richter des Supreme Court, endet nur durch erfolgreiche Richteranklage, Rücktritt[222] oder Tod. Die erstgenannte Situation tritt nicht häufig ein, weil eine Straftat oder ein grobes Fehlverhalten – etwa Alkoholsucht[223] – nachzuweisen ist und das gleiche aufwändige Verfahren wie bei der Präsidentenanklage durchzuführen ist[224]. Insbesondere die für eine Verurteilung erforderliche zwei Drittel Mehrheit im Senat wird selten zustande kommen (s. Art. I, section 2 cl. 5, section 3 cl. 6, 7, Art. III, section 1 USC … *during good behaviour* …). Die Lebenszeitstellung war in früheren Zeiten kein besonders gravierendes Problem. Die meisten Kandidaten waren bei ihrer Berufung schon älter und die kürzere Lebenserwartung sorgte bis ca. 1970 dafür, dass die durchschnittliche Amtszeit eines obersten Richters ca. 15 Jahre betrug; seit 1970 hat sich die durchschnittliche Amtsperiode auf 26 Jahre erhöht[225]. Wenn also während der maximal achtjährigen Amtsdauer eines Präsidenten mehrere Richterinnen und Richter – es sind nur neun insgesamt – aus ihrem Amt aus-

---

217 *Schlaich/Korioth,* S. 200; *Voßkuhle,* BayVBl 2020, 577, 578; *Jarass/Pieroth,* Art. 93, Rn. 11; *Kommers/Miller,* S. 35.

218 *Tushnet*, S. 139; *Currie*, S. 8.

219 *Wieser,* S. 129; *Cho u.a.,* S. 41, 47 f. mit vertiefender Analyse.

220 *Collings,* S. 273, 276; *Levinson,* S. 132; *Baer,* S. 253, 262 f.; *Kommers/Miller,* S. 24; *Schlaich/Korioth,* S. 29.

221 Aktuell sind zehn Hochschullehrerinnen und -lehrer Mitglieder des Gerichts *Schlaich/Korioth,* S. 29.

222 Beispiele hierfür bei *Amar* (2006), S. 223 f.

223 *Amar* (2006), S. 222.

224 *Tushnet*, S. 139 f.

225 *Tushnet*, S. 130, Fn. 11; *Levinson,* S. 128 f.

scheiden, hat dieser Präsident die Möglichkeit, durch strategische Ernennungen seine grundsätzlichen politischen Präferenzen auf über zwei Jahrzehnte hinaus fest am Supreme Court zu verankern[226], wohingegen die folgenden Präsidenten niemanden ernennen können. Durch taktische Rücktritte von Supreme Court Richterinnen und Richtern, die sicherstellen wollen, dass ihr Nachfolger bzw. ihre Nachfolgerin eine ähnliche politische Linie verfolgt, kann sich dieses Problem noch verschärfen[227].

Sowohl das unterschiedliche Ernennungsverfahren als auch die auf 12 Jahre begrenzte **107** Amtsdauer der Bundesverfassungsrichterinnen bzw. -richter (§ 4 Abs. 1 BVerfGG) als auch ihre größere Zahl von 16 erschweren eine zielgerichtete politische Einflussnahme. Art. 94 Abs. 1 GG verteilt die Wahl der Mitglieder des Bundesverfassungsgerichts zudem je zur Hälfte auf Bundestag und Bundesrat, so dass eine einheitliche politische Linie kaum herzustellen sein wird. Schließlich sind für die Wahl einer neuen Bundesverfassungsrichterin bzw. eines neuen Bundesverfassungsrichters jeweils 2/3 Mehrheiten im Bundesrat bzw. Bundestag erforderlich (§§ 6 Abs. 1, 7 BVerfGG), so dass auch insoweit in aller Regel Kompromisse zu schließen sind[228]. Ein fast ausschließlich von einer Partei besetztes Bundesverfassungsgericht erscheint schließlich wegen der vielfältigen deutschen Parteienlandschaft wenig wahrscheinlich[229].

Für eine lebenslange Amtsperiode lassen sich die Kontinuität der Rechtsprechung und **108** die große Unabhängigkeit der einmal ernannten Personen anführen[230]. Diese Unabhängigkeit wird jedoch auch durch den Ausschluss der Wiederwahl bei begrenzter Amtszeit gesichert, weil es für die Richterinnen und Richter am Verfassungsgericht dann unwichtig wird, wie die wahlberechtigten Organe ihre Tätigkeit bewerten[231]. Als gravierende Nachteile einer lebenslangen Tätigkeit am Verfassungsgericht lassen sich die Gefahr der durch Alter und Krankheit nachlassenden Leistungsfähigkeit[232] und die Gefahr der Erstarrung der Rechtsprechung ansehen, da die gleichen Personen in der gleichen Gruppe sehr lange Zeit zusammenwirken[233]. Richterinnen und Richter an höchsten Gerichten sind im Zeitpunkt ihrer Ernennung ohnehin meist nicht mehr jung, amtieren sie auf Lebenszeit, kann ein Verfassungsgericht überaltern[234]. Ein Amt auf Lebenszeit zu vergeben passt zudem schlecht zu demokratischen Gedanken der Vergabe von Macht nur auf begrenzte Zeit[235].

---

226 *Tushnet*, S. 143 f.; *Collings*, S. 273, 276; *Levinson*, S. 130.

227 *Levinson*, S. 136 f.

228 *Collings*, S. 273, 278; *Baer*, S. 253, 262 f.; *Wiederin*, BayVBl 2020, 583, 586; *Kommers/Miller*, S. 24.

229 S.a. *Wieser*, S. 128; *Jarass/Pieroth*, Art. 94, Rn. 2; *Schlaich/Korioth*, S. 32; *Steiner*, Jura 2019, 441, 446.

230 The Federalist Papers Nr. 78, S. 472 f.; *Wieser*, S. 130; *Baer*, S. 253, 264; *Cho u.a.*, S. 41, 45; *Lindenblatt*, S. 16.

231 *Wieser*, S. 131; *Levinson*, S. 134; *Steiner*, Jura 2019, 441, 446; *Schlaich/Korioth*, S. 30.

232 *Levinson*, S. 129 f.

233 *Baer*, S. 253, 264; *Wieser*, S. 130; *Levinson*, S. 135; ähnlich *Issacharoff*, S. 19, 29 „commitment to the past“.

234 *Steiner*, Jura 2019, 441, 446.

235 *Brugger*, S. 12; *Jarass/Pieroth*, Art. 20, Rn. 5; s.a. *Lepsius*, JZ 2019, 793, 801.

5. Zulässigkeitsfragen

109 Um Fremd- und Popularklagen abzuwehren[236] stellt der Supreme Court einige Voraussetzungen auf, die Klägerinnen und Kläger erfüllen müssen. Diese werden unter der Überschrift doctrine of standing zusammengefasst[237]. Diese Theorie wird, weil nicht direkt von einer Verfassungs- oder Gesetzesnorm vorgegeben, sondern vom Gericht aus Art. III section 2 cl 1 USC selbst entwickelt, allerdings flexibel angewandt[238]. Grundsätzlich müssen Beschwerdeführer persönlich durch die angegriffene Maßnahme betroffen sein und das Urteil muss in der Lage sein den geltend gemachten Nachteil zu beseitigen[239]. Als geltend gemacht wurde, dass Parlamentsabgeordnete nicht gleichzeitig Soldaten der Reserve sein dürften, weil dies mit der Inkompabilitätsvorschrift des Art. I section 6 cl 2 USC unvereinbar sei, hat das Gericht geurteilt, dass zwar indirekt alle Bürgerinnen und Bürger von einem Verstoß gegen diese Norm betroffen seien, aber diese allgemeine Betroffenheit keine persönliche Beschwerdebefugnis vermittele[240]. Auch einzelne Kongressabgeordnete können vor dem Supreme Court Maßnahmen des Präsidenten nicht angreifen[241].

110 Aus der Beschränkung der Zuständigkeit des Supreme Court auf cases and controversies (Art. III, section 2, cl. 1, cl. 2 USC) werden ferner zeitliche Zulässigkeitsgrenzen abgeleitet (ripeness). Das Gericht lehnt es ab, über zukünftige hypothetische Konflikte zu entscheiden, die sich noch nicht zu einer aktuellen Streitigkeit verdichtet haben[242]. Dies dient der Verfahrensökonomie und verhindert eine verfassungsrechtlich nicht vorgesehene Beratungstätigkeit des Gerichts[243]. Ausnahmen werden allerdings für solche Fälle gemacht, in denen die Betroffenen eine Straftat begehen müssten, um eine aktuelle Streitigkeit nachweisen zu können[244].

111 Weniger streng wird die Situation beurteilt, dass sich ein Rechtsstreit während des laufenden Verfahrens – etwa durch einen rechtswirksamen Vergleich[245], den Tod des Angeklagten[246] oder durch den Zeitablauf einer befristeten Regelung[247] – erledigt (mootness). Nur wenn es keine Wiederholungsgefahr und keine weiterwirkenden Konsequenzen der staatlichen Maßnahme gibt, wird das Gericht den Rechtstreit, dessen Entscheidung

236 *Currie/Doernberg,* S. 15; *Schmidt-Aßmann,* VerwArch 111 (2020), 1, 19; *Chemerinsky,* S. 90 u. 98.
237 *Allen v. Wright,* 468 U.S. 737, 750 f. (1984); *Currie/Doernberg,* S. 13 ff.; *Tushnet,* S. 149 ff.; *Brugger,* S. 20 jeweils m.w.N.
238 *Allen v. Wright,* 468 U.S. 737, 751 (1984); kritisch *Tushnet,* S. 153: *Nothing seems to make sense of standing doctrine in all its applications.*
239 *Allen v. Wright,* 468 U.S. 737, 751 (1984); *Davis v. FEC,* 554 U.S. 724, 733 (2008); *Chemerinsky,* S. 64; *Currie/Doernberg,* S. 13 ff.; *Schmidt-Aßmann,* VerwArch 111 (2020), 1, 14 ff.; *Tushnet,* S. 149 ff.; *Brugger,* S. 20 jeweils m.w.N.
240 *Schlesinger v. Reservists Committee,* 418 U.S. 208, 227 (1974).
241 *Raines v. Byrd,* 521 U.S. 811, 818 ff. (1997).
242 *Chemerinsky,* S. 112; *Currie/Doernberg,* S. 18 f.; *Brugger,* S. 19; *Dorf,* S. 1, 7; *Schmidt-Aßmann,* VerwArch 111 (2020), 1, 14; *Heringa,* S. 234.
243 *Currie/Doernberg,* S. 18; *Epps,* S. 455, 469; *Chemerinsky,* S. 53 f.; s.a. *Heringa,* S. 234; *Brugger,* S. 19.
244 *Currie/Doernberg,* S. 20 f. m.w.N.; *Dorf,* S. 1, 8; *Chemerinsky,* S. 115 ff. m.w.N.
245 *Ticor Title Insurance Co. v. Brown,* 511 U.S. 117, 122 (1994); *Chemerinsky,* S. 123.
246 *Chemerinsky,* S. 123.
247 *Trump v. Hawaii,* 138 S.Ct. 2392, 2404 (2018); *Chemerinsky,* S. 123.

keine praktische Bedeutung mehr hat, als unzulässig abweisen[248]. Wird z.B. jemand von einer Wahl ausgeschlossen, die zum Zeitpunkt der Klage bereits stattgefunden hat, bleibt seine Klage zulässig, weil es in absehbarer Zeit weitere Wahlen geben wird, bei denen sich die Ausschlussproblematik erneut stellt[249].

Manchmal entscheidet der Supreme Court auch deshalb nicht über eine Klage, weil er **112** eine Streitsache für nicht justiziabel hält und sie der Entscheidung der anderen Staatsgewalten überlassen will[250]. Die sogenannte Guaranty Clause des Art. IV section 4 USC z.B. wurde stets für nicht justiziabel gehalten, weil es die Aufgabe des Kongresses sei festzustellen, ob ein Bundesstaat über eine republikanische Regierungsform verfüge oder nicht[251]. Diese sogenannte „political questions doctrine"[252] wird allerdings sehr flexibel gehandhabt und es lässt sich im Einzelfall kaum vorhersagen, ob sie zum Einsatz kommen wird, oder nicht[253]. Es erscheint nicht unplausibel, dass das Gericht mit dieser Doktrin auch den unter 2. diskutierten Vorwurf entkräften will, dass es sich zu stark in die Aufgaben des Gesetzgebers einmische[254]. Im engeren Sinne „unpolitisch" kann ein Verfassungsgericht allerdings nicht sein, da verfassungsrechtliche Problemlösungen immer mit politischen Entscheidungen zusammenhängen und auf die Politik zurückwirken[255], man denke nur an Urteile zum Wahlrecht, zur Abtreibung oder zu Parteiverboten. Zutreffend bezeichnet *Bernd Wieser* Verfassungsgerichte deshalb als Grenzorgane zwischen Recht und Politik[256].

Da – wie oben ausgeführt[257] – das oberste Gericht der USA selbst darüber befinden **113** darf, welche Fälle es zur Entscheidung annimmt, erscheint die zusätzlich mögliche Hürde der Nichtjustiziabilität, die die political questions doctrine darstellt, auf den ersten Blick wenig plausibel. Denkbar ist es jedoch, dass vier Richterinnen bzw. Richter für die Annahme einer Sache plädiert haben, fünf andere aber aus politischen oder pragmatischen Gründen keine Entscheidung treffen wollen. Dann kann diese Richtergruppe die „political questions doctrine" nutzen.

In einer Entscheidung aus dem Jahr 1962 hat der Verfassungsrichter *William Brennan* **114** einen Indizienkatalog aufgestellt, der es erlauben soll, „political questions" zu erkennen[258]:

- Wenn der Verfassungstext die Sache einer anderen Staatsgewalt zuweist,
- Wenn es keinen erkennbaren und handhabbaren Maßstab gibt, um die Sache gerichtlich zu entscheiden,

248 *Chemerinsky,* S. 126 ff.; *Brugger,* S. 19.
249 *Moore v. Ogilvie,* 394 U.S. 814, 816 (1969); *Davis v. FEC,* 554 U.S. 724, 735 f. (2008).
250 *Chemerinsky,* S. 140.
251 *Rucho v. Common Cause,* 139 S.Ct. 2484, 2506 (2019); *Chemerinsky,* S. 144 f. m.w.N.; *Currie/Doernberg,* S. 25.
252 Seit *Marbury v. Madison,* 5 U.S. 137, 170 (1803); *Currie,* S. 22 f.; *Chemerinsky,* S. 140 ff.; *Currie/Doernberg,* S. 24 f.
253 *Chemerinsky,* S. 140 f.; *Brugger,* S. 22 f. u. 26; skeptisch auch *Tushnet,* S. 148.
254 Ähnlich *Brugger,* S. 25; *Chemerinsky,* S. 143.
255 *Voßkuhle,* BayVBl 2020, 577, 579; *Glendon,* S. 95, 106; *Baer,* S. 253, 259; *Cho u.a.,* S. 41, 43 f.; *Schlaich/Korioth,* S. 23 u. 388; *Grimm,* ZfP 2019, 86, 88; s.a. *Kommers/Miller,* S. 3 u. 32 f.
256 *Wieser,* S. 118 f., 125 u. 127; ähnlich *Steiner,* Jura 2019, 441, 446; *Issacharoff,* S. 19 f.
257 S.o. 3.
258 *Baker v. Carr,* 369 U.S. 186, 217 (1962).

- Wenn erst eine politische Entscheidung getroffen werden muss, die nicht im Ermessen der Richter steht,
- Wenn das Gericht nicht entscheiden kann, ohne die Aufgaben einer anderen Staatsgewalt zu missachten,
- Wenn ein dringendes Bedürfnis besteht, an einer bereits getroffenen politischen Entscheidung festzuhalten,
- Wenn es für das Land *schädlich* ist, dass gegenläufige Aussagen verschiedener Staatsgewalten zu dem gleichen Problem getroffen werden.

115 Von diesen sechs Aspekten, lassen sich die Punkte 1, 4, und 6 klar dem Problemkomplex der Gewaltenteilung zuordnen[259]. Auch das zweite und dritte Indiz weisen auf die Funktionsgrenzen der Rechtsprechung hin. Indiz 5 beschreibt die Situation, dass bereits vollendete Tatsachen vorliegen und eine gerichtliche Entscheidung diese nicht mehr korrigieren kann.

116 Als nichtjustiziable Fragen werden häufig solche im Bereich der Außenpolitik oder der nationalen Sicherheit eingeordnet[260], etwa eine Klage einzelner Abgeordneter gegen die Aufkündigung eines völkerrechtlichen Vertrages, da der Kongress insgesamt nichts gegen die Entscheidung des Präsidenten unternehmen wollte[261]. Eine Beschwerde gegen die Beweisaufnahme in einem Verfahren der Richteranklage nahm der Supreme Court ebenfalls nicht an, weil diese Entscheidungen nach Art. I, section 3, cl. 6 USC allein dem Senat zugewiesen seien[262].

117 Dagegen sah sich der Supreme Court durch die political questions doctrine nicht daran gehindert, bei der äußerst umstrittenen Präsidentschaftswahl des Jahres 2000 anzuordnen, dass der Bundesstaat Florida keine erneute Nachzählung von Stimmen durchführen sollte[263]. Der Supreme Court hat es ebenfalls auf sich genommen, Wahlkreiseinteilungen zu überprüfen[264]. Hier wurde entschieden, dass jeder Wahlkreis zum Kongress eine annähernd gleiche Zahl an Wählerinnen und Wählern aufweisen muss[265].

118 Auf der anderen Seite hat der Supreme Court in den Zuschnitt des einzelnen Wahlkreises als nichtjustiziable Frage eingeordnet. Bei diesem sogenannten Gerrymandering[266] geht es darum, die Wahlkreise eines Bundesstaates so zu konstruieren, dass die eigene

---

259 *Baker v. Carr,* 369 U.S. 186, 217 (1962); *Currie/Doernberg,* S. 25.

260 *Trump v. Hawaii,* 138 S.Ct. 2392, 2419 (2018); *Chemerinsky,* S. 142 f. u. 152; *Bradley/Morrison,* Columbia Law Journal 113 (2013), 1097, 1111.

261 *Goldwater v. Carter,* 444 US 996 f. (1979); *Bradley/Morrison,* Columbia Law Journal 113 (2013), 1097, 1110.

262 *Nixon v. United States,* 506 U.S. 224, 228 ff. (1993).

263 *Bush v. Gore,* 531 U.S. 98, 111 (2000); A.A. *Bush v. Gore,* 531 U.S. 98, 111, 153 (2000) (dissent); kritisch *Chemerinsky,* S. 972; *Grimm,* ZfP 2019, 86, 88.

264 Z.B. *Reynolds v. Sims,* 377 U.S. 533, 555 ff. (1964); *Currie,* S. 23; *Brugger,* S. 23; *Currie/Doernberg,* S. 25 u. 29.

265 *Tushnet,* S. 58.

266 Das Wort geht auf das Jahr 1812 zurück, in dem der damalige Gouverneur des Bundesstaates Massachusetts, *Elridge Gerry* ein Gesetz unterschrieb, dass einen Wahlbezirk schuf, der wie ein Salamander aussah *Tushnet,* S. 58; *Michl/ Kaiser,* JbÖR 2019, 51 ff.

Partei möglichst viele Wahlkreise knapp gewinnt[267]. Z.B. hat der Bundesstaat North Carolina 13 Sitze im Kongress. Durch eine geschickte Wahlkreisreform im Jahr 2016 gelang es der republikanischen Partei, zu erreichen, dass sie 10 dieser 13 Sitze für sich verbuchen konnte, nur 3 gingen an die Demokraten. Dabei hatten die Republikaner insgesamt nur 55% der Stimmen im Bundesstaat erhalten. In Maryland passierte das Gleiche nur unter anderen parteipolitischen Vorzeichen. Durch eine Wahlkreisreform kam es dazu, dass 7 der 8 Kongresssitze Marylands an die Demokraten gingen[268], obwohl ihr Stimmenanteil nur 65 % betrug. Der Trick besteht darin, der Gegenpartei einige haushohe Siege zuzugestehen und die übrigen Wahlkreise knapp zu gewinnen.

Warum hat der Supreme Court eine verfassungsrechtliche Beurteilung dieser Fälle abgelehnt?[269] Hauptsächlich wurde das zweite der oben genannten Indizien herangezogen. Es gebe keinen juristischen Maßstab dafür, wann eine parteitaktisch motivierte Wahlkreiseinteilung verfassungswidrig sei[270]. Denn das Mehrheitswahlrecht führe immer dazu, dass viele Stimmen ohne Erfolg blieben[271] – was im Übrigen ein zentrales Argument gegen dieses Wahlverfahren darstellt[272]. Zudem sei der Zuschnitt der Wahlkreise historisch immer Aufgabe der Gesetzgebung Bundesstaaten gewesen[273], die vom Kongress kontrolliert werden. Ergänzend weist die Mehrheit darauf hin, dass der Kongress und die Bundesstaaten Gesetze erlassen könnten und dies teilweise auch schon getan hätten, um zu einer gerechteren Wahlkreiseinteilung zu kommen[274]. **119**

Die vier Richterinnen und Richter, die die Gegenmeinung vertreten, – also Justiziabilität annehmen –, stützen sich auf die Volkssouveränität als zentrales Element der Demokratie[275]. Dieser Grundsatz fordere regelmäßige, freie und faire Wahlen[276]. Gerrymandering verfälsche diese Wahlen und führe dazu, dass eine Partei an der Macht bliebe, selbst wenn die Wählerinnen und Wähler mehrheitlich etwas anderes wollten[277]. Dass die Manipulation der Wahlkreisgrenzen auf eine lange Tradition zurückgehe, stelle keine überzeugende Rechtfertigung dar, weil in Zeiten von big data viel genauere und präzisere Voraussagen möglich seien[278]. Die Minderheitsmeinung sieht ferner die Wahlrechtsgleichheit verletzt, weil bestimmte Stimmen durch einen raffinierten Wahlkreis- **120**

267 *Amar* (2012), S. 226; *Levinson,* S. 28; *Brugger,* S. 34; *Michl/ Kaiser*, JbÖR 2019, 51, 57; *Tushnet*, S. 58 ff.; *Chemerinsky*, S. 149.

268 Alle Zahlen zu den genannten Bundesstaaten aus *Rucho v. Common Cause,* 139 S.Ct. 2484, 2491 f. (2019) u. dissent 2509 f.

269 Kritisch hierzu *Michl/ Kaiser*, JbÖR 2019, 51. 90 f. u. 103.

270 *Vieth v. Jubilirer,* 541 U.S. 267, 285 ff. (2004); *Rucho v. Common Cause,* 139 S.Ct. 2484, 2501 (2019); s.a. *Michl/ Kaiser*, JbÖR 2019, 51, 86 f.

271 *Rucho v. Common Cause,* 139 S.Ct. 2484, 2500 (2019); s.a. *Michl/ Kaiser*, JbÖR 2019, 51, 54.

272 *Heringa,* S. 105; *Morlok/Michael,* Rn. 208.

273 *Rucho v. Common Cause,* 139 S.Ct. 2484, 2496 (2019); *Tushnet*, S. 58.

274 *Rucho v. Common Cause,* 139 S.Ct. 2484, 2507 f. (2019).

275 *Rucho v. Common Cause,* 139 S.Ct. 2484, 2511 (2019) dissent; ebenso *Levinson,* S. 29.

276 *Rucho v. Common Cause,* 139 S.Ct. 2484, 2511 (2019) dissent.

277 *Rucho v. Common Cause,* 139 S.Ct. 2484, 2512 (2019) dissent; s.a. *Levinson,* S. 28 f. m.w.N.; ebenso *Michl/ Kaiser*, JbÖR 2019, 51, 89 u. 91.

278 *Rucho v. Common Cause,* 139 S.Ct. 2484, 2512 f. (2019) dissent.

zuschnitt weniger wert seien als andere[279]. Als Lösung schlagen die abweichenden Richterinnen und Richter vor, dass Extremfälle von Gerrymandering korrigiert werden müssten; als Test hierfür soll die Absicht und die Auswirkung jeder neuen Wahlkreiseinteilung bewertet werden[280]. Nur bei klar parteitaktischen Motiven und deutlicher Abschwächung der Bedeutung der gegnerischen Stimmen, soll dann eine Verfassungswidrigkeit angenommen werden können[281]. Vom Gesetzgeber sei keine Lösung zu erwarten, da Politiker vom Gerrymandering profitierten und dieses Machtinstrument nicht freiwillig aufgeben würden[282].

121 Da die parteitaktisch geleitete Konstruktion von Wahlkreisen in den USA eine gängige Praxis darstellt, hätte der Supreme Court eine Flut von Fällen zu erwarten gehabt, wenn er sich der Sache inhaltlich angenommen hätte. Zuzugeben ist auch, dass ein präziser Maßstab dafür, wann eine Wahlkreiseinteilung noch als fair, wann aber als unfair gelten soll, kaum zu gewinnen ist[283]. Denn jeder Wahlbezirk unterscheidet sich von den anderen im Land und es gibt nahezu unbegrenzte Möglichkeiten der Grenzziehung[284]. Außerdem kann ein zu riskanter Wahlkreiszuschnitt dazu führen, dass man sich verkalkuliert, etwa weil es einen Wirtschaftsabschwung, einen Parteiskandal oder zahlreiche Wegzüge gibt[285]. Tritt – was bei Kongresswahlen häufig der Fall ist – die Amtsinhaberin oder der Amtsinhaber wieder an, wird sie bzw. er ein Interesse daran haben, klar zu gewinnen und nicht etwa nur mit 44 % zu 43 %[286]. Denn deutliche Wahlerfolge motivieren auch die Geldgeber und lassen auf politischen Aufstieg hoffen[287]. Folglich spricht einiges dafür, dass zu starkes Gerrymandering auf politischer Ebene ausgebremst wird.

6. Die Wirkung verfassungsgerichtlicher Entscheidungen

122 Weil die US-Verfassung die Überprüfung von Gesetzen auf ihre Verfassungsmäßigkeit nicht ausdrücklich vorsieht[288], gibt es im Gegensatz zu §§ 31, 95 BVerfGG auch keine Norm, die etwas zur Wirkung einer Supreme Court Entscheidung aussagt. In erster Linie wird eine als verfassungswidrig beurteilte Gesetzesbestimmung im zu entscheidenden Fall nicht angewandt[289]. Darüber hinaus beruht die deutlich weitreichendere Wirkung von Entscheidungen des Supreme Court auf der Bindung an Präzedenzfälle[290],

---

279 *Rucho v. Common Cause,* 139 S.Ct. 2484, 2513 f. (2019) dissent; ebenso *Michl/ Kaiser*, JbÖR 2019, 51, 90 f.
280 *Rucho v. Common Cause,* 139 S.Ct. 2484, 2516 f. (2019) dissent.
281 *Rucho v. Common Cause,* 139 S.Ct. 2484, 2516 f. (2019) dissent.
282 *Rucho v. Common Cause,* 139 S.Ct. 2484, 2524 (2019) dissent; s.a. *Michl/ Kaiser*, JbÖR 2019, 51, 80 f. u. 103.
283 *Amar* (2012), S. 227.
284 *Amar* (2012), S. 227 f.
285 *Amar* (2012), S. 229; diese Fehlkalkulation wird auch als dummymandering bezeichnet, *Rucho v. Common Cause,* 139 S.Ct. 2484, 2513 (2019) dissent.
286 *Amar* (2012), S. 229.
287 *Amar* (2012), S. 229.
288 *Tushnet*, S. 132; *Currie*, S. 15; *Heringa*, S. 233; *Wieser,* S. 121.
289 *Brugger,* S. 27; *Heringa*, S. 224; *Wieser,* S. 122;
290 *Heringa*, S. 224 u. 234; *Wieser,* S. 122.

die als Gewohnheitsrecht[291] das Rückgrat der anglo-amerikanischen Fallrechtssysteme bildet. Kurz gefasst bedeutet die Lehre vom Präzedenzfall, auch als stare decisis bezeichnet[292], dass untere Gerichte an die früheren Entscheidungen der übergeordneten Gerichte in vergleichbaren Fällen gebunden sind, selbst wenn sie diese nicht für überzeugend halten[293]. Dies gilt so lange, bis das höhere Gericht seine frühere Entscheidungslinie ausdrücklich aufgibt[294]. Weiterhin ist jedes Gericht an seine eigenen vorausgehenden Entscheidungen in ähnlichen Fällen gebunden[295]. Die letztgenannte Regel gilt allerdings nicht, wenn ein höheres Gericht später anders entscheidet[296] oder ein späteres Gesetz die Streitfrage anders regelt[297].

Die Präjudizienbindung hat zur Folge, dass frühere Entscheidungen zentrale Argumente **123**
für aktuelle Fälle liefern können und dass das Studium und die Analyse gerichtlicher Entscheidungen im anglo-amerikanischen Rechtsraum eine zentrale Rolle spielt[298]. Jedes seriöse US-amerikanische Rechtsbuch – also auch das vorliegende – hat deshalb nicht nur ein Sachverzeichnis, sondern auch ein Fallverzeichnis.

Im Vergleich zu Art. 97 Abs. 1 GG sind US-amerikanische Richterinnen und Richter **124**
über das Gesetz hinaus zusätzlich an relevante Präzedenzfälle übergeordneter Gerichte und insbesondere an die einschlägigen Urteile des Supreme Court gebunden. Hierin liegt ein gewisser Verlust an richterlicher Unabhängigkeit, allerdings ein Gewinn an Vorhersehbarkeit und damit Rechtssicherheit, wenn ein verwandter Fall bereits von höheren Gerichten entschieden wurde[299]. Vorteile kann man auch darin sehen, dass eine Orientierung an bereits entschiedenen Fällen die Bearbeitung ähnlicher Fälle beschleunigt (Effizienz)[300], dass die Gleichbehandlung gewahrt wird[301], dass es mehr Spielräume gibt[302] und dass mögliche Zusammenhänge von aktuell zu entscheidenden Konstellationen und früher bereits entschiedenen Fällen genau untersucht werden, so dass ein zusammenhängendes System entstehen kann[303].

---

291 *Twining/Miers,* S. 277; *Lundmark,* Ad Legendum 2016, 109, 110; *Scalia,* S. 3, 4.

292 Das Entschiedene soll Bestand haben.

293 *Amar* (2012), S. 232; *Twining/Miers,* S. 279 ff.; *Scalia,* S. 3, 7; *Ruben/Blocher,* Duke Law Journal 67 (2018), 1433, 1441 u. 1469; *Lundmark,* Ad Legendum 2016, 109; *Schmidt-Aßmann,* VerwArch 111 (2020), 1, 33; *Heringa,* S. 234; *Brugger,* S. 11 f.; *Kischel,* S. 255 f.; *Blumenwitz,* S. 26.

294 *Amar* (2012), S. 233.

295 *Planned Parenthood v. Casey,* 505 U.S. 833, 854 (1992); *Ruben/Blocher,* Duke Law Journal 67 (2018), 1433, 1441; *Amar* (2012), S. 234; *Lundmark,* Ad Legendum 2016, 109; *Brugger,* S. 11 f.; *Blumenwitz,* S. 26.

296 *Blumenwitz,* S. 26.

297 *Twining/Miers,* S. 296; *Blumenwitz,* S. 26.

298 Beispielhaft für den Supreme Court *Tushnet,* S. 3, 259 u. 261 f.; *Amar* (2012), S. 141; *Ruben/Blocher,* Duke Law Journal 67 (2018), 1433, 1436; *Lundmark,* Ad Legendum 2016, 109, 111.

299 *Janus v. AFSCME,* 138 S.Ct. 2448, 2478 (2018); *Knick v. Township of Scott,* 139 S.Ct. 2162, 2190 (2019) dissent; *Scalia,* S. 139; *Lundmark,* Ad Legendum 2016, 109, 110; *Blumenwitz,* S. 25 f. u. Fn. 50; *Amar* (2012), S. 239.

300 *Lundmark,* Ad Legendum 2016, 109 u. 110; *Twining/Miers,* S. 276.

301 *Lundmark,* Ad Legendum 2016, 109 u. 110.

302 *Dorf,* S. 1, 9.

303 *Janus v. AFSCME,* 138 S.Ct. 2448, 2478 (2018); *Twining/Miers,* S. 276.

125 Eine Gefahr des Fallrechtssystems besteht darin, dass zweifelhafte oder ungerechte höchstrichterliche Entscheidungen über Jahre weiter Bindungswirkung entfalten und das Rechtssystem dadurch sowohl unflexibel als auch unfair werden kann[304]. Außerdem sind Präzedenzfälle für Nichtjuristen schwer zugänglich und schwer in ihrer Bedeutung einzuschätzen.

126 Diese Nachteile werden jedoch durch die Kunst der Unterscheidung (the art of distinguishing) abgemildert[305]. Gelingt es zu belegen, dass es zu geringe faktische oder rechtliche Ähnlichkeiten zwischen dem bereits entschiedenen und dem zu entscheidenden Fall gibt, entfällt die Bindungswirkung des Präzedenzfalls[306]. Die Faktenanalyse hat dabei – im Vergleich zu Deutschland – ein sehr hohes Gewicht[307]. Insgesamt schafft „distinguishing“ normative Freiräume[308].

127 In Bezug auf die eigenen Entscheidungen haben die US-amerikanischen Gerichte ferner die Möglichkeit, bewusst von früherer Rechtsprechung abzuweichen (overruling), wenn neuere faktische oder rechtliche Entwicklungen dies erfordern, wenn sich die aufgestellte Regel als unpraktikabel erweist oder sich schlicht nicht durchsetzt und Rechtssicherheitsargumente nicht stark dagegen sprechen[309] oder – im Fall des Supreme Court – wenn die aktuellen Richter zu der Überzeugung kommen, dass die frühere Entscheidung auf einer Fehlinterpretation der Verfassung beruhte[310]. In den Worten des Supreme Court Richters Brandeis[311]: *Stare decisis is usually a wise policy, because in most matters it is more important that the applicable rule of law be settled than that it be settled right ... This is commonly true even where error is a matter of serious concern, provided correction can be had by legislation. But in cases involving the Federal Constitution, where correction through legislative action is practically impossible, the court has often overruled its earlier decisions. The Court bows to lessons of experience and the force of better reasoning, recognizing that the process of trial and error, so fruitful in the physical sciences, is appropriate also in the judicial function.* Es ist im US-amerikanischen Verfassungsrecht also leichter, von früheren Entscheidungen abzuweichen, als etwa im Zivilrecht[312]. In einer jüngeren Entscheidung hat der Supreme Court

---

304 *Twining/Miers*, S. 290.

305 *Blumenwitz*, S. 41.

306 *Twining/Miers*, S. 296; *Kischel*, S. 259; *Scalia*, S. 3, 7 f.; *Lundmark*, Ad Legendum 2016, 109, 111.

307 *Lepsius*, S. 319, 320 f. u. 335 f.

308 *Lepsius*, S. 319, 322.

309 *Garcia v. San Antonio*, 469 U.S. 528, 545 ff. (1985); *Planned Parenthood v. Casey*, 505 U.S. 833, 855 (1992); *Janus v. AFSCME*, 138 S.Ct. 2448, 2478 f. (2018); *Knick v. Township of Scott*, 139 S.Ct. 2162, 2178 f. (2019); *Amar* (2012), S. 236; *Lundmark*, Ad Legendum 2016, 109, 110; *Tushnet*, S. 260 f.; *Blumenwitz*, S. 31.

310 *Lawrence v. Texas*, 539 U.S. 558, 578 (2003); *Planned Parenthood v. Casey*, 505 U.S. 833, 944 u. 955 (1992) dissent; *Janus v. AFSCME*, 138 S.Ct. 2448, 2479 (2018); *Trump v. Hawaii*, 138 S.Ct. 2392, 2423 (2018); *Amar* (2012), S. 235 ff. m.w.N.; kritisch in Bezug auf das letztgenannte Merkmal *Citizens United v. FEC*, 558 U.S. 310, 408 f. (2010) dissent; *Janus v. AFSCME*, 138 S.Ct. 2448, 2497 f. (2018) dissent; *Knick v. Township of Scott*, 139 S.Ct. 2162, 2189 ff. (2019) dissent.

311 *Burnet v. Coronado*, 285 U.S. 393, 406 f. (1932); ebenso *Knick v. Township of Scott*, 139 S.Ct. 2162, 2177 (2019).

312 *Janus v. AFSCME*, 138 S.Ct. 2448, 2478 (2018); *Tushnet*, S. 260; s.a. *Knick v. Township of Scott*, 139 S.Ct. 2162, 2177 (2019).

diesbezüglich ausgeführt, dass stare decisis im Verfassungsrecht kein unumstößliches Gebot darstelle; die Bindungskraft hängt vielmehr von verschiedenen Faktoren ab: von der Qualität der Ausgangsentscheidung, ihrer folgerichtigen Verknüpfung mit verwandten Entscheidungen, den rechtlichen Entwicklungen seit der Ausgangsentscheidung sowie der Frage, wie stark Bürgerinnen und Bürger auf den Bestand der Entscheidung vertraut hätten[313].

7. Übersicht über die Gemeinsamkeiten und Unterschiede

Zusammenfassend lässt sich an Gemeinsamkeiten festhalten, dass beide Gerichte sehr einflussreich sind[314], weil sie über zentrale Fragen des Zusammenlebens in modernen Gesellschaften mitentscheiden. Beide genießen hohes Ansehen in der öffentlichen Meinung[315]. Beide halten sich sehr zurück, soweit es um ein generelles Konzept von Gerechtigkeit geht[316]. Sowohl der Supreme Court als auch das Bundesverfassungsgericht werden zudem bisweilen dafür kritisiert, dass sie den besser legitimierten demokratischen Gesetzgeber zu stark beschränken und sich zu intensiv in politische Debatten einschalten[317]. Beide Gerichte verfügen über Möglichkeiten, um eine zu hohe Anzahl von Verfahren einzudämmen, wobei das US-amerikanische Recht hier deutlich weiter geht und die Verfahrensannahme fast vollständig in das Ermessen des Gerichts stellt. Eine Popularklage ist vor keinem der beiden Gerichte möglich. Als letzte Gemeinsamkeit ist festzuhalten, dass das Parlament in beiden Staaten an der Ernennung der Verfassungsrichterinnen und -richter beteiligt ist. **128**

Kleinere Unterschiede bestehen in der Zahl der Richter und ihrer Amtsdauer. Zudem sind Sondervoten am deutschen Verfassungsgericht eher selten[318], während abweichende Meinungen in Supreme Court Entscheidungen fast regelmäßig vorkommen[319]. Der Stil des US-Supreme Court ist persönlicher, direkter und schärfer, das Bundesverfassungsgericht umgibt sich gern mit einer objektivierenden Aura der Gelehrsamkeit[320]. **129**

Ein wesentlicher Unterschied ist darin zu sehen, dass der Supreme Court nicht nur als Verfassungsgericht fungiert, sondern auch als oberstes Bundesgericht. Das Bundesverfassungsgericht ist dagegen – zumindest nominell – nur für Verfassungsfragen zuständig[321]. **130**

Die Regelungen für die Verfahren vor dem Bundesverfassungsgericht und die Wirkung der Entscheidungen des Gerichts sind in Art. 93 und Art. 100 GG sowie dem Bundesverfassungsgerichtsgesetz sehr viel präziser festgelegt als die Verfahrensregeln des Supreme Court. Dass einigen Entscheidungen des Bundesverfassungsgerichts durch **131**

313 *Franchise Tax Bd. v. Hyatt,* 139 S.Ct. 1485, 1499 (2019).
314 *Schlaich/Korioth,* S. 409; *Wiederin,* BayVBl 2020, 583 f. für das Bundesverfassungsgericht; *Levinson,* S. 128 für den Supreme Court.
315 Hierzu etwa *Kommers/Miller,* S. 39.
316 *Tushnet,* S. 257 f. für den Supreme Court; *Beaucamp,* DVBl 2017, 348, 353 f. für das BVerfG.
317 S. insweit o. 2.
318 *Schlaich/Korioth,* S. 39; *Collings,* S. 273, 283; *Grimm,* ZfP 2019, 86, 91; *Kingreen/Möslein,* JZ 2016, 57.
319 *Grimm,* ZfP 2019, 86, 91; *Kingreen/Möslein,* JZ 2016, 57.
320 *Collings,* S. 273, 283; *Kaiser u.a.,* S. 7, 15.
321 *Kommers/Miller,* S. 3 u. 38; *Lindenblatt,* S. 81.

§ 31 Abs. 2 BVerfGG Gesetzeskraft beigelegt wird, sorgt für eine bessere Durchsetzung als die Wirkung als Präjudiz[322]. Für eine Reihe von Verfahren, etwa die abstrakte Normenkontrolle, die Organklage oder das Parteiverbotsverfahren gibt es im US-amerikanischen Recht kein Gegenstück. Die Präsidentenanklage des Art. 61 GG wird in Deutschland vom Bundesverfassungsgericht entschieden, in den USA vom Senat (Art. I section 3, cl. 6 USC). Wegen der Pflicht zur Richtervorlage aus Art. 100 Abs. 1 GG ist die Verfassungswidrigkeitskontrolle nachkonstitutioneller Gesetze in Deutschland beim Bundesverfassungsgericht konzentriert, in den USA ist jedes Gericht zu dieser Aufgabe berufen.

132 Die verfassungsgerichtliche Kontrolle des Gesetzgebers scheint in Deutschland grundsätzlich strenger auszufallen als in den USA[323]. Als Erklärung hierfür ist die Erfahrung mit dem Scheitern einer Demokratie plausibel[324]. Weiterhin spielt die Wesentlichkeitstheorie eine Rolle, die zuweilen höhere Anforderungen an die Gesetzesformulierung stellt. Sodann werden Grundrechte – anders als in den USA – als objektiver Wertordnung verstanden und extensiv ausgelegt, was etwa zu Leistungs- und Teilhaberechten sowie Schutzpflichten geführt hat, die an ein Unterlassen des Gesetzgebers anknüpfen[325]. Zudem setzt das Bundesverfassungsgericht die Verhältnismäßigkeitsprüfung viel stärker ein, als der Supreme Court[326]. In vielen Konstellationen begnügt sich der Supreme Court dagegen mit dem „rational basis" Test und beschränkt seine Kontrolle des Gesetzgebers darauf, ob sich ein nachvollziehbarer Grund für dessen Maßnahmen finden lässt[327]. Schließlich erkennt das Bundesverfassungsgericht zwar auch einen Kernbereich exekutivischer Eigenverantwortung an[328], wenn es um die Willensbildung der Regierung geht, doch ist dieser schmale Bereich weit entfernt von der „political questions doctrine", die der Supreme Court vertritt[329].

133 Die intensivere Kontrolle des Gesetzgebers in Deutschland zeigt auch der Vergleich der für verfassungswidrig bzw. nichtig erklärten Gesetze. Bis 2006 hat der Supreme Court nur 160 Gesetze für verfassungswidrig erklärt[330]. In seiner sehr viel kürzeren Tätigkeit von 1951 bis 2018 verwarf das Bundesverfassungsgericht über 700 Normen[331].

134 Als Erklärungsansätze für die größere Zurückhaltung des Supreme Court kommen zum einen ein größerer Respekt vor dem Gesetzgeber in Frage, zum anderen kann man pragmatisch darauf verweisen dass am Supreme Court weniger Richterinnen und Richter in

322 *Lindenblatt,* S. 79 f.

323 Ähnlich *Kommers/Miller,* S. 47, insbesondere für die Verteidigungspolitik S. 189; s.a. *Michl/ Kaiser,* JbÖR 2019, 51, 101 u. 103 für das Wahlrecht.

324 *Grimm,* S. 118.

325 *Kulick,* JZ 2016, 67, 73 f.; *Schlaich/Korioth,* S. 13 f.

326 *Kommers/Miller,* S. 67.

327 *Trump v. Hawaii,* 138 S.Ct. 2392, 2420 (2018); *Chemerinsky,* S. 587; *Currie,* S. 65; *Kischel,* S. 353.

328 BVerfGE 124, 78, 120 f.; 131, 152, 206; 143, 101, 137; 147, 50, 138 ff.; *Schlaich/Korioth,* S. 386; *Jarass/ Pieroth,* Art. 20, Rn. 35; *Morlok/Michael,* Rn. 351; *Sodan/Ziekow,* § 7, Rn. 12.

329 *Schlaich/Korioth,* S. 386; *Kommers/Miller,* S. 68.

330 *Levinson,* S. 46.

331 https://www.bundesverfassungsgericht.de/DE/Verfahren/Jahresstatistiken/2018/gb2018/A-VI.pdf?__blob=publicationFile&v=2; *Kommers/Miller,* S. 35 f.

einem von seiner Bevölkerungszahl deutlich größerem Staat mehr Aufgaben zu bewältigen haben, insbesondere auch noch Aufgaben übernehmen müssen, die in Deutschland den obersten Bundesgerichten anvertraut sind. M.a.W. muss der Supreme Court seine Ressourcen sparsamer einsetzen[332].

8. Das Jury-System

Dass eine Verurteilung nur auf einer Entscheidung von Geschworenen, also Mitbürgern, und nicht vom Staat eingesetzten Richtern beruhen sollte, war den Bürgerinnen und Bürgern der amerikanischen Kolonien so wichtig, dass die Missachtung dieses Grundsatzes sogar als Beschwerde in die Unabhängigkeitserklärung aufgenommen wurde[333]. **135**

Die Verfassung enthält Regelungen zu den Geschworenengerichten in Art. III section 2, cl. 3 sowie den Zusatzartikeln 5, 6 und 7 USC. Der 6. Zusatzartikel ist auch für die Bundesstaaten verbindlich[334]. Bereits eine Anklage für schwere Straftaten, das sind solche, die mit mehr als sechs Monaten Haft bedroht sind[335], muss auf Bundesebene von einer Jury bestätigt werden (5. Zusatzartikel USC). Prozesse in Strafsachen werden – so Art. III section 2, cl. 3 u. der 6. Zusatzartikel USC – von einer unparteiischen Jury entschieden, deren Mitglieder aus dem Bundesstaat und dem Bezirk stammen müssen, in dem die Straftat begangen wurde. Schließlich werden Zivilrechtsfälle vor Bundesgerichten Geschworenen übertragen, wenn der Streitwert mehr als 20 $ beträgt (7. Zusatzartikel USC). **136**

a) Zusammensetzung und Arbeitsweise von Juries

Die Standardjury besteht aus 12 Personen, einer Zahl, die auf die englische Rechtstradition zurückgeht[336]. Weil die Verfassung jedoch keine genauen Vorgaben zu Anzahl der Geschworenen macht, hat der Supreme Court auch bundesstaatliche Regelungen akzeptiert, die eine Jury aus sechs Personen vorsehen[337], fünf seien jedoch zu wenig[338]. **137**

Die Geschworenen entscheiden nicht über die Rechtsfragen, z.B. auch nicht über die genaue Strafhöhe, sondern nur über die Frage, ob die vorgelegten Beweise ausreichen, um die Täterin oder den Täter schuldig zu sprechen bzw. in Zivilrechtsstreitigkeiten, etwa wer die Verantwortung für den entstandenen Schaden zu tragen hat[339]. **138**

Die Geschworenen müssen typischerweise zu einer einstimmigen Entscheidung kommen. In Abweichung von der Einstimmigkeitsregel, die für die Juries im Strafrecht auf Bundes- **139**

332 So auch *Chemerinsky,* S. 51 in Bezug auf justiciability generell.

333 List of grievances Nr. 18: *For depriving us in many cases, of the benefit of trial by jury.*

334 *Duncan v. Louisiana,* 391 U.S. 145, 154 f. (1968); *Pena-Rodriguez v. Colorado,* 137 S.Ct. 855, 861 (2017); *Barron/Dienes*, S. 241; *Currie*, S. 48; *Amar* (2012), S. 435.

335 *Duncan v. Louisiana,* 391 U.S. 145, 159 (1968).

336 *Amar* (2012), S. 443.

337 *Williams v. Florida,* 399 U.S. 78, 86 ff. (1970); *Byrd,* S. 45.

338 *Ballew v. Georgia,* 435 U.S. 223, 239 (1978); *Byrd,* S. 50.

339 *Vidmar/Hans,* S. 66, 125 ff. u. 144; *Zebrowski,* S. 11, 14.

ebene und in fast allen Bundesstaaten gilt[340], werden bei zivilrechtlichen Juries auch qualifizierte Mehrheitsentscheidungen – etwa neun zur drei – von Geschworenen für zulässig gehalten, wenn das Gesetz eines Bundesstaates dies so bestimmt[341]. Die letztgenannte Lösung verhindert, dass es bei nur einer Gegenstimme in der zwölfköpfigen Jury zu einer Nichtentscheidung kommt und das ganze Verfahren vor einer neuen Jury wiederholt werden muss[342]. Außerdem spricht gegen die Einstimmigkeitsregel, dass die moderne amerikanische Gesellschaft immer diverser wird, was sich auch in der Zusammensetzung der Juries widerspiegelt. So sind seit 1875 Afroamerikaner als Jury-Mitglieder zugelassen[343], seit 1975 darf es auch keine generellen Befreiungsregeln für Frauen mehr geben[344]. Es erscheint im Gegensatz zur Gründerzeit der USA, in der Juries nur aus weißen Männern bestanden, immer unwahrscheinlicher, dass eine demografisch sehr divers zusammengesetzte Jury zu einer einstimmigen Entscheidung kommt[345].

140 Um als Geschworener bzw. Geschworene verpflichtet werden zu können muss man Staatsangehöriger der USA sowie älter als 18 Jahre sein. Englisch sprechen, lesen und schreiben zu können ist eine weitere Voraussetzung. Schließlich darf man weder einer Straftat angeklagt noch gar Gefängnisinsasse sein[346]. Manche Berufsgruppen können sich vom Dienst in der Jury befreien lassen[347]: Polizisten, Feuerwehrleute, Soldaten und Politiker, weil sie ihrem Land bereits auf andere Weise dienen. Auch Eltern jüngerer Kinder haben eine Befreiungschance. Alle anderen, die als Jury-Mitglieder vorgeschlagen werden, müssen zum Auswahlprozess erscheinen, sonst werden sie wegen Missachtung des Gerichts bestraft[348].

141 Zusätzlich zu den – normalerweise – 12 Geschworenen werden einige Ersatzmitglieder bestimmt, die dann tätig werden, wenn ein Geschworener oder eine Geschworene krank wird, verstirbt oder aus einem anderen sehr schwerwiegenden Grund nicht mehr am Verfahren teilnehmen kann. Die Ersatzmitglieder wirken wie die Geschworenen am gesamten Prozess mit, entscheiden aber nur dann, wenn mindestens ein Hauptgeschworener ausgefallen ist[349].

142 Während der Entscheidungsphase werden die Geschworenen von der Öffentlichkeit und den Medien isoliert (sequestration), um eine möglichst unbeeinflusste Entscheidung treffen zu können[350]. Dies kann einige Stunden, in schwierigen Fällen aber auch Tage dauern. Normalerweise werden die Geschworenen dann in einem Hotel untergebracht und bewacht. Gelingt es der Jury nicht, sich auf ein Urteil zu einigen, ist das Verfahren gescheitert und muss wiederholt werden.

---

340 *Amar* (2012), S. 442.
341 *Amar* (2012), S. 442; *Byrd,* S. 51.
342 *Amar* (2012), S. 442.
343 *Currie*, S. 59; *Amar* (2012), S. 288 mit Fn. 9
344 *Taylor v. Louisiana,* 419 U.S. 522, 535 ff. (1975); *Vidmar/Hans,* S. 74 f.
345 Zu allen genannten Voraussetzungen *Vidmar/Hans,* S. 79 f.; *Amar* (2012), S. 444.
346 *Byrd,* S. 40.
347 *Vidmar/Hans,* S. 80 f.
348 *Byrd,* S. 58.
349 *Byrd,* S. 60.
350 *Vidmar/Hans,* S. 115.

b) Vor- und Nachteile von Geschworenengerichten

Ein Vorteil der Geschworenengerichte liegt darin, dass sie ein demokratisches Element in die Rechtsprechung bringen[351]. Wird jemand durch Geschworene – also seine Mitbürger – verurteilt, kann er sich weiterhin nicht als Opfer des Systems fühlen; ein solches Geschworenenurteil wird auch in der Öffentlichkeit eher akzeptiert[352]. Laien als Richterinnen und Richter haben zudem einen unverbrauchten Blick auf die Ereignisse; sie haben andere Vorerfahrungen und Werte als Berufsrichter[353]. Sie lernen durch ihre Tätigkeit viel über das Recht ihres Landes[354], identifizieren sich stärker mit der nationalen Rechtsordnung[355] und können danach besser einschätzen, wie schwierig es ist, im Einzelfall eine gerechte Entscheidung zu treffen. Weitere Argumente für den Einsatz von Juries kann man darin sehen, dass sie ein Gegengewicht zu übereifrigen, parteiischen oder vorurteilsbelasteten Staatsanwälten bzw. Richtern bilden[356], sowie darin, dass Gruppen tendenziell ausgewogenere Entscheidungen treffen als Einzelne[357], weil Vorurteile und Irrtümer eines Einzelnen nicht sofort auf das Ergebnis durchschlagen. Schließlich lässt sich feststellen, dass die Berufsrichter in den allermeisten Fällen mit der Entscheidung der Geschworenen einverstanden sind[358]. **143**

Geschworenengerichte können indes auch Fehlentscheidungen treffen, die auf Vorurteilen beruhen[359]. Dies Argument wiegt schwer, da die Geschworenen eigenständig, d.h. ohne Beteiligung des Richters, eine Entscheidung über Schuld und Unschuld der Angeklagten treffen müssen. Selbst wenn die Jury – in Strafsachen – gegen eine eindeutige Beweislage entscheidet, können die verfahrensleitenden Richterinnen und Richter diese Entscheidung in aller Regel nicht ändern oder aufheben[360]. **144**

Es kommt hinzu, dass Freisprüche bzw. Verurteilungen durch Juries auch in der Berufungsinstanz schwer anzugreifen sind. Immerhin hat der Supreme Court in einer jüngeren Entscheidung eine gerichtliche Überprüfung einer Jury-Entscheidung für den Fall eröffnet, dass ein Geschworener sich in den Beratungen nachweisbar rassistisch zu dem Angeklagten geäußert hat[361]. Eine unfair zusammengesetzte Jury kann nämlich zu besonders krassen Fehlurteilen führen. Solche traten in den 1950er Jahren in den Südstaaten der USA auf, etwa als eine rein weiße Jury über den Mord an einem Afroamerikaner befand, der mit einer weißen Frau geflirtet hatte; die weißen Täter wurden freige- **145**

351 *Pena-Rodriguez v. Colorado,* 137 S.Ct. 855, 860 (2017); *Vidmar/Hans,* S. 346; *Kischel,* S. 323; *Curtin,* S. 1, 3; *Amar* (2006), S. 15 u. 234.
352 *Pena-Rodriguez v. Colorado,* 137 S.Ct. 855, 860 (2017); *Curtin,* S. 1, 3; *Vidmar/Hans,* S. 340.
353 *Vidmar/Hans,* S. 342; *Curtin,* S. 1, 4.
354 *Amar* (2012), S. 438.
355 *Vidmar/Hans,* S. 346.
356 *Duncan v. Louisiana,* 391 U.S. 145, 156 (1968); *Amar* (2006), S. 237; *Kischel,* S. 323.
357 *Ballew v. Georgia,* 435 U.S. 223, 232 ff. (1978); *Zebrowski,* S. 11, 13; *Vidmar/Hans,* S. 340; *Curtin,* S. 1, 5.
358 *Vidmar/Hans,* S. 340; *Curtin,* S. 1, 3.
359 *Pena-Rodriguez v. Colorado,* 137 S.Ct. 855, 861 (2017); *Vidmar/Hans,* S. 341.
360 *Pena-Rodriguez v. Colorado,* 137 S.Ct. 855, 861 (2017); *Byrd,* S. 68; *Amar* (2012), S. 423, 431 f. u. 437 f.; *Kischel,* S. 322 f.; *Zebrowski,* S. 11, 14; *Amar* (2006), S. 238.
361 *Pena-Rodriguez v. Colorado,* 137 S.Ct. 855, 869 f. (2017).

sprochen[362]. Noch einige Jahrzehnte später ist es immer noch nicht sicher, dass in den Südstaaten der USA eine angemessene Vertretung von Afroamerikaner in juries hergestellt wird[363]. In Deutschland dagegen beraten und entscheiden Geschworene und Richter gemeinsam[364], was einen starken Einfluss der Berufsrichterinnen und -richter sichert[365].

146 Vor Fehlurteilen sind professionelle Richterinnen und Richter allerdings ebenfalls nicht gefeit[366]. So können sie im Laufe ihrer Amtszeit Routinen und Standarderwartungen aufbauen, die sich zu Vorurteilen entwickeln können[367]. Andererseits lassen sie sich nicht so leicht von rhetorisch begabten Rechts- und Staatsanwälten oder fragwürdigen Zeugen beeindrucken, da sie diesen jeden Tag ausgesetzt sind. Zudem kann man davon ausgehen, dass Berufsrichterinnen und -richter eventuell auftauchende relevante Rechtsfragen besser einordnen und bewerten können als Laienrichter. Es ist zwar richtig, dass die prozessleitende Richterin bzw. der prozessleitende Richter der Jury Hinweise zur Rechtslage gibt und diesbezügliche Fragen der Jury beantwortet, doch gelingt es nicht immer, komplexe Rechtfragen so zu vereinfachen, dass sie von den Laienrichterinnen und -richtern verstanden werden[368]. Zudem müssen Richterinnen und Richter darauf achten, die Geschworenen auch ernst zu nehmen und sie nicht zu bevormunden, was nicht immer geschieht[369].

147 Geschworenengerichte treten nur einmal zusammen. Dadurch besteht die Gefahr, dass der Einzelfall anders behandelt wird als frühere ähnliche Fälle, die den Geschworenen nicht geläufig sind[370]. Berufsrichtinnen und -richter kennen ihre früheren Entscheidungen und die Entscheidungen der Obergerichte, so dass sie eine Gleichbehandlung der Angeklagten stärker in den Blick nehmen.

148 Zieht man in Betracht, dass 12 Geschworene sich viele Prozesstage Zeit nehmen müssen und nicht ihren normalen Berufen nachgehen können, und dass Geschworenenprozesse einschließlich der Auswahl der Geschworenen deutlich länger dauern als Verfahren vor dem Einzelrichter[371], kann man an der Wirtschaftlichkeit von Juries zweifeln. Dies gilt insbesondere dann, wenn es zu keiner einstimmigen Entscheidung kommt und das ganze Verfahren erneut mit 12 Laienrichterinnen und -richtern durchgeführt werden muss.

---

362 *Amar* (2012), S. 433 m.w.N.; s.a. *Vidmar/Hans*, S. 66 u. *Pena-Rodriguez v. Colorado*, 137 S.Ct. 855, 867 (2017).
363 Kritisch insoweit *Stevenson*, S. 59 f.
364 §§ 30, 194 ff. GVG; *Byrd*, S. 38.
365 *Byrd*, S. 78; *Vidmar/Hans*, S. 81.
366 *Curtin*, S. 1, 5; *Vidmar/Hans*, S. 342.
367 *Vidmar/Hans*, S. 342; *Zebrowski*, S. 11, 13.
368 *Vidmar/Hans*, S. 342; *Byrd*, S. 42.
369 *Amar* (2012), S. 439 f.
370 *Vidmar/Hans*, S. 264.
371 *Curtin*, S. 1, 4; *Zebrowski*, S. 11, 16.

Als weiterer Nachteil lässt sich bewerten, dass es sehr schwer vorherzusagen ist, wie eine Jury entscheiden wird[372]. Die Jury ist ein Art black box, weil sie ihre abschließende Entscheidung nur ausspricht, jedoch nicht begründet[373]. Im Vorfeld des Prozesses versuchen deshalb Staatsanwaltschaft und Verteidigung durch eine gezielte Auswahl der Geschworenen aus der großen Gruppe der eingeladenen Kandidatinnen und Kandidaten ihre jeweilige Position zu verbessern[374]. Das Gericht hat dagegen ein Interesse daran, eine möglichst unparteiische und repräsentative Geschworenengruppe zusammenzustellen[375]. Insoweit kann man eine Parallele zwischen dem allgemeinen Wahlrecht und dem allgemeinen Recht zur Teilnahme an einem Geschworenengericht ziehen[376]. Deshalb wird das Gericht zunächst ermitteln, ob die Geschworenen mit den Parteien oder den Anwälten verwandt bzw. bekannt sind oder ob sie sich schon eine feste Meinung zu dem Fall gebildet haben[377]. Diese Kandidaten kommen ebenso wenig als Geschworene in Frage wie solche, die Opfer eines ähnlichen Verbrechens gewesen sind[378]. Im Anschluss daran befragen Staatsanwälte und Rechtsanwälte die potentiellen Geschworenen. Manchmal werden sogar spezielle Berater (trial consultants) eingesetzt, um die Reaktionen der Kandidatinnen und Kandidaten auf die Fragen optimal auszuwerten[379]. Die Streitparteien versuchen danach bestimmte Kandidaten auszuschließen. Hierfür gibt es zwei Begründungsmöglichkeiten[380]: **149**

- der potentielle Geschworene hat sich durch seine Antworten als voreingenommen und nicht neutral gezeigt[381];
- die Zulassung eines Geschworenen macht die Jury unrepräsentativ, weil es etwa bereits zu wenige Frauen, Afroamerikaner oder ältere Mitbürger in der Jury gibt.

Zudem kann jede Seite normalerweise maximal drei Geschworenenkandidaten ohne Angabe von Gründen ablehnen (peremptory challenge)[382]. **150**

c) Relativierungen

Zwar garantiert die US-amerikanische Verfassung Geschworenengerichte, doch hat es der Supreme Court für zulässig erachtet, auf dieses Recht zu verzichten, wenn beide Streitparteien zustimmen[383]. Dann verhandelt der Richter bzw. die Richterin die Sache ohne Jury. **151**

---

372 Erwähnt in *Duncan v. Louisiana,* 391 U.S. 145, 157 (1968).
373 *Zebrowski,* S. 11, 14 f.; *Kischel,* S. 319 f.
374 *Kischel,* S. 364.
375 *Taylor v. Louisiana,* 419 U.S. 522, 526 ff. (1975); *Vidmar/Hans,* S. 74 f.; *Amar* (2012), S. 439.
376 *Amar* (2012), S. 436 f.
377 *Vidmar/Hans,* S. 89; *Brugger,* JZ 2009, 609, 620.
378 *Vidmar/Hans,* S. 93 f.
379 *Vidmar/Hans,* S. 102 f.; *Zebrowski,* S. 11.
380 *Byrd,* S. 59 f.; *Vidmar/Hans,* S. 94.
381 *Amar* (2012), S. 440.
382 *Vidmar/Hans,* S. 87; *Amar* (2012), S. 440 f.; *Brugger,* JZ 2009, 609, 620; *Byrd,* S. 61.
383 *Patton v. United States,* 281 U.S. 276, 298 ff. (1930); *Duncan v. Louisiana,* 391 U.S. 145, 158 (1968); *Amar* (2006), S. 237.

152 Strafverfahren enden in den USA zu 90-95 % nicht durch eine Jury-Entscheidung, sondern durch eine Vereinbarung zwischen Staatsanwaltschaft und Verteidigung[384]. Häufig wird etwa ein „Geständnis“ des Angeklagten gegen eine geringere Strafe ausgetauscht. So lassen sich die Kosten eines langen Strafprozesses und das Risiko, von einer Jury eventuell deutlich härter bestraft zu werden, vermeiden. Auch in zivilrechtlichen Streitigkeiten sind die Zahlen ähnlich, hier werden häufig Mediationen eingesetzt und Vergleiche angestrebt, um einem schwer kalkulierbaren Risiko einer Juryentscheidung auszuweichen[385].

III. Der Kongress

153 Der Kongress ist das Legislativorgan der US-Verfassung. Er hat zwei Kammern, nämlich das Repräsentantenhaus mit 435 Abgeordneten und den Senat mit 100 Abgeordneten, das bedeutet, dass jeder Bundesstaat zwei Senatorinnen bzw. Senatoren stellen darf. Zunächst wird die Verteilung der Gesetzgebungsbefugnisse zwischen dem Bundesorgan Kongress und den Bundesstaaten erläutert (1.), sodann weitere Kompetenzen des Kongresses (2.). Im Anschluss daran geht es um das Gesetzgebungsverfahren (3.) sowie die Wahl der Kongressabgeordneten (4.). Am Ende des Abschnittes steht ein Vergleich zur Gesetzgebung nach dem Grundgesetz (5.).

1. Gesetzgebungskompetenzen des Kongresses

a) Überblick

154 Wie aus Art. 30, 70 GG ergibt sich aus Art. I section 8, 9 und 10 sowie dem 10. Zusatzartikel USC, dass die Gesetzgebung prinzipiell Sache der Gliedstaaten sein soll. Der Bund darf nur dann Gesetze erlassen, wenn die Verfassung ihn ausdrücklich dazu ermächtigt (enumerated powers)[386]. *James Madison* spricht von wenigen und definierten Befugnissen des Bundes[387].

155 Für die Reichweite der Gesetzgebungsmacht des jeweiligen Bundesstaates sind deshalb die Gesetzgebungskataloge der beiden Verfassungen sowie die Auslegung dieser Normen (Art. 73, 74 GG bzw. Art. I section 8 USC) entscheidend. Hinzu kommen in beiden Verfassungen weitere gesetzgeberische Kompetenzen des Bundesstaates außerhalb der eigentlichen Kompetenzkataloge. Für die US-Verfassung sind dies die Ermächtigungen für den Kongress zum Erlass von Durchführungsregeln für den 13., 14., 15., 19., 23., 24. und 26. Zusatzartikel USC. Das Grundgesetz weist über den gesamten Text ver-

384 *Vidmar/Hans,* S. 63 u. 345.

385 *Vidmar/Hans,* S. 63; *Curtin,* S. 1.

386 Für die USA: *Brugger,* S. 62; *Chemerinsky,* S. 248, 280 u. 428; *Egli,* S. 97; *Heringa,* S. 73 u. 118; *Currie,* S. 26; *Lindenblatt,* S. 23; *Barron/Dienes,* S. 89; für Deutschland: *Morlok/Michael,* Rn. 461; *Jarass/Pieroth,* Art. 70, Rn. 1 u. 17; *Sodan/Ziekow,* § 17, Rn. 2; *Heringa,* S. 80.

387 The Federalist Papers Nr. 45, S. 283.

streut noch mehr zusätzliche Gesetzgebungsbefugnisse dem Bund zu[388]. Erwähnt seien etwa Art. 4 Abs. 3 S. 2, Art. 21 Abs. 5, Art. 22 Abs. 1 S. 3, Art. 26 Abs. 2 S. 2, Art. 29 Abs. 8 S. 5 oder Art. 38 Abs. 3 GG.

Quantitativ lässt sich ein Übergewicht der Bundesgesetzgebung im deutschen Verfassungsrecht feststellen. Die Art. 73 und 74 GG enthalten 46 Nummern, die wiederum häufig mehrere Gesetzgebungsfelder aufzählen. Einige dieser Einzelfelder gewähren dem Bund sehr weitreichende Gesetzgebungsbefugnisse. Als Beispiele mögen Art. 74 Abs. 1 Nr. 1 GG mit dem bürgerlichen Recht und dem Strafrecht und Art. 74 Abs. 1 Nr. 11 GG mit dem Recht der Wirtschaft genügen. Die Kompetenzen des Bundes in Art. I section 8 USC beschränken sich auf 18 Gesetzgebungsermächtigungen. Die US-Verfassung weist mit dem Verbot an die Bundesstaaten auf bestimmten Gebieten gesetzgeberisch tätig zu werden (Art. I section 10 USC) eine Besonderheit auf, die das deutsche Verfassungsrecht so nicht kennt. 156

b) Ausdehnung der Bundesgesetzgebung

Dass die Bundesgesetzgebung in den USA, vor allem im Zeitraum von 1941 bis 1995, beständig zunahm, lag daran, dass der Supreme Court besonders zwei Vorschriften des Kompetenzkataloges sehr großzügig ausgelegt hat[389]: die commerce-clause des Art. I section 8 cl. 3 USC[390] und die necessary-and-proper-clause des Art. I section 8 cl. 18 USC. 157

Die erstgenannte Vorschrift wird heute so verstanden, dass die Bundesgesetzgebung über den zwischenstaatlichen Handel alle Handelswege (z.B. Straßen und Eisenbahnen), alle Handelsgüter und alle Aktivitäten, die sich in relevanter Weise auf den Handel zwischen den Bundesstaaten auswirken können, erfasst[391] (sogenannte affectation doctrine)[392]. Handel meint dabei nicht nur den Vertrieb von Waren, sondern umfasst sowohl die Produktion als Vorstufe, als auch den Verbrauch als nachgelagerte Stufe[393]. Sogar Gesetze über soziale Fragen[394] über Umweltfragen[395] oder Gesetze zu Bürgerrechten von Afroamerikanern[396] lassen sich auf diese Befugnis stützen. Für die Bundesstaaten bleiben auf dem riesigen Feld des Wirtschaftsrechts fast keine Gesetzgebungskompetenzen übrig, weil selbst lokale wirtschaftliche Aktivitäten durch die Bundesgesetzgebung geregelt werden dürfen, 158

388 *Jarass/Pieroth*, Art. 30, Rn. 4; *Sodan/Ziekow*, § 7, Rn. 4; *Morlok/Michael*, Rn. 462.
389 *Currie*, S. 26; *Heringa*, S. 74; *Chemerinsky*, S. 280; *Amar* (2006), S. 107 f.; *Egli*, S. 97, 98.
390 Zur geschichtlichen Entwicklung *Chemerinsky*, S. 260 ff.; *Brugger*, S. 41 ff.
391 *United States v. Lopez*, 514 U.S. 549, 558 f. (1995); *United States v. Morrison*, 529 U.S. 598, 609 ff. (2000); *Gonzales v. Raich*, 545 U.S. 1, 16 f. (2005); *Barron/Dienes*, S. 105; *Chemerinsky*, S. 282 f., 288 u. 290; *Brugger*, S. 48.
392 *Barron/Dienes*, S. 100 ff.; *Chemerinsky*, S. 275 f.; *Currie*, S. 28 f.; *Brugger*, S. 48.
393 *Chemerinsky*, S. 260 u. 275; *Brugger*, S. 48 f. u. 50 f.
394 *Barron/Dienes*, S. 99 u. 103.
395 *Chemerinsky*, S. 259.
396 *Heart of Atlanta v. United States*, 379 U.S. 241, 258 (1964); *Brugger*, S. 50 f.; *Chemerinsky*, S. 259 u. 277 f.; *Barron/Dienes*, S. 102 f.

wenn sie sich auf den Handel zwischen den Bundesstaaten auswirken[397]. Die extensive Auslegung der commerce-clause lässt sich auf das historische Argument stützen, dass die Verfassungsväter das Ziel verfolgten, die unter den früheren Konföderationsartikeln ausgebrochenen Handels- und Besteuerungskonflikte zwischen den Bundesstaaten zu verhindern[398].

159 Selbst die den Bundesstaaten seit je her zugebilligte „police power", annäherungsweise mit Sicherheits- und Ordnungsrecht übersetzbar, die den Erlass von Regeln für die öffentliche Wohlfahrt, Gesundheit, innere Sicherheit und Sittlichkeit umfasst[399], wird von gesetzgeberischen Aktivitäten des Bundes beschränkt, die die commerce-clause nutzen. So akzeptierte der Supreme Court Bundesrecht, welches strafrechtliche Sanktionen für den Transport von Gütern vorsah, die unter Verletzung von Arbeitsschutzbestimmungen hergestellt worden waren[400]. Als ebenfalls kompetenzgemäß wurden strafrechtliche Sanktionen des Bundes gegen den Anbau von Marihuana eingestuft[401].

160 Erst seit 1995 hat es einige Entscheidungen gegeben, die die Nutzung der commerce-clause durch den Bund vorsichtig wieder einschränkten. Der gemeinsame Nenner scheint hier zu sein, dass das Bundesrecht jeweils keinen ausreichenden ökonomischen Bezug aufwies[402]. So wurde ein bundesgesetzliches Verbot, in ausgewiesenen Zonen von rund 300 m um Schulen Waffen zu tragen, als nicht ausreichend mit Handel und Wirtschaft verknüpft bewertet und – mangels anderweitiger Kompetenzgrundlage für den Bund – für verfassungswidrig gehalten[403]. Aus ähnlichen Gründen wurde ein Schadensersatzanspruch aus einem Bundesgesetz zum Schutz von Frauen (Violence against Women Act) vom Supreme Court nicht als verfassungsgemäß akzeptiert[404]. Schließlich entschied das höchste Gericht der USA, dass die im Affordable Care Act (Obamacare) vorgesehene Verpflichtung, eine private Krankenversicherung abzuschließen, nicht auf die commerce-clause gestützt werden könne; staatlich erzwungene wirtschaftliche Aktivität sei damit nicht gemeint[405]. Allerdings wurde die genannte Versicherungspflicht als steuerähnlich bewertet und als Ausübung der Bundeskompetenz aus Art. I section 8 cl. 1 USC aufrechterhalten[406]. Dass Steuern neben dem Zweck der Erzielung von Einnahmen auch andere Zwecke verfolgen dürfen, hat der Supreme Court schon seit längerer Zeit akzeptiert[407].

---

397 *Wickard v. Filburn*, 317 U.S. 111, 127 f. (1941); *Gonzales v. Raich*, 545 U.S. 1, 17 ff. (2005); *Barron/Dienes*, S. 101 u. 110; *Chemerinsky*, S. 261 u. 277.

398 *Brugger*, S. 28 u. 64; *Lindenblatt*, S. 9; *Amar*, (2006), S. 106.

399 *Brugger*, S. 28, 40 u. 49; *Chemerinsky*, S. 686; *Barron/Dienes*, S. 96.

400 *United States v. Darby*, 312 U.S. 100, 114 f. (1941); *Barron/Dienes*, S. 98 f.; *Brugger*, S. 50.

401 *Gonzales v. Raich*, 545 U.S. 1, 16 ff. (2005); *Chemerinsky*, S. 288.

402 *Barron/Dienes*, S. 110; ähnlich *Currie*, S. 31; *Chemerinsky*, S. 280 f.; *Brugger*, S. 52 f.; *Heringa*, S. 76.

403 *United States v. Lopez*, 514 U.S. 549, 567 (1995); *Chemerinsky*, S. 280; *Brugger*, S. 52 f.; *Barron/Dienes*, S. 105 f.

404 *United States v. Morrison*, 529 U.S. 598, 613 ff. (2000); *Barron/Dienes*, S. 107 f.

405 *NFIB v. Sebelius*, 567 U.S. 519, 551 (2012); *Chemerinsky*, S. 281 u. 288 f.; *Barron/Dienes*, S. 111 f.; *Egli*, S. 97, 102 f.

406 *NFIB v. Sebelius*, 567 U.S. 519, 563 ff. (2012); *Barron/Dienes*, S. 115; *Chemerinsky*, S. 289 f.; *Egli*, S. 97, 104; vertiefend zu den diesbezüglichen Kompetenzfragen *Beaucamp*, JZ 2016, 987, 989 ff.

407 *United States v. Kahriger*, 345 U.S. 22, 28 ff. (1953); *Brugger*, S. 58 f.; *Barron/Dienes*, S. 116.

Die commerce-clause wirkt sogar dann, wenn der Kongress kein Gesetz erlassen hat, indem sie verhindert, dass Gesetze der Bundesstaaten den zwischenstaatlichen Handel übermäßig belasten[408]. Diese vom Supreme Court entwickelte Negativfunktion des Art. I section 8 cl. 3 USC[409] wird auch als „dormant (= ruhende) commerce clause" bezeichnet[410]. Regelungen der Bundesstaaten müssen einen zweistufigen Test bestehen, um nicht als verfassungswidrig zu gelten: Zunächst wird gefragt, ob die wirtschaftsbezogene Vorschrift Bürgerinnen und Bürger anderer US-Staaten schlechter stellt[411]. Ist dies der Fall, wird die Regelung meist verworfen, es sei denn der Bundesstaat kann eine sehr gute Begründung für die protektionistische Unterscheidung liefern[412]. Auf der zweiten Stufe findet eine Abwägung zwischen dem Regelungsinteresse des Bundesstaates und der Belastung des zwischenstaatlichen Handels statt. Die Bundesstaatenregelung wird dann meistens aufrechterhalten, soweit hinter ihr ein gewichtiges Interesse des Bundesstaates steht und es nicht zu einer übermäßigen Belastung des zwischenstaatlichen Handels kommt[413]. **161**

Als diskriminierend und damit unzulässig wurden z.B. bundesstaatliche Normen beurteilt, die Müllimporte aus anderen Bundesstaaten untersagten oder höhere Gebühren für solchen Müll verlangten[414]. Denn diese beeinträchtigten den Handel mit Abfällen insbesondere für Nichteinheimische. Selbst wenn eine bundesstaatliche Bestimmung keine direkte Diskriminierung von Bürgern anderer Bundesstaaten enthält, kann sie doch einen diskriminierenden Zweck haben oder diskriminierende Wirkung entfalten[415]. Dieser Gesetzestyp wird vom Supreme Court ebenfalls genau überprüft, die Ergebnisse sind aber eher uneinheitlich[416]. **162**

Ein Beispiel für die zweite Stufe des Tests bietet ein Gesetz des Bundesstaates Minnesota, welches den Einsatz von nicht wiederverwertbaren Plastikverpackungen für Milch im ganzen Bundesstaat verbot. Die Umweltschutzgründe, die für das Gesetz sprachen sah der Supreme Court als gewichtiger an, als die Nachteile, die Plastikhersteller aus anderen Bundesstaaten hinzunehmen hatten; das Bundesstaatengesetz wurde als verfassungsgemäß beurteilt[417]. **163**

---

408 *Chemerinsky,* S. 462; *Brugger,* S. 64; *Barron/Dienes,* S. 145.

409 *City of Philadelphia v. New Jersey,* 437 U.S. 617, 623 f. (1978); vertiefend *Chemerinsky,* S. 464 ff.; *Barron/Dienes,* S. 143 ff.

410 *Chemerinsky,* S. 462; *Brugger,* S. 64; *Barron/Dienes,* S. 145.

411 *Granholm v. Heald,* 544 U.S. 460, 476 (2005); *Barron/Dienes,* S. 146 f.; *Brugger,* S. 66; *Chemerinsky,* S. 472 f.

412 *City of Philadelphia v. New Jersey,* 437 U.S. 617, 624 (1978); *Oregon Waste Systems v. Department of Environmental Quality,* 511 U.S. 93, 99 (1992); *Granholm v. Heald,* 544 U.S. 460, 476 (2005); *Chemerinsky,* S. 472 ff.; *Brugger,* S. 66.

413 *Pike v. Bruce Church, Inc,* 397 U.S. 137, 142 (1970); *City of Philadelphia v. New Jersey,* 437 U.S. 617, 624 (1978); *Minnesota v. Clover Leaf Creamery,* 449 U.S. 456, 472 (1981); *Oregon Waste Systems v. Department of Environmental Quality,* 511 U.S. 93, 99 (1992); *Chemerinsky,* S. 472, 480 u. 486; *Brugger,* S. 66 f.; *Barron/Dienes,* S. 146 u. 162.

414 *City of Philadelphia v. New Jersey,* 437 U.S. 617 (1978); *Oregon Waste Systems v. Department of Environmental Quality,* 511 U.S. 93, 108 (1992).

415 *Chemerinsky,* S. 476 u. 479; *Barron/Dienes,* S. 154 ff.; *Brugger,* S. 66.

416 *Chemerinsky,* S. 476 ff. m.w.N.

417 *Minnesota v. Clover Leaf Creamery,* 449 U.S. 456, 473 (1981).

164 Eine solche Negativwirkung von Kompetenznormen existiert auch im deutschen Verfassungsrecht. Ein durch Auslegung ermitteltes absichtsvolles Unterlassen des Bundesgesetzgebers kann ebenfalls zu einer Sperrwirkung für die Landesgesetzgebung führen[418].

165 Die zweite Verfassungsnorm, die zur Ausdehnung der Gesetzgebungsbefugnisse des Bundes genutzt wurde, ist die necessary-and-proper-clause des Art. I section 8 cl. 18 USC. Diese Bestimmung stellt keinen eigenständigen Kompetenztitel dar, sondern dient zur Durchsetzung, Abrundung und Ergänzung der anderen Bundeskompetenzen, soweit dies nützlich und angemessen erscheint[419]. Im deutschen Verfassungsrecht erscheint die – allerdings ungeschriebene – Gesetzgebungskompetenz des Bundes kraft Sachzusammenhangs vergleichbar[420]. Die Begriffe „necessary and proper" interpretiert der Supreme Court traditionell sehr großzügig zugunsten des Bundes. Schon in *McCulloch v. Maryland* aus dem Jahr 1819 heißt es: *Let the end be legitimate, let it be within the scope of the constitution, and all means which are appropriate, which are plainly adapted to that end, which are not prohibited, but consist with the letter and the spirit of the constitution, are constitutional*[421]. So wurde in dieser Entscheidung die Gründung einer Bundesbank, obwohl mit keinem Wort in der Verfassung erwähnt, als sinnvolle Ergänzung der geschriebenen Kompetenzen des Bundes für die Steuererhebung, die Kreditaufnahme sowie die Finanzierung von Kriegen und Streitkräften bewertet, sodass die Maßnahme nach Art. I section 8 cl. 18 USC verfassungsgemäß war[422].

c) Das Verhältnis von Bundesrecht zum Recht der Bundesstaaten

166 Nicht nur die Gesetzgebungskompetenzen an sich, sondern auch die Reichweite der darauf jeweils gestützten Gesetze bestimmen die Machtverteilung in einem föderalistischen System[423].

167 Als Ausgangspunkt ist insoweit die supremacy-clause des Art. VI section 2 USC relevant. Wie in Art. 31 GG legt die Norm den Vorrang des – kompetenzgemäß erlassenen – Bundesrechts fest[424]. Bundesgesetze und Bundesverordnungen (regulations) setzen sich gegenüber diesen widersprechenden Gesetzen der Bundesstaaten durch[425].

168 Wie aber ist mit der Situation eines Nebeneinanders von Bundesrecht und Bundesstaatenrecht umzugehen, ohne dass es einen direkten Widerspruch gibt?

---

418 BVerfGE 98, 265, 300; 109, 190, 230; 113, 348, 371 f.; 138, 261, Rn. 43; *Sodan/Ziekow,* § 17, Rn. 8; *Jarass/Pieroth,* Art. 72, Rn. 6; *Morlok/Michael,* Rn. 465.

419 *NFIB v. Sebelius,* 567 U.S. 519, 560 (2012).

420 Hierzu *Jarass/Pieroth,* Art. 70, Rn. 9; *Morlok/Michael,* Rn. 481; *Sodan/Ziekow,* § 17, Rn. 18 f.

421 17 U.S. 316, 421 (1819); s. aktuell auch *Jinks v. Richland County,* 538 U.S. 456, 462 f. (2003); *United States v. Comstock,* 560 U.S. 126, 134 (2010); *Egli,* S. 97, 100 ff.

422 *McCulloch v. Maryland,* 17 U.S. 316, 424 (1819); *Currie,* S. 27; *Brugger,* S. 31; *Chemerinsky,* S. 254; *Amar* (2006), S. 110; *Barron/Dienes,* S. 90.

423 *Chemerinsky,* S. 430; *Egli,* S. 97, 107; s. a. *Arizona v. United States,* 567 U.S. 387, 398 f. (2012).

424 *Chemerinsky,* S. 430; *Barron/Dienes,* S. 175 f.; *Egli,* S. 97, 107.

425 *Hillsborough County v. Automated Med. Lab.,* 471 U.S. 707, 713 (1985); *Gade v. National Solid Wastes Management Association,* 505 U.S. 88, 108 (1992); *Arizona v. United States,* 567 U.S. 387, 399 (2012).

Der Bundesgesetzgeber kann ausdrücklich festlegen, inwieweit die Gesetzgebung der Bundesstaaten gesperrt sein soll (preemption)[426]. Der Bund hat außerdem die Befugnis, die Bundesstaaten ausdrücklich zu eigener Gesetzgebung zu ermächtigen, selbst wenn Bundeskompetenzen berührt sind (legitimization)[427]. Diese Möglichkeit wird auch in Art. I section 10, cl. 2 und 3 USC angedeutet. Hier liegt eine Parallelregelung zu Art. 71 GG vor. **169**

Häufiger fehlt es aber an solchen expliziten Bestimmungen oder diese sind zwar vorhanden, lassen aber ebenfalls Spielräume[428], so dass man die relevante Bundesregelung auslegen muss, um zu ermitteln, ob etwas und was genau zur Regelung für die Landesgesetzgeber übrigbleibt[429]. Die Regelungsabsicht des Kongresses und die Struktur des jeweiligen Gesetzes spielen dabei eine entscheidende Rolle[430]. Als Argument gegen eine abschließende Bundesregelung wird häufig angeführt, dass eine Materie schon lange Zeit durch die Bundesstaaten geregelt wurde[431]. **170**

Wenn die Interpretation des Bundesgesetzes ergibt, dass eine abschließende Regelung der Materie gewollt war, dürfen die Bundesstaaten überhaupt keine eigenen Normen mehr erlassen (field preemption)[432]. Diese Konstellation der abschließend gemeinten Bundesregelung einer Materie wird häufig etwa für außenpolitische Fragen und das Einwanderungsrecht bejaht[433]. Für die Außenpolitik lässt sich dieses Ergebnis systematisch auf Art. I section 10 cl. 1 und 3 USC stützen, die den Bundesstaaten Aktivitäten auf diesem Gebiet untersagen. Weil der Bund gemäß Art. I section 8 cl. 4 USC über die Gesetzgebungsbefugnis zur Regelung der Einbürgerung verfügt, erscheint es ebenfalls sinnvoll, im Bereich der Einwanderung eine umfassende Bundeskompetenz anzunehmen[434]. Die Frage nach der erschöpfenden Regelung einer Materie durch ein Bundesgesetz stellt sich im Grundgesetz bei Art. 72 Abs. 1 ebenfalls. Sie wird auch ähnlich beantwortet. Es kommt erneut auf die Auslegung des jeweiligen Bundesgesetzes an, die ergeben muss, dass der Bund eine Gesamtkonzeption verbindlich verankern wollte[435]. **171**

Ebenfalls zu einem Ausschluss der Bundesstaatengesetzgebung führt die Situation, dass ein Konflikt zwischen Bundes- und Bundesstaatengesetz auftritt und die Betroffenen **172**

426 *Gade v. National Solid Wastes Management Association,* 505 U.S. 88, 98 (1992); *Arizona v. United States,* 567 U.S. 387, 399 (2012); *Egli,* S. 97, 107; *Brugger,* S. 68 f.; *Chemerinsky,* S. 430 u 434.

427 *Prudential Insurance Company v. Benjamin,* 328 U.S. 408, 424 f. (1946); *Brugger,* S. 69, *Barron/Dienes,* S. 179.

428 *Chemerinsky,* S. 435 f.

429 *Egli,* S. 97, 107.

430 *Gade v. National Solid Wastes Management Association,* 505 U.S. 88, 96 (1992); *Medtronic Inc. v. Lohr,* 518 U.S. 470, 485 (1996); *Chemerinsky,* S. 431 u. 449.

431 *Medtronic Inc. v. Lohr,* 518 U.S. 470, 485 (1996); *Arizona v. United States,* 567 U.S. 387, 400 (2012); *Chemerinsky,* S. 449; *Barron/Dienes,* S. 176 f.

432 *Hillsborough County v. Automated Med. Lab.,* 471 U.S. 707, 713 (1985); *Gade v. National Solid Wastes Management Association,* 505 U.S. 88, 98 (1992); *Arizona v. United States,* 567 U.S. 387, 399 u. 402 (2012); *Chemerinsky,* S. 432 u. 440 ff.; *Brugger,* S. 63 u. 68; *Egli,* S. 97, 107; *Barron/Dienes,* S. 176.

433 *Barron/Dienes,* S. 141; *Chemerinsky,* S. 441 u. 449; *Brugger,* S. 63.

434 *Arizona v. United States,* 567 U.S. 387, 394 f. (2012).

435 BVerfGE 109, 190, 229 ff.; 113, 348, 369 ff.; 138, 261, Rn. 44; *Jarass/Pieroth,* Art. 72, Rn. 6 ff.; *Sodan/Ziekow,* § 17, Rn. 8; *Morlok/Michael,* Rn. 465.

nicht beiden Gesetzesbefehlen gleichzeitig nachkommen können oder wenn ein bundesstaatliches Gesetz die Ausführung oder den Erfolg des Bundesgesetzes behindert (conflict preemption)[436].

173 Der wichtigste preemption Fall der letzten Jahre drehte sich um ein Gesetz des Bundesstaates Arizona, welches das Einwanderungsrecht des Bundes verschärfte. So wurden etwa höhere Geldstrafen als im Bundesgesetz vorgesehen, ergänzende Inhaftierungsgründe eingeführt sowie die Arbeitssuche ohne Aufenthaltsrecht – anders als im Bundesgesetz – zur Ordnungswidrigkeit gemacht[437]. Die meisten Bestimmungen dieses Gesetzes bewertete der Supreme Court als verfassungswidrig. Da der Bundesgesetzgeber nur die Arbeitgeber sanktionierte, wurde die Regelung, auch die Arbeitssuchenden zu bestrafen als unvereinbar mit den Zielen des Bundesgesetzes betrachtet[438]. Die Einführung eines zusätzlichen Haftgrundes für Bedienstete des Bundesstaates Arizona sei ebenfalls nicht mit den vorhandenen Haftgründen zu vereinbaren, die für Bundesbeamte gelten. Hier drohten Vollzugsprobleme[439], was zu einem Konflikt mit dem Immigrationsrecht des Bundes und damit zur Ungültigkeit der Vorschrift führte[440]. Schließlich seien die Bundesstaaten daran gehindert höhere Geldstrafen vorzusehen, insoweit sei das Immigrationsrecht des Bundes abschließend[441].

d) Vergleichende Überlegungen

174 Sowohl in Deutschland als auch in den USA hat die Menge und die Relevanz der Bundesgesetzgebung im Laufe der Zeit deutlich zugenommen[442], die Relevanz der Gliedstaatengesetzgebung ging zurück. In den USA war hierfür die geschilderte weite Auslegung wichtiger Kompetenzvorschriften in der Verfassung maßgeblich, in Deutschland eher Grundgesetzänderungen. In der ursprünglichen Fassung des Grundgesetzes von 1949 verfügte der Bund über 11 ausschließliche und 23 konkurrierende Gesetzgebungskompetenzen[443]. Heute enthält die Aufzählung des Art. 73 Abs. 1 GG 17 Gesetzgebungsmaterien und die Aufzählung des Art. 74 Abs. 1 GG 33 Gesetzgebungsmaterien, also insgesamt ein Plus von 16 zusätzlichen Bundesgesetzgebungskompetenzen in rund 70 Jahren. Eine weitere Parallele zwischen den beiden Verfassungen ist darin zu sehen, dass auch in Deutschland der Kompetenztitel Recht der Wirtschaft aus Art. 74 Abs. 1 Nr. 11 GG – ähnlich wie die commerce-clause in den USA – extensiv ausgelegt wird[444].

---

436 *Hillsborough County v. Automated Med. Lab.,* 471 U.S. 707, 713 (1985); *Gade v. National Solid Wastes Management Association,* 505 U.S. 88, 96 (1992); *Arizona v. United States,* 567 U.S. 387, 399 f. (2012); *Egli,* S. 97, 107; *Chemerinsky,* S. 432 f. u. 450 ff.

437 *Arizona v. United States,* 567 U.S. 387, 393 f. (2012); s.a. *Barron/Dienes,* S. 177 f.; *Chemerinsky,* S. 443 ff.; *Egli,* S. 97, 107 f.

438 *Arizona v. United States,* 567 U.S. 387, 405 f. (2012).

439 *Arizona v. United States,* 567 U.S. 387, 408 f. (2012).

440 *Arizona v. United States,* 567 U.S. 387, 410 (2012).

441 *Arizona v. United States,* 567 U.S. 387, 402 f. (2012).

442 *Morlok/Michael,* Rn. 453; *Sodan/Ziekow,* § 17, Rn. 2 für Deutschland; *Chemerinsky,* S. 248; *Tushnet,* S. 181 f. für die USA.

443 Der Grundgesetztext von 1949 ist zu finden unter www.documentarchiv.de/brd/grundgesetz/html

444 *Jarass/Pieroth,* Art. 74, Rn. 21; *Sodan/Ziekow,* § 17, Rn. 7 jeweils m.w.N.

Als Erklärung hierfür werden die wachsende Komplexität von Regelungsfragen, die immer stärkere wirtschaftliche Verflechtung und intensivere internationale Bezüge genannt, die auf der Ebene eines US-Bundesstaates bzw. eines deutschen Bundeslandes nicht mehr sinnvoll bewältigt werden können[445]. Zudem könnte die finanziell bessere Ausstattung des Bundes im Vergleich zu den Gliedstaaten ein wichtiger Faktor sein[446]. **175**

2. Das Gesetzgebungsverfahren

Jeder Abgeordnete bzw. jede Abgeordnete aus dem Repräsentantenhaus und dem Senat darf einen Gesetzgebungsvorschlag einreichen. Nur bei Steuergesetzen hat das Repräsentantenhaus nach Art. I section 7 cl. 1 USC das alleinige Vorschlagsrecht. So lässt sich erklären, dass manche Gesetze nach ihren Urhebern bezeichnet werden, z.B. das Hyde-Amendment[447] oder der Glass-Steagall-Act[448]. Im Unterschied zu Art. 76 Abs. 1 GG wird kein Fraktionsvorschlag oder ein Vorschlag von mindestens 5 % der Abgeordneten des Bundestages verlangt[449]. Art. 76 Abs. 1 GG erlaubt dagegen Gesetzgebungsvorschläge der Regierung, was in der US-amerikanischen Verfassung offiziell nicht vorgesehen ist. Immerhin darf der US-Präsident nach Art. I section 3 USC Gesetzgebung anregen, zudem kann er über einen Parteifreund[450] im Senat oder im Repräsentantenhaus ein Gesetzgebungsprojekt starten. **176**

Der Gesetzgebungsvorschlag wird sodann in Ausschüssen beraten und – wenn er dort positiv beurteilt wurde – beiden Kammern zur Abstimmung vorgelegt. Jede Kammer kann für das in der jeweils anderen Kammer bereits bewertete Gesetzgebungsvorhaben Änderungen vorschlagen. In Konfliktfällen ist dann ist die Arbeit des gemeinsamen conference committee maßgeblich, das dem deutschen Vermittlungsausschuss verwandt ist[451]. Ergibt sich im Senat ein Patt, entscheidet die Stimme des Vizepräsidenten, der offiziell als Senatspräsident fungiert, aber nur in dieser Notsituation Stimmrecht hat (Art. I section 3 cl. 5 USC). **177**

Stimmen beide Kammern zu, wird das geplante Gesetz an den Präsidenten weitergeleitet, der gemäß Art. I section 7 cl. 2 USC über sein Veto entscheiden muss[452]. Unterschreibt der Präsident, kommt das Gesetz zustande. Legt er dagegen sein Veto ein oder unterschreibt schlicht nicht (sogenanntes pocket veto), müssen beide Häuser mit Zwei-Drittel-Mehrheit dieses Veto überstimmen (Art. I section 7 cl. 2 USC). Dies gelingt nur sehr selten, in etwa 4 % der Vetofälle[453]. **178**

---

445 *Chemerinsky,* S. 248; *Brugger,* S. 204.

446 *Tushnet,* S. 177; *Currie,* S. 29.

447 Diese Gesetzesänderung untersagte jede finanzielle Unterstützung des Bundes für Schwangerschaftsabbrüche s. *Harris v. McRae,* 448 U.S. 297, 302 (1980).

448 1932 zur besseren Kontrolle der Finanzmärkte eingeführt, 1999 von Präsident Clinton weitgehend aufgehoben, s. hierzu *Lepore,* S. 437, 700 u. 749.

449 So die deutsche Rechtlage aufgrund des § 76 Abs. 1 GOBT s. hierzu *Sodan/Ziekow,* § 17, Rn. 25; *Jarass/Pieroth,* Art. 76, Rn. 3; *Morlok/Michael,* Rn. 921.

450 *Tushnet,* S. 77 u. 89; *Currie,* S. 8.

451 *Heringa,* S. 110 u. 119.

452 S. hierzu oben B. I. 2.

453 https://en.wikipedia.org/wiki/List_of_United_States_presidential_vetoes; *Levinson,* S. 40.

3. Weitere Befugnisse

179 Über die Gesetzgebungsbefugnisse hinaus verfügen beide Kammern über weitere wichtige Kompetenzen zur Kontrolle der anderen Staatsgewalten. Zu nennen sind das Amtsenthebungsverfahren (Art. I section 2 cl. 5, section 3 cl. 6,7, Art. II section 4 USC)[454] sowie das Recht, Bundesgerichte unterhalb des Supreme Court einzurichten (Art. III section 1 USC). Ferner kommt es dem Kongress insgesamt zu, Regeln über die gegenseitige Anerkennung von Urkunden und Gerichtsentscheidungen der einzelnen Bundesstaaten zu erlassen (Art. IV section 1 USC) und über die Aufnahme neuer Bundesstaaten zu entscheiden (Art. IV section 3 USC). Schließlich starten gemäß Art. V USC Verfahren zur Verfassungsänderung im Kongress, vorausgesetzt beide Kammern stimmen mit Zwei-Drittel-Mehrheit dem Änderungsvorschlag zu.

180 Der Senat allein entscheidet über die Zustimmung zu völkerrechtlichen Verträgen, die der Präsident abschließen will. Art. II section 2 cl. 2 USC fordert insoweit eine Zwei-Drittel-Mehrheit der Senatorinnen und Senatoren. Innenpolitisch muss der Senat einverstanden sein, wenn Botschafter, Spitzenpositionen in Behörden oder Richterinnen und Richter am Supreme Court ernannt werden sollen (Art. II section 2 cl 2 USC).

4. Die Wahl der Kongressabgeordneten

181 Um in das Repräsentantenhaus gewählt werden zu können, muss man nach Art. I section 2 cl. 2 USC mindestens 25 Jahre alt und seit sieben Jahren US-Bürger sein; außerdem muss man in dem Bundesstaat wohnen, in dem man zur Wahl antritt. Im Unterschied zur vierjährigen Amtszeit der Bundestagsabgeordneten (Art. 39 Abs. 1 GG) werden die Mitglieder des Repräsentantenhauses nur für zwei Jahre gewählt (Art. I section 2 cl. 1 USC). Die Senatorinnen und Senatoren dürfen dagegen sechs Jahre im Amt bleiben, wobei alle zwei Jahre ein Drittel der Sitze im Senat neu vergeben wird (Art. I section 3 cl. 1 USC). Mit dieser deutlich längeren Amtszeit wollte der Verfassungsgeber erreichen, dass im Senat Stabilität, Kompromissorientierung und Weitsicht vorherrschen[455]. Auch die Senatsmitglieder werden seit einer Verfassungsänderung aus dem Jahr 1913 direkt vom Volk ihres Bundesstaates gewählt. (17. Zusatzartikel USC). In den Senat kann gewählt werden, wer mindestens 30 Jahre alt ist, und neun Jahre die US-Staatsbürgerschaft hat; das Wohnsitzerfordernis im jeweiligen Bundesstaat gilt ebenfalls (Art. I section 3 cl. 3 USC).

182 Denn Bundesstaaten ist es nicht erlaubt, weitere Wählbarkeitsvoraussetzungen für Kongressabgeordnete aufzustellen[456]. Deshalb scheiterte ein Gesetz des Bundesstaates Arkansas, welches die Zahl der möglichen Wiederwahlen für Abgeordnete begrenzen wollte[457].

---

454 S. genauer hierzu unter B. I. 3.

455 The Federalist Papers Nr. 62, S. 378 f.; u. Nr. 63, S. 384; *Brugger,* S. 34; *Amar* (2006), S. 144; *Lindenblatt,* S. 77 f.

456 *Barron/Dienes,* S. 142; *Chemerinsky,* S. 4, Fn. 5; *Brugger,* S. 33, Fn. 4.

457 *U.S. Term Limits Inc. v. Thornton*, 514 U.S. 779, 802 ff. (1995); s.a. *Cook v. Gralike*, 531 U.S. 510, 523 f. (2001).

Die Wahlen zum Kongress sind Personenwahlen. Es gibt also stets eine Siegerin bzw. einen Sieger pro Wahlkreis bzw. pro vergebenen Senatssitz (winner-takes-it-all System)[458], die Stimmen für die nicht gewählten Kandidatinnen und Kandidaten verfallen. Im Gegensatz zu Art. 38 Abs. 3 GG überlässt die US-Verfassung die gesetzliche Gestaltung des Wahlverfahrens weitgehend den Bundesstaaten. Art. I section 2 cl. 1 bzw. der 17. Zusatzartikel USC sehen vor, dass die Kongressabgeordneten nach dem Recht gewählt werden, welches im jeweiligen Bundesstaat für die größte Legislativkammer gilt. Immerhin hat es zahlreiche Verfassungsänderungen gegeben, um das Wahlrecht für die Bundesorgane zu vereinheitlichen. Im Einzelnen wurden Wahlrechte für die früheren Sklaven (15. Zusatzartikel USC), für Frauen (19. Zusatzartikel USC) und für junge Menschen ab 18 Jahren (26. Zusatzartikel USC) verfassungsrechtlich verankert. Wahlsteuern wurden 1964 abgeschafft (24. Zusatzartikel USC). 183

Dennoch haben die Bundesstaaten in den USA noch zahlreiche Gestaltungsspielräume im Wahlrecht, etwa bei der technischen Ausgestaltung des Wahlvorgangs, bei den Bedingungen für die Briefwahl, bei der Einteilung von Wahlkreisen (gerrymandering)[459] oder den Bedingungen für die Registrierung von Wählerinnen und Wählern[460]. 184

5. Zentrale Gemeinsamkeiten und Unterschiede

Schaut man sich die beiden Zwei-Kammer-Systeme in Deutschland und den USA genauer an, überwiegen die Unterschiede. Dies liegt vor allem an den unterschiedlichen Rollen von Bundesrat und Senat. Ersterer ist mit 69 Mitgliedern[461] kleiner und wird vor allem nicht direkt gewählt. Der Bundesrat ist gemäß Art. 51 Abs. 1 GG eine Vertretung der Länderregierungen, und damit nur indirekt eine Vertretung des Volkes in den Bundesländern. Daher sind die Vertreter des jeweiligen Bundeslandes nicht unabhängig, sondern an die Weisungen ihrer jeweiligen Landesregierung gebunden[462]. Deshalb legt Art. 51 Abs. 3 S. 2 GG fest, dass die Stimmen eines Bundeslandes auch nur einheitlich abgegeben werden dürfen, anderenfalls sind alle Stimmen ungültig[463]. Die Abgeordneten im US-Senat sind dagegen unabhängig und auch nicht an eine einheitliche Stimmabgabe pro Bundesstaat gebunden. 185

Ein gravierender Unterschied zwischen den beiden zweiten Kammern liegt ferner darin, dass der Senat jedes Bundesgesetz verhindern kann, wohingegen dem Bundesrat dies nur bei Zustimmungsgesetzen möglich ist. Zustimmungsgesetze sind allerdings deutlich seltener als Einspruchsgesetze[464]. Den Einspruch des Bundesrats kann wiederum der Bundestag durch erneute Abstimmung zurückweisen (Art. 77 Abs. 3, 4 GG). Der 186

458 *Brugger,* S. 34; *Heringa,* S. 103.
459 Hierzu bereits oben unter B. II. 5.
460 Genauer hierzu unten bei B. IV. 3.
461 *Jarass/Pieroth,* Art. 51, Rn. 4; *Sodan/Ziekow,* § 13, Rn. 2.
462 *Jarass/Pieroth,* Art. 51, Rn. 7; *Morlok/Michael,* Rn. 840.
463 BVerfGE 106, 310, 329 ff.; *Sodan/Ziekow,* § 13, Rn. 23 f.; *Morlok/Michael,* Rn. 843; *Jarass/Pieroth,* Art. 51, Rn. 6.
464 BVerfGE 37, 363, 381; 105, 313, 339; *Jarass/Pieroth,* Art. 50, Rn. 3.

US-Senat stellt folglich eine gleichberechtigte zweite Gesetzgebungskammer dar, während der Bundesrat im Vergleich zum Bundestag deutlich weniger Einfluss auf das Gesetzgebungsverfahren hat[465].

187 Während die USA mit zwei Senatorinnen bzw. Senatoren pro Bundesstaat die Gleichberechtigung der Gliedstaaten stark betonen[466], berücksichtigt die Stimmverteilung des Art. 51 Abs. 2 GG die Bevölkerungszahl des jeweiligen Bundeslandes. Die bevölkerungsreichsten Bundesländer haben doppelt so viele Stimmen wie die Bundesländer mit weniger als zwei Millionen Einwohnern. Im US-Senat hat Kalifornien mit rund 40 Millionen Einwohnern genau so viel Stimmrecht wie Wyoming mit rund 600.000 Einwohnern[467].

188 Ein weiterer Unterschied besteht darin, dass die Zweiteilung entlang der Parteilinien, also in Demokraten und Republikaner, den Senat genauso prägt wie das Repräsentantenhaus. Im Bundesrat ist das Bild dagegen bunter. In den Bundesländern gibt es Koalitionen aus unterschiedlichen Parteien und daher eine schwer vorhersagbare Mischung von Interessen und Präferenzen. Es ist anzunehmen, dass dieser Interessenmix Kompromisse eher möglich macht als die Situation zweier sich gegenüberstehender politischer Blöcke.

189 Im Vergleich zwischen Bundestag und Repräsentantenhaus fällt besonders die kurze Amtszeit der US-amerikanischen Abgeordneten ins Auge. Ein frisch gebackener Vertreter im Repräsentantenhaus wird Schwierigkeiten haben, sich in nur zwei Jahren mit seinen vielfältigen Aufgaben vertraut zu machen und ihnen angemessen nachzukommen. Ein vier oder fünf Jahre tätiges Parlament wird vermutlich auch effektiver arbeiten[468]. Zu bedenken ist überdies, dass sich die Abgeordneten im Repräsentantenhaus spätestens nach einem Jahr Amtszeit um ihre Wiederwahl kümmern müssen, vor allem die Finanzierung eines Wahlkampfes will organisiert sein[469].

190 Der Vorwurf an Parlamentarier, für langfristige Gesetzgebungsvorhaben wenig Interesse und Zeit zu haben[470], wiegt bei einer nur zweijährigen Amtszeit besonders schwer. Es besteht die Gefahr, dass mit Blick auf die erneut bald bevorstehenden Wahlen Popularität, kurzfristige Erfolge und bloße mediale Präsenz mehr Bedeutung bekommen, als für das Allgemeinwohl gut ist[471]. Auch die Unabhängigkeit der Abgeordneten ist bei längeren Wahlperioden größer[472]. In der US-amerikanischen Politik muss zudem jede erfolgreiche Politikerin und jeder erfolgreiche Politiker auch im Wahlkampf überzeugen, es gibt – mangels Listenwahl – keine Erfolgsaussichten für Experten auf bestimmten Gebieten, die aber für den Wahlkampf ungeeignet sind.

---

465 BVerfGE 37, 363, 380; *Lindenblatt*, S. 78 f.; *Morlok/Michael*, Rn. 830; *Weber*, S. 113; *Jarass/Pieroth*, Art. 50, Rn. 3.
466 *Michl/ Kaiser*, JbÖR 2019, 51, 82.
467 Kritisch insoweit *Amar* (2012), S. 470 f.
468 So auch MV VerfG, NVwZ 2008, 1343, 1346; *Kube*, ZRP 2004, 52, 53.
469 *Lepore*, S. 760.
470 MV VerfG, NVwZ 2008, 1343, 1346; *Kube*, ZRP 2004, 52, 53.
471 *Heringa*, S. 105.
472 *Wieland/Albin*, ZRP 2006, 76.

Auf der anderen Seite stärkt die nur zweijährige Amtszeit die Verbindung zum Wahlkreis und der dortigen Bevölkerung[473]. Die demokratische Legitimation des einzelnen Abgeordneten ist stärker, wenn häufiger gewählt wird, es gibt keine Abkoppelung vom Volkswillen[474]. Parteibindungen verlieren dagegen an Gewicht[475], weil niemand auf einen sicheren Listenplatz setzen kann. Es mag sogar Situationen geben, in denen es für einen Kongressabgeordneten sinnvoll ist, gegen seine Partei aber für die Interessen seines Wahlkreises bzw. seines Bundesstaates abzustimmen. **191**

Das US-amerikanische Gesetzgebungsverfahren weist mehr Blockademöglichkeiten auf, als das deutsche Gegenstück. Sowohl der Senat als auch der Präsident können einen Gesetzgebungsplan des Repräsentantenhauses vereiteln[476]. Zwei Blockademöglichkeiten gelten auch für ein Gesetzgebungsvorhaben des Senats. **192**

Speziell im Senat gibt es für die Minderheit noch die zusätzliche Möglichkeit des Filibusters, um ein unliebsames Gesetzesprojekt zu stoppen. Regel XXII der Geschäftsordnung des Senats sieht nämlich vor, dass eine Debatte nur beendet werden darf, wenn mindestens 60 Senatorinnen und Senatoren sich hierfür aussprechen[477]. Das heißt umgekehrt, dass eine Minderheit von 41 Senatsabgeordneten durch konsequentes Weiterdebattieren oder das bloße Drohen mit dieser Methode, Gesetzesbeschlüsse dauerhaft verhindern kann[478]. Immerhin gibt es zwei Ausnahmen von dieser Regel: Einfache Mehrheiten im Senat genügen für Haushaltsgesetze und Nominierungsvorschläge des Präsidenten, seit einer Regeländerung im Jahr 2017 auch für Supreme-Court-Kandidaten[479]. **193**

Die Situation des „unified government", des Durchregierens, in der alle an der Gesetzgebung beteiligten Einrichtungen von einer Partei dominiert werden[480], ist eher selten. In der Situation des „divided government" in der eine Partei zumindest in einer Kammer die Mehrheit hat oder den Präsidenten stellt, wird es sehr wahrscheinlich, dass die vorhandenen Blockademöglichkeiten auch ausgenutzt werden. Dagegen steht dem Bundesrat nur bei Zustimmungsgesetzen eine Verhinderungsmacht zu. **194**

IV. Der US-amerikanische Föderalismus

Die Diskussion um die unterschiedlichen Aufgaben von Bundesrat und Senat hat bereits gezeigt, dass die Organisation des beiden Verfassungen gemeinsamen Bundesstaates sehr unterschiedlich ausfällt. Generell gesprochen, sind die Kompetenzen von Bund und Gliedstaaten in den USA deutlicher getrennt, man spricht zusammenfassend **195**

---

473 MV VerfG, NVwZ 2008, 1343, 1346; *Michl/ Kaiser*, JbÖR 2019, 51, 93; *Heringa*, S. 105.
474 MV VerfG, NVwZ 2008, 1343, 1346.
475 *Heringa*, S. 10 5 f. u. 118.
476 *Heringa*, S. 109, 118
477 Rules of the Senate XII auf http://rules.senate.gov/public/index.cfm?p=RulesXII.
478 *Amar* (2012), S. 361 f.; *Tushnet*, S. 69 f.; *Heringa*, S. 118.
479 *Tushnet*, S. 70 f. u. https://en.wikipedia.org/wiki/Filibuster_in_the_United_States_Senate mit weiteren Informationen.
480 *Lepore*, S. 617 für die Zeit der Präsidentschaft Lyndon B. Johnsons.

von einem „dual federalism"[481]. In Deutschland arbeiten sowohl Bund und Länder als auch die Länder untereinander sehr viel enger zusammen, was verallgemeinernd als kooperativer Föderalismus bezeichnet wird[482].

196 Immerhin gibt es gewisse Parallelen bei der gegenseitigen Unterstützung im Bund. So kann man Art. IV section 1 USC als mit Art. 35 Abs. 1 GG verwandt betrachten. Art. IV section 2 cl. 1 USC findet eine Entsprechung in Art. 33 Abs. 1 GG. Bundeszwang (Art. 37 GG) gibt es in den USA allerdings ebenso wenig wie einen ungeschriebenen Grundsatz der Bundestreue[483].

197 Der kooperative Charakter des deutschen Föderalismus zeigt sich etwa an der Mitwirkung der Bundesländer in Fragen der europäischen Integration (Art. 23 Abs. 4–7 GG), an Art. 72 Abs. 2 GG (Herstellung gleichwertiger Lebensverhältnisse), am Gesetzgebungstyp des Art. 72 Abs. 3 GG, dem Verwaltungstyp des Art. 84 GG, der die Ausführung der Bundesgesetze durch die Länder als Regelfall vorsieht, an den Gemeinschaftsaufgaben der Art. 91a ff. GG, den vielfältigen Formen der finanziellen Unterstützung der Länder durch den Bund (z.B. Art. 104b–d GG; vertikaler Finanzausgleich) sowie dem vom Bund organisierten horizontalen Finanzausgleich (Art. 107 GG). In den USA gibt es dagegen keine verfassungsrechtliche Verpflichtung, die gravierenden Unterschiede zwischen armen und reichen Bundesstaaten auszugleichen[484].

198 Diese Mischsysteme kennt die US-Verfassung nicht. Dass Bund und Bundesstaaten als Gesetzgeber zusammenwirken können, ist nicht vorgesehen. Das US-amerikanische Recht sieht ferner grundsätzlich eine Verwaltung von Bundesgesetzen durch den Bund und eine Verwaltung der Gesetze der Bundesstaaten durch diese selbst vor[485]. Dass in Deutschland die meisten Bundesgesetze gemäß Art. 83, 84 GG durch die Länderverwaltungen ausgeführt werden[486], ist für US-Amerikaner unverständlich.

199 Die Gerichtssysteme sind ebenfalls getrennt[487]. Verwaltungsentscheidungen der Bundesstaaten sind vor deren Gerichten nach den prozessualen Regeln des jeweiligen Bundesstaates anzugreifen, Verwaltungsentscheidungen des Bundes vor den Bundesgerichten und zwar nach Bundesrecht[488]. In Deutschland dagegen entscheiden die Richterinnen und Richter der Bundesländer auch über Bundesrecht.

200 Die Probleme, die das US-Verfassungsrecht mit einem zu engen Zusammenwirken von Bund und Bundesstaaten hat, sollen anhand der Obamacare-Entscheidung *NFIB v. Sebelius* illustriert werden. Grundsätzlich erlaubt Art. I, section 8, cl. 1 USC (spending clause) Ausgabenprogramme des Bundes für das allgemeine Wohl, also auch Programme zur

---

481 *Schmidt-Aßmann,* VerwArch 111 (2020), 1, 8; *Chemerinsky,* S. 254.

482 *Jarass/Pieroth,* Art. 20, Rn. 22, Art. 91c Rn. 2; *Morlok/Michael,* Rn. 548; *Weber,* S. 188; *Heringa,* S. 82; *Sodan/Ziekow,* § 8, Rn. 17.

483 S. hierzu *Jarass/Pieroth,* Art. 20, Rn. 24 ff.; *Sodan/Ziekow,* § 8, Rn. 31 ff.

484 *Tushnet,* S. 159.

485 *Schmidt-Aßmann,* VerwArch 111 (2020), 1, 8; *Heringa,* S. 77.

486 *Weber,* S. 186 f.; *Jarass/Pieroth,* Art. 83, Rn. 12; *Sodan/Ziekow,* § 18, Rn. 1 ff.; *Morlok/Michael,* Rn. 963.

487 *Heringa,* S. 77.

488 *Schmidt-Aßmann,* VerwArch 111 (2020), 1, 9.

Krankheitsvorsorge und -versicherung für Bedürftige. Solche Programme dürfen auch eine Zusammenarbeit mit den Bundesstaaten vorsehen und Bedingungen festlegen, unter denen die Bundesstaaten Zuwendungen des Bundes erhalten[489]. Allerdings darf der Bund die Bundesstaaten nicht erpressen. Eine solche unzulässige Erpressung wurde aber von einer Regelung angenommen, die das Weiterlaufen der etablierten Medicaid-Zahlungen an die Bundesstaaten davon abhängig machte, dass der jeweilige Bundesstaat auch die Neuregelungen des Obamacare-Gesetzes übernahm[490]. Denn es sei bereits durch frühere Entscheidungen geklärt, dass der Bund die Bundesstaaten nicht direkt zwingen dürfe, bestimmte Normen zu erlassen[491]. Indirekter Druck sei ebenfalls unzulässig, zumindest wenn – wie im Medicaid-Fall – die Bundesstaaten durch eine Ablehnung der Reform riskierten, durchschnittlich mehr als 10 % ihrer Haushaltsmittel zu verlieren und so in eine ökonomische Zwangslage versetzt würden[492]. In einer solchen Konstellation könne man nicht mehr von einer – grundsätzlich zulässigen – Gesetzesänderung sprechen, sondern es handele sich um einen Systemwechsel[493].

In einem vergleichbaren Fall hatte ein Bundesstaat 5 % der Straßenbausubventionen des **201**
Bundes aufs Spiel gesetzt, indem er eine Bedingung des Bundes nicht erfüllte und dadurch Mittel in Höhe von ca. 0,5 % seines Haushaltes eingebüßt. Dies war noch als zulässiger Gebrauch der „spending power" betrachtet worden[494]. Ein weiteres Argument gegen einen zu starken finanziellen Druck des Bundes auf die Bundesstaaten besteht darin, dass eine erpresste Zustimmung die Verantwortung verwische, weil es ist nicht mehr klar sei, von wem das Programm ausgehe, vom Bund oder vom Bundesstaat. Eventuell sanktionieren die Wähler dann die Regierung des Bundesstaates für eine unpopuläre Maßnahme, obwohl sie vom Bund erzwungen wurde[495].

V. Einige Besonderheiten des US-amerikanischen Wahlrechts

Art. I section 2 USC belegt, dass es ein Wahlrecht geben muss[496], doch ist seine Ausge- **202**
staltung auf der Verfassungsebene rudimentär. Im Unterschied zu Art. 28 Abs. 1 und Art. 38 GG fehlen in der ursprünglichen US-Verfassung Wahlrechtsgrundsätze und die Wahlen in den Bundesstaaten werden überhaupt nicht erwähnt[497]. Selbst der mittlerweile allgemein anerkannte Grundsatz der Wahlrechtsgleichheit „One man, one vote",

489 *NFIB v. Sebelius,* 567 U.S. 519, 576 (2012); *Chemerinsky,* S. 297 u. 349; *Egli,* S. 97, 105; *Barron/Dienes,* S. 120.

490 *NFIB v. Sebelius,* 567 U.S. 519, 581 (2012); *Egli,* S. 97, 105; *Heringa,* S. 75 f.; *Barron/Dienes,* S. 121.

491 *NFIB v. Sebelius,* 567 U.S. 519, 577 f. (2012); so bereits *New York v. United States,* 505 U.S. 144, 161 f. u. 178 (1992); *Chemerinsky,* S. 346; *Barron/Dienes,* S. 121 f.

492 *NFIB v. Sebelius,* 567 U.S. 519, 582 (2012); *Egli,* S. 97, 105; *Barron/Dienes,* S. 122.

493 *NFIB v. Sebelius,* 567 U.S. 519, 583 (2012).

494 *South Dakota v. Dole,* 483 U.S. 203, 210 ff. (1987); *NFIB v. Sebelius,* 567 U.S. 519, 580 f (2012); *Chemerinsky,* S. 298; *Barron/Dienes,* S. 120 f.

495 *NFIB v. Sebelius,* 567 U.S. 519, 578 (2012); so bereits *New York v. United States,* 505 U.S. 144, 168-169 (1992).

496 *Harper v. Virgina Board of Elections,* 338 U.S. 663, 665 (1966).

497 *Harper v. Virgina Board of Elections,* 338 U.S. 663, 665 (1966); s.a. *Brugger,* S. 151 f.

steht nicht im Verfassungstext, sondern wurde vom Supreme Court aus dem Gleichheitsgrundsatz entwickelt[498]. Drei Zusatzartikel, nämlich Art. 15, 19 und 26 USC verbessern immerhin die Wahlrechtsgleichheit für Nichtweiße, Frauen und junge Menschen über 18 Jahre. Art. I section 4 bzw. Art. II section 1 cl 2 USC überlassen die konkrete Ausgestaltung der Wahlen zu den Bundesorganen zunächst den Bundesstaaten, obwohl der Kongress per Gesetz diese Regeln ändern darf. Diese dezentrale Struktur verhindert bis heute effektive Wahlrechtsreformen[499].

203 Erst 1965 nutzte der Kongress seine Gesetzgebungskompetenz mit dem Voting Rights Act, der das Wahlrecht vereinheitlichte. Bis 2013 sah dieses Gesetz ferner vor, dass jede Wahlrechtsänderung in den einer Diskriminierung von Afroamerikanern verdächtigen Bundesstaaten Alabama, Georgia, Louisiana, Mississippi, North und South Carolina sowie Virginia durch Bundesbehörden genehmigt werden musste[500]. Diese Regelung wurde vom Supreme Court für verfassungswidrig erklärt, weil sich die tatsächliche und rechtliche Lage seit 1965 stark verändert habe[501] und die Ungleichbehandlung der betroffenen Staaten jetzt nicht mehr zu rechtfertigen sei[502].

1. Rückblick

204 Der nach dem amerikanischen Bürgerkrieg 1870 verabschiedete 15. Zusatzartikel USC sollte dafür sorgen, dass Afroamerikaner und andere Minderheiten bundesweit und in allen Bundesstaaten wählen dürfen. Die ehemaligen Konföderationsstaaten, also Alabama, Arkansas, Florida, Georgia, Louisiana, Mississippi, North and South Carolina, Tennessee, Texas und Virginia bemühten sich indes, dieses Anliegen zu vereiteln, indem sie Wahlsteuern einführten[503]. Bevor man sich als Wähler registrieren konnte, musste man nachweisen, dass diese Steuer bezahlt war. Zwar war die Steuer nicht besonders hoch, ca. 1-2 Dollar pro Jahr, was nach heutigem Geldwert etwa 10-20 Dollar entspricht, doch reichte sie aus, um große Teile der ärmeren Bevölkerung, vorwiegend Afroamerikaner, Indianer und seit 1920 auch ärmere weiße Frauen, vom Wählen abzuschrecken[504]. 1910 waren von den volljährigen afroamerikanischen Männern in Virginia 15 % als Wähler registriert, in Alabama und Mississippi weniger als 2 %[505]. Für arme weiße Männer sahen manche Bundesstaaten eine Sonderregelung vor: Wenn ein weißer Mann nachweisen konnte, dass sein Vater oder sein Großvater bereits gewählt hatte, wurde er von der Wahlsteuer befreit (grandfather clause)[506].

---

498 *Amar* (2012), IX u. S. 183 ff. u. 463; *Müller,* ZaöRV 79 (2019), 85, 111 u. 114; *Brugger,* S. 152; *Chemerinsky,* S. 955 jeweils m.w.N. aus der Rechtspr.

499 *Norris,* Harvard Kennedy School Working Paper 2016, 1, 18.

500 Nachweise insoweit bei *Shelby County v. Holder,* 570 U.S. 529, 536 u. 546 (2013).

501 *Shelby County v. Holder,* 570 U.S. 529, 547 f. (2013).

502 *Shelby County v. Holder,* 570 U.S. 529, 544 (2013); s.a. *Chemerinsky,* S. 321 ff.; *Egli,* S. 97, 106.

503 *Amar* (2006), S. 399; *Brugger,* JZ 2009, 609, 617 f.

504 *Amar* (2006), S. 443; *Chemerinsky,* S. 944.

505 *Amar* (2006), S. 430 m.w.N.

506 *Currie,* S. 70 f.; s.a. en.wikipedia.org/wiki/Grandfather_clause.

Dieses klar auf Diskriminierung zielende verfassungswidrige System[507] wurde vom Supreme Court 1937 gebilligt. Begründet wurde dies zum einen damit, dass die Wahlsteuer als Kopfsteuer ausgestaltet war und von jedermann erhoben wurde, sogar von Ausländern, die nicht wahlberechtigt waren[508]. Zum anderen wurde das Wahlrecht in die Zuständigkeit der Bundesstaaten gelegt, sodass die Zusatzartikel der US-Verfassung nicht wirken konnten[509]. Erst 1964 wurden Wahlsteuern für die Bundesebene durch den 24. Zusatzartikel USC abgeschafft, 1966 auch endgültig für die Bundesstaaten, weil der Supreme Court seine ältere Entscheidung aufhob. Das Wahlrecht wurde jetzt als Grundrecht im Sinne des 14. Zusatzartikels USC anerkannt, welches die Bundesstaaten nicht in unfairer Weise beschränken dürfen[510]. Vier Jahre später fielen auch die Lese- und Rechtschreibtests für potentielle Wähler[511]. Von der ursprünglichen Verfassungsnorm, die Wahlrechtsgleichheit für Nichtweiße herstellen wollte, bis zu ihrer landesweiten Durchsetzung waren fast 100 Jahre vergangen; kein Ruhmesblatt der US-amerikanischen Verfassungsgeschichte[512]. 205

2. Die Präsidentschaftswahlen

Im Unterschied zum Unmittelbarkeitsgrundsatz des Art. 38 Abs. 1 GG werden der amerikanische Präsident und sein Vizepräsident mittelbar über ein Wahlmännergremium, das electoral college gewählt (12. Zusatzartikel USC, der Art. II section 1 cl. 3 USC verdrängt hat)[513]. 206

Warum kam es im Jahr 1787 zu dieser Konstruktion? Drei Gründe werden benannt: Informationsschwierigkeiten, eine nur sehr schwache Bundesverwaltung und die Sklaverei[514]. In einer Zeit ohne Radio, Fernsehen und Internet mit wenigen Zeitungen und wenigen Menschen, die diese lesen konnten, traute man es dem durchschnittlichen Wähler nicht zu, sich gut genug über die möglichen Präsidentschaftskandidaten zu informieren, die Wahlmänner hingegen sollten dies leisten können[515]. 1787 gab es zudem noch keine robuste Bundesverwaltung, die die Präsidentschaftswahlen hätte organisieren können; deshalb verlagerte man die Verantwortung für diese Wahl auch aus praktischen Gründen auf die Bundesstaaten, die bereits Wahlgesetze erlassen hatten[516]. Der letzte und wichtigste Grund war die Sklaverei. Es war allen klar, dass bei einer direkten Wahl des Präsidenten Sklaven weder wählen noch in irgendeiner Form 207

507 So der Supreme Court selbst in *Shelby County v. Holder,* 570 U.S. 529, 535 (2013); *Amar,* (2012), S. 437.

508 *Breedlove v. Suttles,* 302 U.S. 277, 282 (1937).

509 *Breedlove v. Suttles,* 302 U.S. 277, 283 (1937); s.a. *Brugger,* S. 152.

510 *Harper v. Virgina Board of Elections,* 338 U.S. 663, 668 (1966); s.a. *Amar* (2012), S. 185 f.; *Chemerinsky,* S. 944 f. m.w.N.

511 Einzelheiten bei *Chemerinsky,* S. 947 f.

512 So *Currie,* S. 73; ähnlich *Dorf,* S. 1, 4; *Lütjen,* S. 25; s.a. *Shelby County v. Holder,* 570 U.S. 529, 536 (2013).

513 *Tushnet,* S. 79; *Levinson,* S. 83 u. 85; *Brugger,* S. 70.

514 *Amar,* (2006), S. 155.

515 *Amar,* (2006), S. 155.

516 *Amar,* (2006), S. 155 f.

berücksichtigt werden konnten. Sie konnten indes mit dem Wert von 3/5 bei der Zahl der Wahlmänner hinzugerechnet werden[517] und so den Südstaaten den gewünschten politischen Einfluss sichern[518].

208 Das electoral college kommt zustande, indem Wählerinnen und Wähler in ihrem jeweiligen Bundesstaat über die Wahlmänner und -frauen abstimmen; die Zahl dieser Personen legt Art. II section 1 cl 2 USC fest: jeder Bundesstaat erhält so viele Wahlmänner bzw. -frauen wie er Mitglieder ins Repräsentantenhaus schickt und zusätzlich zwei für seine beiden Senatoren.

209 Aus deutscher Perspektive würde man erwarten, dass die Wahlmänner eines Bundesstaates dem Ausgang der jeweiligen Wahlen folgend zum Teil für den einen Präsidentschaftskandidaten stimmen, zum Teil für die andere Kandidatin. Wenn also ein gedachter Bundesstaat insgesamt 10 Wahlmänner und -frauen stellen darf und die konkrete Wahl dort zu dem Ergebnis 60 % zu 40 % führt, sollten sechs Wahlfrauen für den einen, vier Wahlmänner für den anderen Kandidaten stimmen. Diese Lösung gilt indes nur in zwei der 50 Bundesstaaten, nämlich Maine und Nebraska[519]. Die übrigen Bundesstaaten – Art. II section 1 cl 2 USC überlässt die Gestaltung der Wahl des jeweiligen electoral college völlig der Gesetzgebung der Bundesstaaten[520] – sehen vor, dass der Präsidentschaftskandidat, der die meisten Stimmen erhält, **alle** Wahlmänner und -frauen des Bundesstaates für sich gewinnt[521]. Diese „winner-takes-it-all" Regel führt dazu, dass es bei Präsidentschaftswahlen weder darum geht, die Mehrheit der Bevölkerung zu überzeugen, noch darum, möglichst viele Wähler zu mobilisieren[522], sondern nur darum, die ausreichende Zahl der zurzeit 538 Wahlmänner und -frauen auf seiner Seite zu haben. In mehreren Fällen in der US-amerikanischen Geschichte kam es dazu, dass ein Kandidat zwar die meisten Stimmen aus dem Volk (popular vote) bekommen hatte, aber im Wahlmännergremium unterlag[523]. Diese Grundsituation hat extreme Auswirkungen auf den Wahlkampf. In umkämpften Bundesstaaten (battleground or swing states), das sind solche, die manchmal eine demokratische und manchmal eine republikanische Mehrheit aufweisen, etwa Florida oder Ohio, findet ein intensiver Präsidentschaftswahlkampf statt; dagegen werden vorhersehbar wählende Staaten, wie etwa Kalifornien (demokratisch) oder Texas (republikanisch) so gut wie ignoriert[524]. Eine Zahl aus dem Jahr 2004 zeigt dies plastisch: 99 % der Ausgaben des damaligen Präsidentschaftswahlkampfes wurden in den 17 Staaten getätigt, für die knappe Entscheidungen erwartet wurden[525].

---

517 So der mittlerweile aufgehobene Art. I section 2 cl. 3 US.

518 *Amar,* (2006), S. 157 f.

519 *Levinson,* S. 87.

520 *Bush v. Gore,* 531 U.S. 98, 104 (2000).

521 *Amar,* (2012), S. 457; *Levinson,* S. 87; *Brugger,* S. 71; *Tushnet,* S. 79; *Currie,* S. 5.

522 *Levinson,* S. 88 f.

523 *Brugger,* S. 71; *Lepore,* S. 717; *Chemerinsky,* S. 965; *Currie,* S. 5; *Levinson,* S. 87; s. hierzu auch die Reformvorschläge von *Amar,* (2012), S. 457 ff.; *Morlok/Michael,* Rn. 208.

524 *Tushnet,* S. 79; *Levinson,* S. 88.

525 *Levinson,* S. 88.

Das Wahlmännergremium wird also wegen der möglichen und auch tatsächlich eintretenden Umkehrung der Mehrheitsverhältnisse als undemokratisch kritisiert[526], zumal die Gouverneure aller Bundesstaaten direkt gewählt werden[527]. Ein weiterer Kritikpunkt ist die prozentuale Verzerrung, die dadurch entsteht, dass selbst von der Bevölkerungszahl sehr kleine Bundesstaaten mindestens drei Wahlmänner bzw. -frauen stellen, weil ihnen Art. II section 1 cl 2 USC zusätzlich zwei Senatorenstimmen zuteilt[528]. Beispielweise gewann Al Gore im Jahr 2000 den Bundesstaat New Mexico mit fünf Stimmen im electoral college und einer Bevölkerung von 1,8 Millionen Menschen. George Bush gewann die Bundesstaaten Wyoming, Alaska, und North Dakota, die zusammengenommen eine Bevölkerung von 1,7 Millionen Menschen aufweisen. Bush durfte sich indes über neun Stimmen im Wahlmännergremium freuen[529]. **210**

3. Registrierung von Wählerinnen und Wählern

Bevor eine Wählerin oder ein Wähler in den USA zur Urne gehen darf, muss sie bzw. er sich registrieren lassen[530]. Dies liegt daran, dass es – anders als in Deutschland – kein bundesweites Melderecht und damit auch kein zuverlässiges amtliches Wählerverzeichnis gibt. **211**

Die Notwendigkeit, sich registrieren zu lassen, also bereits vor dem Wahltag an die Wahl zu denken zu müssen, dürfte auch ein Grund dafür sein, dass sich in den USA deutlich weniger Menschen an Wahlen beteiligen als in vergleichbaren europäischen Ländern[531]. Es wird vermutet, dass ca. ein Viertel der Wahlberechtigten deshalb nicht wählen geht, weil sie aus verschiedenen Gründen, etwa einem Umzug[532], nicht als Wähler registriert sind[533]. Eine aktuellere Untersuchung schätzt die Zahl der wahlberechtigten, aber nicht als Wähler registrierten Bürger auf 10 %[534]. Bei den Präsidentschaftswahlen der letzten zwanzig Jahre nahmen 50 % bis maximal 62 % der Wahlberechtigten tatsächlich teil[535] bei den zwei Jahre nach den Präsidentschaftswahlen stattfindenden sogenannten Midterm-Elections, bei denen gemäß Art. I section 2 cl 1 USC nur die **212**

526 *Levinson,* S. 82 u. 91; *Amar,* (2012), S. 471; s.a. *Tushnet,* S. 79.

527 *Amar,* (2012), S. 471.

528 *Levinson,* S. 90; *Tushnet,* S. 12; *Currie,* S. 5.

529 *Levinson,* S. 90.

530 *Tushnet,* S. 56; *Dawkins,* Law and Society Journal 7 (2008), 17, 18; *Mazo,* University of Memphis Law Review 19 (2019), 1233, 1265; eine Ausnahme macht hier nur North Dakota s. EAC, Election administration and voting survey 2018, S. 17 u. 39.

531 *Tushnet,* S. 56; *Mazo,* University of Memphis Law Review 19 (2019), 1233, 1260; *Dawkins,* Law and Society Journal 7 (2008), 17 f.; *Norris,* Harvard Kennedy School Working Paper 2016, 1, 14.

532 *Brennan Center,* Democracy and Justice 9 (2015), 30 schätzt, dass ein Drittel der nicht registrierten Wählerinnen und Wähler auf diesen Faktor zurückgeht.

533 *Brennan Center,* Democracy and Justice 9 (2015), 30; ähnlich *Dawkins,* Law and Society Journal 7 (2008), 17, 20; *Mazo,* University of Memphis Law Review 19 (2019), 1233, 1262.

534 EAC, Election administration and voting survey 2018, S. 49.

535 Ausführliche Zahlenreihen etwa bei electproject.org/national-1789-present oder en.wikipedia.org/wiki/Voter_turnout_in_the_us_presidential_elections.

Mitglieder des Repräsentantenhauses und ein Drittel der Senatorinnen und Senatoren (Art. I section 3 cl 2 USC) neu gewählt wird, sinken diese Werte auf 40 bis 50 %[536].

213 Seit der hoch umstrittenen Präsidentschaftswahl des Jahres 2000[537] gibt es verschiedene Ansätze, das Wahlrecht der Bundesstaaten zu reformieren[538]. Die Bundesstaaten haben weiterhin viel Gestaltungsspielraum[539], obwohl sie Bundesgesetze wie den National Voter Registration Act (1993) sowie den Help America Vote Act (2002) beachten müssen[540]. Diese Bundesgesetze schreiben z.B. vor, dass alle Bundesstaaten eine Wählerregistrierung bei den Straßenverkehrsbehörden, bei bestimmten Sozialbehörden und weiteren öffentlichen Stellen sowie per Post ermöglichen müssen[541].

214 Viele Staaten versuchen, die Registrierung von Wählerinnen und Wählern zu erleichtern, indem sie eine automatische Registrierung als Wähler einführen, sobald jemand einen Führerschein erwirbt und dieser zusätzlichen Maßnahme nicht widerspricht[542], eine Online-Registrierung erlauben[543], oder eine Registrierung noch am Wahltag zulassen[544]. Nach Berichten über Wahlbetrug[545], der etwa dadurch entsteht, dass sich ein Wähler registriert, aber ein anderer am Wahltag für diesen erscheint und mehrfaches Wählen, etwa in zwei Bundesstaaten, haben 36 Bundesstaaten ihre Registrierungs- und Wahlvorschriften dagegen verschärft[546]. Sie verlangen am Wahltag jetzt häufig einen offiziellen Ausweis, manche sogar einen offiziellen Ausweis mit Passbild (identification document)[547]. Der Supreme Court hat diese strengste Variante, die im Bundesstaat Indiana eingeführt wurde, im Jahr 2008 gebilligt, da die Verhinderung von Wahlbetrug ein legitimes Ziel sei und die Belastung, sich einen amtlichen Ausweis zu besorgen als zumutbar bewertet wurde[548].

---

536 Ausführliche Zahlenreihen etwa bei electproject.org/national-1789-present oder bei fairvote.org/voter_turnout#voter_turnout_101; s.a. *Endler/Thunert,* S. 32.

537 *Bush v. Gore,* 531 U.S. 98, 100 ff. (2000) mit Einzelheiten; s.a. *Lepore,* S. 716 ff.

538 *Brennan Center,* Democracy and Justice 9 (2015), 30, 33; *Mazo,* University of Memphis Law Review 19 (2019), 1233, 1237 f.; *Norris,* Harvard Kennedy School Working Paper 2016, 1, 3; *Eckman,* Congressional Research Service 2019, 1, 11.

539 *Norris,* Harvard Kennedy School Working Paper 2016, 1, 9 f.Die; *Eckman,* Congressional Research Service 2019, 1, 2.

540 Einzelheiten insoweit bei *Eckman,* Congressional Research Service 2019, 1, 3 ff. u. 11 f.; *Mazo,* University of Memphis Law Review 19 (2019), 1233, 1236 f.

541 *Dawkins,* Law and Society Journal 7 (2008), 17, 22 ff. m.w.N.

542 17 Bundesstaaten und Washington D.C. *Eckman,* Congressional Research Service 2019, 1, 14 m.w.N.; *Mazo,* University of Memphis Law Review 19 (2019), 1233, 1265 f.; *Brennan Center,* Democracy and Justice 9 (2015), 30, 31 f. u. 33.

543 38 Bundesstaaten und Washington D.C. *Eckman,* Congressional Research Service 2019, 1, 15 m.w.N.; *Brennan Center,* Democracy and Justice 9 (2015), 30, 32.

544 *Norris,* Harvard Kennedy School Working Paper 2016, 1, 5; 17 Bundesstaaten und Washington D.C. *Eckman,* Congressional Research Service 2019, 1, 15 m.w.N.; *Dawkins,* Law and Society Journal 7 (2008), 17, 26.

545 *Mazo,* University of Memphis Law Review 19 (2019), 1233, 1234 u. 1244 f.; s.a. *Crawford v. Marion County,* 128 S.Ct. 1610, 1619 f. (2008).

546 Details auf http://www.ncsl.org/research/elections-and-campaigns/voter-id.aspx; *Sukurs,* Public Interest Law Reporter 20 (2014), 1; *Norris,* Harvard Kennedy School Working Paper 2016, 1, 4.

547 *Norris,* Harvard Kennedy School Working Paper 2016, 1, 4; *Müller,* ZaöRV 79 (2019), 85, 113 f.

548 *Crawford v. Marion County,* 128 S.Ct. 1610, 1619 u. 1621 ff. (2008); A.A. *Crawford v. Marion County,* 128 S.Ct. 1610, 1642 f. (2008) dissent; s.a. *Müller,* ZaöRV 79 (2019), 85, 114; *Mazo,* University of Memphis Law Review 19 (2019), 1233, 1250 f.

Diese Anforderung wäre in Deutschland kein großes Hindernis, da jeder Bürger und jede Bürgerin, der bzw. die älter als 16 Jahre ist, sich zumindest einen Personalausweis beschaffen muss (§ 1 Abs. 1 Personalausweisgesetz)[549]. In den USA ist dies allerdings anders. Viele US-Amerikaner verlassen ihr Land nie und haben deshalb keinen Pass. Ca. 10 % der Bevölkerung verfügt auch nicht über einen sonstigen amtlichen Ausweis[550]. Als Identitätsnachweis werden in der Regel Führerscheine oder die Sozialversicherungsnummer genutzt. Vor den Reformgesetzen seit dem Jahr 2000 – und in wenigen Bundesstaaten bis heute – genügte etwa eine Wasserrechnung, ein Mietvertrag oder ein Kontoauszug, um zu belegen, dass man ortsansässig war und wählen durfte[551]. 215

Verlangt also ein Bundesstaat für die Registrierung als Wählerin bzw. Wähler sowie am Wahltag ein offizielles Dokument, dessen Erstellung Geld und Mühe – z.B. die Beschaffung einer Geburtsurkunde – kostet, kann dies dazu führen, dass viele hiervon abgeschreckt werden, auch weil das Ausweisdokument ansonsten im Alltag wenig praktischen Nutzen bringt[552]. Selbst wenn man einen staatlichen Ausweis hat, kann dieser im Zeitpunkt der Registrierung verloren gegangen oder abgelaufen sein[553]. Es wird der Vorwurf erhoben, dass das Ausweiserfordernis insbesondere die Registrierung von ärmeren und älteren Personen sowie von Minderheiten verhindert[554]. Da insbesondere republikanisch regierte Bundesstaaten strengere Vorschriften für die Registrierung als Wähler erlassen, besteht der Verdacht, dass potentielle Wähler der demokratischen Partei getroffen werden sollen[555]. Zudem scheint es viel weniger Fälle von Wahlbetrug zu geben, als oft behauptet wird[556], sodass zumindest die strengen Registrierungsgesetze, die einen amtlichen Lichtbildausweis fordern, unverhältnismäßig wirken. Als Kompromiss wird vorgeschlagen, dass die Bundesstaaten die Ausweise kostenlos zur Verfügung stellen und an alle wahlberechtigten Bürger verteilen sollten[557]. 216

549 *Müller,* ZaöRV 79 (2019), 85, 118.

550 *Crawford v. Marion County,* 128 S.Ct. 1610, 1633 (2008) dissent; *Mazo,* University of Memphis Law Review 19 (2019), 1233, 1250.

551 *Sukurs,* Public Interest Law Reporter 20 (2014), 1, 2; *Mazo,* University of Memphis Law Review 19 (2019), 1233, 1239 f.; manche Bundesstaaten haben diese Lösung auch weiterhin EAC, Election administration and voting survey 2018, S. 125 f.

552 Am Beispiel von Indiana *Crawford v. Marion County,* 128 S.Ct. 1610, 1629 f. (2008) dissent; s.a. *Drugger,* JZ 2009, 609, 618; *Eckman,* Congressional Research Service 2019, 1, 17.

553 *Sukurs,* Public Interest Law Reporter 20 (2014), 1; *Mazo,* University of Memphis Law Review 19 (2019), 1233, 1236.

554 *Crawford v. Marion County,* 128 S.Ct. 1610, 1634 (2008) dissent; *Mazo,* University of Memphis Law Review 19 (2019), 1233, 1234; *Müller,* ZaöRV 79 (2019), 85, 113 f.; *Tushnet,* S. 56; *Norris,* Harvard Kennedy School Working Paper 2016, 1, 4; *Sukurs,* Public Interest Law Reporter 20 (2014), 1, 2 u. 5 f. für den Sonderfall der Transgender-Minderheit; generell für die Registrierung an sich *Dawkins,* Law and Society Journal 7 (2008), 17, 19 f.

555 *Tushnet,* S. 56 f.; *Norris,* Harvard Kennedy School Working Paper 2016, 1, 4; *Mazo,* University of Memphis Law Review 19 (2019), 1233, 1234 u. 1258 f. m.w.N. zu dieser sehr umstrittenen Frage.

556 *Crawford v. Marion County,* 128 S.Ct. 1610, 1637 (2008) dissent m.w.N.; *Mazo,* University of Memphis Law Review 19 (2019), 1233, 1245 f.; *Tushnet,* S. 56; *Norris,* Harvard Kennedy School Working Paper 2016, 1, 4, 6 u. 23; *Sukurs,* Public Interest Law Reporter 20 (2014), 1, 3 f.

557 *Mazo,* University of Memphis Law Review 19 (2019), 1233, 1267 ff. u. 1273.

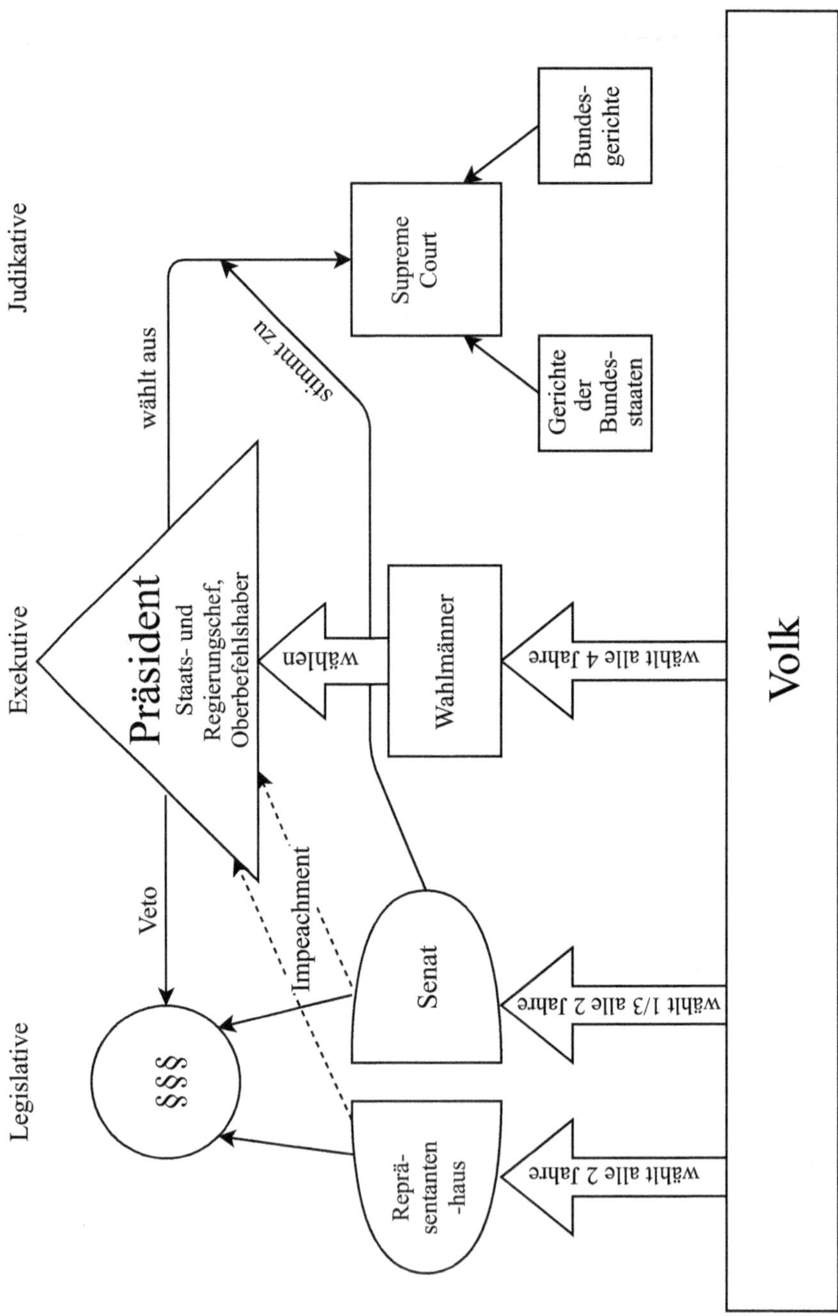
Legislative
Exekutive
Judikative
§§§
Veto
Präsident
Staats- und Regierungschef, Oberbefehlshaber
wählt aus
stimmt zu
Supreme Court
Bundes-gerichte
Gerichte der Bundes-staaten
Impeachment
Repräsentanten-haus
Senat
Wahlmänner
wählen
wählt alle 2 Jahre
wählt 1/3 alle 2 Jahre
wählt alle 4 Jahre
Volk

VI. Gegenseitige Kontrollmöglichkeiten (checks and balances)

Weder in der deutschen[558], noch in der US-amerikanischen Verfassung[559] ist eine strenge Gewaltenteilung vorgesehen. Es gibt in beiden Verfassungen stattdessen eine Verschränkung[560] von Legislative, Exekutive und Judikative mit dem Ziel, Machtmissbrauch durch eine Staatsgewalt oder gar ein Abgleiten der Demokratie in eine Alleinherrschaft zu verhindern[561], um das Allgemeinwohl zu wahren und Einzel- bzw. Gruppeninteressen in Schach zu halten[562]. **217**

In den Worten *James Madisons*[563]: *But the great security against a gradual concentration of the several powers in the same department consists in giving to those who administer each department the necessary constitutional means and personal motives to resist encroachments of the others. ... Ambition must be made to counteract ambition.* **218**

Deshalb sind beide Verfassungen durch eine Vielzahl von checks and balances – Kontrollen und Gegenkontrollen – gekennzeichnet[564]. Einige Beispiele aus der US-Verfassung: **219**

- Der Präsident kann hat durch mit seinem Veto Übergriffe der Legislative in die Bereiche der anderen Gewalten abwehren (Art. I section 7 cl. 2 USC).
- Der Präsident ist zwar Oberbefehlshaber der Streitkräfte (Art. II section 2 cl. 1 USC), doch ist der Kongress für Kriegserklärungen zuständig (Art. I section 8 cl. 11 USC).
- Für wichtige Ernennungen und den Abschluss völkerrechtlicher Verträge braucht der Präsident die Zustimmung des Senats (Art. II section 2 cl. 2 USC).
- Die Legislative kann die Exekutive durch Fragerechte, Untersuchungsausschüsse[565] den Erlass von Gesetzen und ihr Budgetrecht[566] kontrollieren und steuern.
- Die Legislative entscheidet über die Einrichtung von Gerichten unterhalb des Supreme Court (Art. I section 8 cl. 9, Art. III, section 1 USC) und die Berufungszuständigkeiten des Supreme Court (Art. III section 2, cl. 2 USC).
- Der Kongress entscheidet auch über die Einrichtung und Organisation von Behörden (Art. I section 8 cl. 18 USC)[567].
- Die personelle Zusammensetzung des Supreme Court wird vom Präsidenten zusammen mit dem Senat bestimmt (Art. II section 2 cl. 2 USC).

---

558 *Sodan/Ziekow,* § 7, Rn. 10 ff.; *Morlok/Michael,* Rn. 349; *Jarass/Pieroth,* Art. 20, Rn. 33 m.w.N.

559 *Brugger,* S. 212; *Lindenblatt,* S. 15.

560 *Brugger,* S. 212 f.; *Currie,* S. 46; *Tushnet,* S. 89; *Amar* (2006), S. 189 f. für die US-Verfassung; BVerfGE 95, 1, 15; 124, 78, 120; 143, 101, 136 f.; 147, 50, 138; *Jarass/Pieroth,* Art. 20, Rn. 33; *Sodan/Ziekow,* § 7, Rn. 10 ff.; *Kommers/Miller,* S. 152 u. 186 für das GG.

561 BVerfGE 95, 1, 15; 124, 78, 120; *Grimm,* S. 102 u. 118; *Lindenblatt,* S. 12; *Brugger,* S. 74; *Levinson,* S. 64; *Currie,* S. 2 u. 43.

562 *Brugger,* S. 35.

563 The Federalist Papers Nr. 51, S. 315.

564 *Currie,* S. 2; *Amar* (2012) S. 6 u. 267; *Brugger,* S. 4 u. 213; *Lindenblatt,* S. 14 für die US-Verfassung; *Kommers/Miller,* S. 55 u. 152; *Jarass/Pieroth,* Art. 20, Rn. 32 für das GG.

565 Hierzu *Chemerinsky,* S. 333 ff.; *Amar* (2006) S. 111; *Brugger,* S. 62.

566 Hierzu *Tushnet,* S. 105 f.

567 *Amar* (2006) S. 110 f.; *Brugger,* S. 207.

- Verhalten sich Supreme-Court Richterinnen und Richter bzw. der Präsident rechtswidrig, steht dem Kongress das Impeachment-Verfahren zur Verfügung (Art. I section 2 cl. 5, section 3 cl. 6, 7, Art. II section 4 USC).
- Verfassungswidriges Verhalten von Exekutive oder Legislative kann vom Supreme Court korrigiert werden (Marbury-Entscheidung)[568].
- Wird ein Gesetz für verfassungswidrig erklärt, hat der Kongress die Möglichkeit das Gesetz zu reformieren oder eine völlig neue Regelung zu treffen[569].

220 Viele der genannten gegenseitigen Kontrollmöglichkeiten finden sich auch im Grundgesetz, man denke etwa an die Präsidentenanklage (Art. 61 GG), die Richteranklage (Art. 98 Abs. 2 GG), die Zustimmung von Bundestag und Bundesrat zu völkerrechtlichen Verträgen (Art. 59 Abs. 2 GG) oder die Wahl von Bundesverfassungsrichtern durch Bundestag und Bundesrat (Art. 94 Abs. 1 GG).

221 Die Verteilung der Gesetzgebungskompetenzen des Bundesstaates auf zwei unterschiedlich zusammengesetzte Kammern lässt sich ebenfalls als ein beiden Staaten gemeinsames gewaltenkontrollierendes Instrument betrachten[570].

222 Weiterhin lässt sich die beiden Verfassungen gemeinsame Verteilung der staatlichen Befugnisse, insbesondere der Gesetzgebungskompetenz auf den Bund und die Bundesstaaten, das föderalistische Prinzip also, als Beschränkung der Staatsgewalt zugunsten der Freiheit des Einzelnen bewerten[571] (vertikale Gewaltenteilung).

223 Ohne hier ins Detail gehen zu können, gibt es auch Unterschiede in Hinsicht auf die Beziehungen der drei Staatsgewalten zueinander:

- Ein Vetorecht des Präsidenten gibt es in Deutschland nicht.
- Art. I section 6 cl. 2 USC sieht ferner eine strenge persönliche Inkompatibilität vor. Kein Mitglied des Kongresses kann gleichzeitig der Regierung oder überhaupt der Exekutive angehören, was in Deutschland durchaus möglich ist[572].
- Die Kontrolle der Regierung durch das Parlament kann in Deutschland so weit gehen, dass der Bundeskanzler abgewählt wird (Art. 67 GG). Diese Abwahlmöglichkeit steht dem US-Kongress nicht zur Verfügung. Somit durchbricht das Grundgesetz die Idee der getrennten Amtsführung von Legislative und Exekutive viel stärker als die US-Verfassung[573].

---

568 Einzelheiten s.o. II. 1.

569 *Chemerinsky,* S. 176 ff.

570 *Lindenblatt,* S. 14 f.; *Weber,* S. 111.

571 *Gregory v. Ashcroft,* 501 U.S. 452, 458 (1991); *New York v. United States,* 505 U.S. 144, 181 f. (1992); *Printz v. United States,* 521 U.S. 898, 921 (1997); *Shelby County v. Holder,* 570 U.S. 529, 543 (2013); *Murphy v. National Collegiate Athletic Association,* 138 S.Ct. 1461, 1477 (2018); *Amar* (2006) S. 60; *Chemerinsky,* S. 336 f.; *Currie,* S. 2; *Kommers/Miller,* S. 53; *Weber,* S. 186; *Müller,* ZaöRV 79 (2019), 85, 97; *Sodan/Ziekow,* § 8, Rn. 12; *Lindenblatt,* S. 16; *Steiner,* Jura 2019, 441, 444; *Morlok/Michael,* Rn. 448; *Jarass/Pieroth,* Art. 20, Rn. 32a.

572 Vertiefend hierzu *Levinson,* S. 66 f.

573 *Lindenblatt,* S. 14 u. 75.

- Beide Staaten kennen zwar die gesetzliche Delegation von Gesetzgebungsaufgaben an die Exekutive, doch ist diese Delegation in Deutschland durch Art. 80 Abs. 1 GG und die Wesentlichkeitstheorie an strengere Voraussetzungen gebunden als in den USA[574]. Die in den USA in großem Umfang tätigen „independent agencies", etwa die Federal Trade Commission, die Federal Communications Commission, die Securities and Exchange Commission, das National Federal Labor Board oder die Environmental Protection Agency u.v.a., die weder den direkten Anweisungen des Präsidenten oder eines Ministers noch einer strengen Gesetzesbindung unterliegen[575], sind in diesem Umfang in Deutschland, welches auf die Ressortverantwortung der Ministerinnen und Minister setzt, so nicht vorstellbar. *Eberhard Schmidt-Aßmann* spricht insoweit zutreffend von Legitimitätslücken der administrativen Normsetzung in den USA[576]. Das früher mögliche „legislative veto", welches dem Repräsentantenhaus per Gesetz die Befugnis einräumte, Entscheidungen der unabhängigen Verwaltungseinheiten mit einfacher Mehrheit zu korrigieren, hat der Supreme Court für verfassungswidrig erklärt[577], obwohl fast 200 Gesetze dieses Instrument vorsahen[578]. Denn dieses Vorgehen erfüllte nicht die verfassungsrechtlichen Anforderungen an Gesetzgebung, da weder der Senat noch der Präsident eingeschaltet wurde[579]. Dass die Gerichte der Exekutive in den USA generell mehr Spielräume einräumen, hat auch bereits die Diskussion über die Durchführungsanordnungen des US-Präsidenten gezeigt[580].

So sinnvoll ein System aus Kontrollen und Gegenkontrollen ist, darf es andererseits **224**
nicht dazu führen, dass der Staat seine Aufgaben nicht mehr effektiv erfüllen kann, also quasi blockiert ist. Denn die Gewaltenteilung hat auch die Aufgabe den Staat sachgerecht zu organisieren[581]. In den USA wird die Blockadegefahr bisweilen für die Gesetzgebung gesehen[582]. Denn in der Situation des „divided government", in der eine Partei den Präsidenten stellt, die andere Partei jedoch die Mehrheit in zumindest einer der beiden Parlamentskammern hat, kann jede Gesetzgebungsinitiative entweder am Veto des Präsidenten oder an der fehlenden Mehrheit in einer Parlamentskammer scheitern[583]. Ein verwandtes Problem kann in Deutschland bei parteipolitisch unterschiedlichen Mehrheiten in Bundestag und Bundesrat auftreten, doch führt diese Konstellation nicht zu einer völligen Blockade der Gesetzgebung, weil der Bundesrat selten völlig

---

574 *Kommers/Miller,* S. 175; *Schmidt-Aßmann,* VerwArch 111 (2020), 1, 27 u. 29 f.; *Brugger,* S. 216; s.a. *Tushnet,* S. 99; *Currie,* S. 44; *Chemerinsky,* S. 355.

575 Einzelheiten insoweit bei *Chemerinsky,* S. 352 f.; *Tushnet,* S. 99; *Brugger,* S. 207 f.; *Amar* (2012) S. 381 ff.; *Currie,* S. 43 ff.; *Schmidt-Aßmann,* VerwArch 111 (2020), 1, 24.

576 *Schmidt-Aßmann,* VerwArch 111 (2020), 1, 29.

577 *INS v. Chadha,* 462 U.S. 919, 959 (1983); *Chemerinsky,* S. 357 f.; *Brugger,* S. 77; *Amar* (2012), S. 371; *Tushnet,* S. 101; *Currie,* S. 46.

578 *INS v. Chadha,* 462 U.S. 919, 967 (1983) dissent; *Chemerinsky,* S. 357; *Brugger,* S. 78.

579 *INS v. Chadha,* 462 U.S. 919, 945 ff. (1983); *Brugger,* S. 77; *Amar* (2012), S. 370.

580 S.o. B. I. 5 b).

581 *Jarass/Pieroth,* Art. 20, Rn. 32; s.a. BVerfGE 68, 1, 86; 95, 1, 15; 147, 50, 138; *Youngstown Sheet and Tube v. Sawyer,* 343 US 579, 635 (1952); *Brugger,* S. 74 u.213; *Morlok/Michael,* Rn. 349 f.

582 *Levinson,* S. 9 u. 36; s.a. *Endler/Thunert,* S. 55, 78 u. 225.

583 *Tushnet,* S. 35 f. u. 224 f.; *Levinson,* S. 63 f.; s.a. *Lepore,* S. 617.

geschlossen auftritt und außerdem nur die zustimmungspflichtigen Gesetze betroffen sind (Art. 77 Abs. 2a, 78 GG). Erkennbar wird, dass die konkrete Wirkung der Vorschriften, die eine Gewaltenteilung festlegen, auch von der jeweils aktuellen politischen Konstellation abhängt[584].

225 Die Idee der Gewaltenteilung, die beide Verfassungen verfolgen, berücksichtigt den Einfluss der politischen Parteien nicht besonders gründlich. Die Väter der US-Verfassung erwähnen Parteien im Verfassungstext nicht, standen ihnen sogar sehr skeptisch gegenüber und konnten sich die moderne Parteiendemokratie nicht vorstellen[585]. Stellt in den USA eine Partei den Präsidenten und die Mehrheit im Kongress, bestimmt sie in dieser Phase auch allein über die Besetzung des Supreme Court, so dass von einer gegenseitigen Ausbalancierung der drei Staatsgewalten wenig übrigbleibt[586]. Diese Situation tritt zwar selten ein, war aber etwa in den Jahren 2017-2018 gegeben, was Beobachter als Gefährdung der Demokratie bewerteten[587]. Ähnlich ist von der Parlamentsmehrheit im Bundestag, die die Regierung trägt, wenig Kontrolle der Regierungstätigkeit zu erwarten; diese Aufgabe kann nur die Opposition erfüllen[588].

584 *Tushnet*, S. 118 am Beispiel des Verhältnisses US-Präsident und Kongress.
585 *Amar* (2012), S. 393 f.; *Levinson*, S. 62 f.; *Tushnet*, S. 74 u. 84; *Brugger*, S. 35.
586 Ähnlich *Tushnet*, S. 84; *Levinson*, S. 63.
587 *Snyder*, S. 30.
588 *Kommers/Miller*, S. 153.

C. Zentrale Grundrechte der US-amerikanischen Verfassung

Im Mittelpunkt dieses Abschnitts stehen ausgewählte Grundrechte der US-Verfassung. **226**
Nach einigen allgemeinen Fragen (I. u. II.) werden zunächst die geschriebenen Grundrechte des 1. und 2. Zusatzartikels USC betrachtet, also die Religionsfreiheit (III.), die Meinungs- und Pressefreiheit (IV.), die Versammlungs- und Vereinigungsfreiheit (V.) und das Recht auf Waffenbesitz (VI.). Es folgt ein Blick auf den Gleichheitsgrundsatz der US-Verfassung (VII.). Am Ende des Abschnitts stehen die ungeschriebenen, aus dem 5. und 14. Zusatzartikel USC abgeleiteten Grundrechte z.B. das Recht auf Heirat oder das Recht auf Privatsphäre (VIII.).

I. Die Grundrechtskataloge im Überblick

Bei erster Durchsicht der Grundrechte, die in der Bill of Rights, den ersten zehn **227**
Zusatzartikeln USC, und Art. 1–19, 101–104 GG aufgezählt sind, fällt auf, dass das Grundgesetz diese deutlich umfangreicher ausformuliert hat[1]. Textliche Parallelen gibt es zumindest, was den 1. Zusatzartikel USC angeht, der vier wichtige Grundfreiheiten, nämlich die Religionsfreiheit, die Meinungs- und Pressefreiheit, die Versammlungsfreiheit und die Petitionsfreiheit enthält. Im deutschen Recht finden sich diese Rechte in Art. 4 Abs. 1 und 2, Art. 5 Abs. 1, Art. 8 und Art. 17 GG. Viele weitere Rechte, nämlich die Zusatzartikel 4 bis 8 USC beziehen sich im weiteren Sinne auf die Justiz, drei hiervon auf die bereits besprochenen Geschworenengerichte[2].

Gewisse Parallelen lassen sich zwischen den deutschen Grundrechten des Art. 10 und **228**
Art. 13 GG und dem 4. Zusatzartikel ziehen, der vor Wohnungsdurchsuchungen und Beschlagnahmen schützt.

Der 2. Zusatzartikel zum Recht auf Waffenbesitz und der 3. Zusatzartikel über die Ein- **229**
quartierung von Soldaten haben im Grundgesetz kein Gegenstück. Auffällig ist umgekehrt, dass viele in Deutschland explizit geschützte Freiheiten im Katalog der US-Verfassung nicht erwähnt sind[3]. Es handelt sich um die Menschenwürde des Art. 1 GG, die allgemeine Handlungsfreiheit des Art. 2 Abs. 1 GG als Auffanggrundrecht[4], das Recht auf Leben und körperliche Unversehrtheit aus Art. 2 Abs. 2 GG einschließlich des Verbots der Todesstrafe (Art. 102 GG), Gleichheitsrechte für Frauen[5], spezielle sonstige

1 *Müller,* ZaöRV 79 (2019), 85, 109.
2 S.o. B II. 8.
3 *Brugger,* S. 157.
4 *Schmidt-Aßmann,* VerwArch 111 (2020), 1, 4.
5 *Currie,* S. 66 f.; *Brugger,* S. 143, Fn. 143; *Amar,* (2006), S. 457; *Lepore,* S. 650 u. 668, das diesbezügliche Equal Rights Amendment *„Equality of rights under the law shall not be denied or abridged by the United States or by any State on account of sex."* scheiterte im Zeitraum von 1972 bis 1982, weil nur 35 statt der erforderlichen 37 Bundesstaaten rechtzeitig zustimmten.

Gleichheitsrechte, die Gewissensfreiheit des Art. 4 Abs. 1 GG und aus Art. 5 GG die Rundfunk-, Film- und Informationsfreiheit sowie die Kunst- und Wissenschaftsfreiheit. Familienbezogene Grundrechte gibt es ebenso wenig wie Regelungen zur Schule oder zum Religionsunterricht. Schließlich fehlen die Vereinigungsfreiheit des Art. 9 Abs. 1 GG, die Koalitionsfreiheit des Art. 9 Abs. 3 GG, die Freizügigkeit des Art. 11 GG, die Rechtsschutzgarantie des Art. 19 IV GG und die wirtschaftsbezogenen Grundrechte der Art. 12 und 14 GG[6], wenn man vom Schutz vor Enteignungen durch den 5. Zusatzartikel (takings-clause) absieht.

230 Dass 1787 nichts zur Rundfunk- und Filmfreiheit bzw. zum Fernmeldegeheimnis in die US-Verfassung aufgenommen wurde, lag daran, dass die diesbezüglichen technischen Entwicklungen noch nicht bekannt waren. Der im Vergleich zum Grundgesetz fehlende ausdifferenzierte Schutz durch zahlreiche Einzelgrundrechte wurde durch Interpretation wettgemacht. So hat sich die Meinungsfreiheit des 1. Zusatzartikels zu einem Supergrundrecht entwickelt, welches etwa die Kunstfreiheit und die Vereinigungsfreiheit mit abdeckt[7]. Außerdem wurden Grundrechte aus dem Wort „liberty" im 5. Zusatzartikel und in section 1 des 14. Zusatzartikels abgeleitet[8], das Stichwort lautet hier: „substantive due process", was sich etwa mit „materiellrechtlich faires Verfahren" ins Deutsche übertragen lässt. Aus dieser Interpretationslinie stammen die unter VIII. besprochenen Rechte auf autonome Persönlichkeitsentfaltung und familien- und ehebezogene Rechte[9]. Dass der Grundrechtskatalog der Zusatzartikel 1-8 USC nicht abschließend gemeint, sondern interpretationsoffen angelegt war, belegt der 9. Zusatzartikel USC.

II. Allgemeine Fragen

1. Geltung der Grundrechte für die Bundesstaaten

231 Art. 1 Abs. 3 und Art. 28 Abs. 3 GG bestimmen, dass die Grundrechte des Grundgesetzes ebenfalls für die Länder gelten. Für die Grundrechte der amerikanischen Verfassung existiert eine solche klare Lösung nicht. Bis zum Jahr 1868 stand vielmehr fest, dass die Grundrechte der amerikanischen Verfassung nur für den Bund galten[10]. Die im Gefolge des amerikanischen Bürgerkriegs sodann vorgenommene Verfassungsänderung durch den 14. Zusatzartikel USC änderte diese Situation. Section 1 dieser Norm erfasst die Bundesstaaten ausdrücklich. Die Regelung sollte unter anderem verhindern, dass die Abschaffung der Sklaverei ins Leere lief, indem die Gesetze der Bundesstaaten frühere Sklaven benachteiligten[11].

6 *Müller,* ZaöRV 79 (2019), 85, 109.
7 S.i.E. u. III. 1.; *Brugger,* S. 158.
8 *Brugger,* S. 114f.
9 *Brugger,* S. 115.
10 *McDonald v. Chicago*, 561 U.S. 742, 754 (2010) m.w.N.
11 *McDonald v. Chicago*, 561 U.S. 742, 771 (2010).

Ausgehend von der Due-Process-Klausel des 14. Zusatzartikels USC hat der Supreme Court in den letzten 140 Jahren fast alle Rechte der Bill of Rights für die Bundesstaaten verbindlich gemacht[12]. Die Due-Process-Klausel wurde also nicht nur prozedural, sondern auch inhaltlich verstanden (substantive due process)[13]. Als Prüfungsmaßstab galt z.B. die Frage, ob das entsprechende Recht zum Kernbereich einer fairen und aufgeklärten Rechtsordnung gehört, oder ob es fest in den Traditionen und im Bewusstsein des amerikanischen Volkes verankert ist[14]. Dies wurde für jedes Grundrecht einzeln untersucht (selective incorporation)[15]. Die Auffassung, der 14. Zusatzartikel bewirke, dass alle Grundrechte der Verfassung auch für die einzelnen Bundesstaaten unmittelbar gelten (total incorporation), konnte sich nicht durchsetzen[16]. Inwieweit diese Rechtsprechung[17] in sich stimmig und überzeugend ist, soll hier nicht weiter verfolgt werden. Skepsis weckt die diesbezügliche Wertung von Justice Thomas in *McDonald*[18]: *All of this is legal fiction!* 232

2. Geltung der Grundrechte für Private

Die Frage, inwieweit sich Grundrechte auf privates Handeln auswirken wird in den USA unter dem Stichwort „state action doctrine" diskutiert. In Deutschland geht es insoweit um die Ausstrahlungswirkung oder die mittelbare Drittwirkung von Grundrechten[19]. 233

Nur der 13. Zusatzartikel bindet von seinem Wortlaut her Private direkt[20]. Die anderen Grundrechte der US-Verfassung sind primär staatsgerichtet, werden also nur aktiviert, wenn staatliches oder dem Staat zurechenbares Handeln vorliegt[21]. Private Gesellschaften können dabei als staatliche Akteure eingestuft werden, wenn der Staat einen maßgeblichen Einfluss auf diese hat[22]. Überdies werden Private wie staatliche Behörden behandelt, wenn sie Aufgaben übernehmen, die typischerweise ausschließlich vom Staat wahrgenommen werden, wie z.B. die Organisation von Vorwahlen (primaries) oder die Errichtung und Verwaltung einer Stadt (company town)[23]. 234

---

12 *Palko v. Connecticut,* 302 U.S. 319, 326 ff. (1937); *McDonald v. Chicago,* 561 U.S. 742, 750 u. 764 (2010); *Obergefell v. Hodges,* 135 S.Ct. 2584, 2597 (2015); *Timbs v. Indiana,* 139 S.Ct. 682, 687 (2019); *Barron/Dienes*, S. 233; *Amar* (2012), S. 153 u. 166; *Winkler*, S. 51; *Brugger*, S. 106.

13 *McDonald v. Chicago,* 561 U.S. 742, 861 (2010) Stevens dissent; *Brugger*, S. 105; *Amar* (2012), S. 117 ff.; vertiefend zu den aus substantive due process entwickelten Grundrecht unter VIII.

14 *Palko v. Connecticut,* 302 U.S. 319, 328 (1937); *McDonald v. Chicago,* 561 U.S. 742, 760 (2010); *Timbs v. Indiana,* 139 S.Ct. 682, 687 (2019); *Barron/Dienes*, S. 240 f.

15 *McDonald v. Chicago,* 561 U.S. 742, 763 (2010); *Amar* (2012), S. 163 ff; *Barron/Dienes*, S. 232.

16 *McDonald v. Chicago,* 561 U.S. 742, 761 ff (2010) m.w.N.; *Brugger*, S. 105; *Barron/Dienes*, S. 232.

17 Einzelheiten zur Entwicklung *McDonald v. Chicago,* 561 U.S. 742, 763 ff. (2010).

18 *McDonald v. Chicago,* 561 U.S. 742, 811 (2010) Thomas concurring in part and concurring in the judgement.

19 BVerfG, NJW 2020, 300, 305 f. m.w.N; *Jarass/Pieroth,* Art. 1, Rn. 53; *Sodan/Ziekow,* § 22, Rn. 18 f.; *Michael/Morlok*, Rn. 481 f.; *Muckel,* JA 2020, 411, 415 f.

20 *Chemerinsky,* S. 7 u. 555; *Barron/Dienes,* S. 689; *Brugger,* S. 95.

21 *Brugger,* S. 95 f.; *Müller,* ZaöRV 79 (2019), 85, 105 f.; *Chemerinsky,* S. 7 u. 553; *Barron/Dienes,* S. 695.

22 *Lebron v. National Railroad,* 513 U.S. 374. 394 f. (1995); *Barron/Dienes,* S. 694; *Brugger,* S. 96; *Chemerinsky,* S. 560 f.

23 *Marsh v. Alabama,* 326 U.S. 501, 506 ff. (1946); *Jackson v. Metropolitan Edison Co.,* 419 U.S. 345, 352 (1974); *Manhattan Community Access Corp. v. Halleck,* 139 S.Ct 1921, 1926 (2019); *Currie,* S. 71 f.; *Brugger,* S. 98 f.; *Chemerinsky,* S. 555 u. 563; *Barron/Dienes,* S. 689 u. 693.

235 Ein weiterer Weg, privates Handeln dem Staat zuzurechnen, wird dann eröffnet, wenn sich eine sehr enge Verbindung von staatlichem und privatem Handeln nachweisen lässt, weil der Staat privates Verhalten ermöglicht oder fördert[24]. Bejaht wurde diese Konstellation für ein privates Restaurant, welches sich in einem von der öffentlichen Hand betriebenen und der öffentlichen Hand gehörenden Parkhaus eingemietet hatte; beide Seiten profitierten von dieser Situation[25]. Verneint wurde der erforderliche enge Zusammenhang etwa bei einer staatlichen Mitfinanzierung eines Unternehmens[26] oder der staatlichen Genehmigung oder Überwachung von Unternehmen[27].

236 Die Bedeutung der deutschen Grundrechte für das Privatrecht ist größer. Als objektive Wertordnung strahlen die Grundrechte nach Auffassung des Bundesverfassungsgerichts in die gesamte Rechtsordnung aus und bestimmen die Auslegung und Anwendung des Privatrechts mit[28]. Dies gilt unabhängig vom Vorliegen eines staatlichen Eingriffs. Abwägungsrelevant sind hierbei die Unausweichlichkeit von Situationen, das Ungleichgewicht zwischen sich gegenüberstehenden Parteien, die gesellschaftliche Bedeutung bestimmter Leistungen oder die soziale Mächtigkeit einer Seite[29].

237 Die größere Zurückhaltung des Supreme Court wird zum einen damit erklärt, dass anderenfalls über den Umweg der Bill of Rights, die Bundesrecht darstellt, die Kompetenzen der Bundesstaaten beschnitten würden[30]. Zum anderen wird angeführt, dass eine stärkere Anwendung von Grundrechten auf privates Handeln sowohl die Handlungs- als auch die Eigentumsfreiheit der Bürgerinnen und Bürger beschränke[31]. Hinzuweisen ist allerdings darauf, dass es dem Bundesstaat unbenommen bleibt, im Wege des einfachen Gesetzes bestimmtes privates Verhalten, etwa Diskriminierungen, zu untersagen[32]. Ein gutes Beispiel hierfür bildet der Civil Rights Act von 1964[33].

III. Religionsfreiheit

238 Der 1. Zusatzartikel USC enthält zwei Regelungen: Zunächst wird dem Kongress verboten, Gesetze zu erlassen, die sich auf die Einrichtung von Religionen beziehen (Establishment-Clause hierzu unter 3.), sodann ist dem Kongress untersagt, die freie Religionsausübung einzuschränken (Free-Exercise-Clause hierzu unter 4.).

24 *Chemerinsky,* S. 563 u. 573 ff.; *Barron/Dienes,* S. 698 f.; *Brugger,* S. 99 f.

25 *Burton v. Wilmington Parking Authority,* 365 U.S. 715, 724 f. (1961).

26 *Blum v. Yaretsky,* 457 U.S. 991, 1011 (1982); *Chemerinsky,* S. 581 f.; *Brugger,* S. 99.

27 *Moose Lodge No. 107 v. Irvis,* 407 U.S. 163, 171 ff. (1972); *Manhattan Community Access Corp. v. Halleck,* 139 S.Ct. 1921, 1931 f. (2019); *Barron/Dienes,* S. 699 u. 706 ff.; *Chemerinsky,* S. 578 f.; *Brugger,* S. 99.

28 BVerfGE 73, 261, 269; 96, 375, 398 f.; 112, 332, 358; 128, 226, 248 ff.; 148, 267, 280 f.; BVerfG, NJW 2020, 300, 305 f.; *Jarass/Pieroth,* Art. 1, Rn. 52 ff.; *Michael/Morlok,* Rn. 481 f.; *Sodan/Ziekow,* § 22, Rn. 14 ff.

29 BVerfG, NJW 2020, 300, 306 m.w.N.; *Muckel,* JA 2020, 411, 415 f.

30 *Chemerinsky,* S. 559; *Brugger,* S. 96; *Barron/Dienes,* S. 689.

31 *Manhattan Community Access Corp. v. Halleck,* 139 S.Ct. 1921, 1928 (2019); *Barron/Dienes,* S. 689; *Brugger,* S. 96; *Chemerinsky,* S. 558.

32 *Chemerinsky,* S. 554 f.; *Müller,* ZaöRV 79 (2019), 85, 106 f.

33 Hierzu *Chemerinsky,* S. 564; *Lepore,* S. 612 f.; *Brugger,* S. 137.

Die beiden Bestimmungen sind nicht immer einfach miteinander zu vereinbaren, sie stehen in einem Spannungsverhältnis[34]. So können z.B. gesetzlich vorgesehen Ausnahmen für Angehörige einer bestimmten Religion als von der Einrichtungsklausel nicht gewollte Förderung dieser Religion angesehen werden[35]. Wenn der Staat andererseits Subventionen verteilt, jedoch religiöse Einrichtungen hiervon ausnimmt, kann dies als Beeinträchtigung der freien Religionsausübung bewertet werden[36]. **239**

Beide religionsbezogenen Bestimmungen der US-Verfassung gelten über den 14. Zusatzartikel USC auch für die Bundesstaaten[37]. Bevor die Vorschriften genauer betrachtet werden, ist zu fragen, was der Supreme Court unter einer Religion versteht (1.) und auf wen die Normen anzuwenden sind. **240**

1. Annäherung an den Religionsbegriff

Eine eindeutige Definition von Religion ist schwierig[38] und der Supreme Court hat eine solche Definition nicht entwickelt[39]. Immerhin gibt es einige Kernaussagen: Eine religiöse Überzeugung muss nicht an eine Kirche gebunden sein, sogar ein Gottesglaube darf fehlen[40], sodass auch ein säkularer Humanismus als religiöser Glaube akzeptiert wird[41]. Erfasst wird auch der Atheismus, also die Freiheit an nichts zu glauben[42]. Durch diese Erweiterungen des Religionsbegriffs sind auch die vom Grundgesetz in Art. 4 Abs. 1 GG erwähnten weltanschaulichen Bekenntnisse erfasst. Jeder religiöse oder weltanschauliche Standpunkt muss ernsthaft (sincerely) vertreten werden[43]. Der Staat bewertet allerdings religiöse Positionen nicht, er entscheidet auch nicht zwischen Mehrheits- oder Minderheitsauffassungen innerhalb einer Religion[44]. **241**

2. Der persönliche Geltungsbereich

Unumstritten ist, dass natürliche Personen, inhabergeführte oder gemeinnützige Unternehmen und Religionsgemeinschaften sich auf die religiösen Garantien des 1. Zusatzartikels USC berufen können. Heftigen Streit hat dagegen die Frage ausgelöst, ob auch gewinnorientierte Gesellschaften religiös bedingte Ausnahmen für sich verlangen können, wenn die Anteilseigner religiöse Überzeugungen geltend machen. Auf den ersten Blick erscheint dieser Gedanke nicht naheliegend, da juristische Personen eine Schöp- **242**

34 *Chemerinsky,* S. 1295 f.; *Weaver,* S. 385; *Currie,* S. 83; *Barron/Dienes,* S. 611; *Brugger,* S. 185.
35 *Weaver,* S. 396; *Barron/Dienes,* S. 611; *Chemerinsky,* S. 1295 f.
36 *Barron/Dienes,* S. 611.
37 *Cantwell v. Connecticut,* 310 U.S. 296, 303 (1940); *Wallace v. Jaffree,* 472 U.S. 38, 49 f. (1985); *Santa Fe Independent School District v. Doe,* 530 U.S. 290, 302 (2000); *Weaver,* S. 324 u. 395; *Barron/Dienes,* S. 611; *Amar* (2012), S. 79; *Chemerinsky,* S. 1294; *Currie,* S. 83.
38 *Barron/Dienes,* S. 627; *Chemerinsky,* S. 1299; *Weaver,* S. 402.
39 *Chemerinsky,* S. 1299; *Barron/Dienes,* S. 659.
40 *United States v. Seeger,* 380 U.S. 163, 165 f. (1965); *Welsh v. United States,* 398 U.S. 333, 340 (1970); *Brugger,* S. 193; *Chemerinsky,* S. 1301 f.; *Barron/Dienes,* S. 659 f.
41 *Torcaso v. Watkins,* 367 U.S. 488, 495, Fn. 11 (1961).
42 *McCreary County v. ACLU,* 545 U.S. 844, 884 (2005); *Currie,* S. 84.
43 *United States v. Seeger,* 380 U.S. 163, 166 (1965); *Barron/Dienes,* S. 660; *Chemerinsky,* S. 1302; *Brugger,* S. 193.
44 *Barron/Dienes,* S. 660; *Chemerinsky,* S. 1300 u. 1303 f.; *Brugger,* S. 193.

fung der Rechtordnung[45] sind und kein eigenes Gewissen oder keinen eigenen Glauben entwickeln können[46]. Der Supreme Court hat dennoch die Geltung der Religionsfreiheit für Kapitalgesellschaften bejaht und einer familiengeführten Gesellschaft zugestanden, aus der Finanzierung einer Krankenversicherung insoweit auszusteigen, als die Versicherung auch Abtreibungsmedikamente erfasste[47]. Die Minderheitsmeinung im Supreme Court vertrat den Standpunkt, das gewinnorientierte Unternehmen sich nicht auf die Religionsfreiheit des 1. Zusatzartikels berufen könnten, was bislang auch überwiegend die Rechtsprechungslinie gewesen war[48].

243 Die Mehrheitsmeinung argumentierte, dass die Legaldefinition der Person in 1 U.S.C. § 1 Gesellschaften ebenfalls erfasse[49]. Wenn gewinnorientierte Einzelunternehmer und gemeinnützige Unternehmen von der Religionsfreiheit profitierten, dann müsste diese auch für gewinnorientierte Unternehmen gelten[50]. Denn die Grenzlinie zwischen Gewinnorientierung und Gemeinnützigkeit lasse sich nicht immer leicht ziehen[51]. Gewinnorientierte Unternehmen dürften nach dem Gesellschaftsrecht jeden legalen Zweck verfolgen, also auch religiöse Ziele[52].

244 Die Gegenauffassung sieht grundlegende Unterschiede zwischen religiös gebundenen gemeinnützigen Unternehmen und religiös gebundenen Einzelunternehmern auf der einen und normalen Gesellschaften auf der anderen Seite. Bei der erstgenannten Gruppe stünden religiöse Belange im Vordergrund, bei normalen Gesellschaften die Gewinnorientierung[53]. Religiöse Organisationen förderten die Interessen ihrer Religion und stellten in der Regel auch nur Religionsmitglieder ein; dies sei bei gewinnorientierten Unternehmen anders, hier seien Arbeitnehmer verschiedener Religionen beschäftigt[54]. Es sei zudem bedenklich, dass der Arbeitgeber – obwohl Kapitalgesellschaft – mit seinen religiösen Vorstellungen seine Arbeitnehmerinnen und Arbeitnehmer beeinflussen dürfe[55]. Der Einzelunternehmer wiederum stehe voll für sein Unternehmen ein, wohingegen eine Vergesellschaftung die volle persönliche Unternehmerhaftung aufhebe. Wenn man die Vorteile der Gesellschaft wolle, könne man nicht gleichzeitig die Vorteile des Einzelunternehmertums behalten[56]. Das letztgenannte Argument hat einiges für sich, denn wenn die Glaubensnot einer familiengeführten Gesellschaft wirklich so groß sein sollte, steht als Ausweg immer die Umwandlung in eine gemeinnützige Gesellschaft oder die Umwandlung in ein inhabergeführtes Unternehmen zur Verfügung. Weniger Sorge bereitet die heraufbeschworene Gefahr, dass sich große Aktienge-

45 *Kingreen/Möslein,* JZ 2016, 57, 63 u. 66.
46 *Kingreen/Möslein,* JZ 2016, 57, 59 m.w.N.
47 *Burwell v. Hobby Lobby,* 573 U.S. 691 (2014); *Chemerinsky,* S. 1385.
48 *Burwell v. Hobby Lobby,* 573 U.S. 753 ff. (2014), dissent.
49 *Burwell v. Hobby Lobby,* 573 U.S. 706 (2014); s.a. *Kingreen/Möslein,* JZ 2016, 57. 60.
50 *Burwell v. Hobby Lobby,* 573 U.S. 709 (2014).
51 *Burwell v. Hobby Lobby,* 573 U.S. 711 f.
52 *Burwell v. Hobby Lobby,* 573 U.S. 713 (2014); zustimmend *Horwitz,* Harvard Law Review 128 (2014), 154, 181.
53 Ähnlich *Kingreen/Möslein,* JZ 2016, 57, 65.
54 *Burwell v. Hobby Lobby,* 573 U.S. 754 (2014), dissent.
55 *Kingreen/Möslein,* JZ 2016, 57, 61 u. 63 m.w.N.
56 *Burwell v. Hobby Lobby,* 573 U.S. 753 ff. (2014), dissent; zustimmend *Kingreen/Möslein,* JZ 2016, 57, 64.

sellschaften wie IBM oder General Electric auf die Religionsfreiheit berufen könnten, um bestimmten gesetzlichen Anforderungen auszuweichen[57]. Denn im Gegensatz zu familiengeführten Gesellschaften werden sich die vielen Anteilseigner nicht überzeugend auf eine Linie in religiösen Fragen einigen können[58].

Die Frage, ob die Religionsfreiheit für gewinnorientierter Gesellschaften gelten soll, wäre in Deutschland anders beantwortet worden. Zwar können sich juristische Personen des Privatrechts über Art. 19 Abs. 3 GG grundsätzlich auf Art. 4 Abs. 1 und 2 GG berufen, wenn ihr Zweck die Pflege und Förderung eines religiösen Bekenntnisses ist[59]. Auch eine wirtschaftliche Randbetätigung wäre noch unschädlich[60]. Stellt aber die gewinnorientierte Teilnahme am Markt den Hauptunternehmenszweck dar, wird ein Schutz aus Art. 4 Abs. 1, 2 GG i.V.m. Art. 19 Abs. 3 GG verneint[61]. 245

3. Die Einrichtungsklausel

a) Trennung von Staat und Kirche

Die erste religionsbezogene Aussage des 1. Zusatzartikels USC wird als die Forderung nach einer grundsätzlichen Trennung von Staat und Kirchen verstanden[62], obwohl diese Forderung in den letzten Jahrzehnten – auch wegen einer intensiven Zusammenarbeit des Staates mit religiösen Einrichtungen in sozialen Fragen – aufgeweicht wird[63]. Es darf, insoweit gibt es eine Parallele zu Art. 137 Abs. 1 WRV i.V.m. 140 GG, keine Staatskirche geben[64]. Dem Staat ist es auch nicht erlaubt, sich in kircheninterne Angelegenheiten, etwa die Entlassung eines Geistlichen, einzumischen[65]. Aus der Einrichtungsklausel wird schließlich abgeleitet, dass der Staat sich allen Religionen gegenüber neutral verhalten muss und keine religiöse Gruppierung bevorzugen oder benachteiligen darf[66]. Erneut kann man eine Parallele zum Grundgesetz ziehen, das durch Art. 3 246

57 So *Burwell v. Hobby Lobby,* 573 U.S. 756 f. (2014), dissent.

58 *Burwell v. Hobby Lobby,* 573 U.S. 717 (2014); zustimmend *Horwitz,* Harvard Law Review 128 (2014), 154, 183; ähnlich *Kingreen/Möslein,* JZ 2016, 57, 64 f.

59 BVerfGE 19, 129 132; 70, 138, 160 f.; 99, 100, 118; 105, 279, 292; *von Ungern-Sternberg,* S. 175, 180; *Sodan/Ziekow,* § 31, Rn. 11; *Jarass/Pieroth,* Art. 4, Rn. 19.

60 BVerfGE 105, 279, 293; BAGE 79, 319, 338.

61 BVerfG-K, NJW 1995, 1606, 1607; BVerfG-K, NJW 2002, 1485; BVerwGE 64, 196, 199; BAGE 79, 319, 338; *Kingreen/Möslein,* JZ 2016, 57, 62, *Starck,* in: v. Mangoldt/Klein/Starck, GGK, Art. 4, Rn. 158; *von Ungern-Sternberg,* S. 175, 181; *Jarass/Pieroth,* Art. 4, Rn. 17 u. 21.

62 *Green,* Syracuse Law Review 69 (2019), 27 f.; *Currie,* S. 10 u. 87.

63 Einzelheiten bei *Green,* Syracuse Law Review 69 (2019), 27, 29 f. u. 65 m.w.N.

64 *Everson v. Board of Education,* 330 U.S. 1, 13 (1947); *Lemon v. Kurtzman,* 403 U.S. 602, 612 (1971); *McCreary County v. ACLU,* 545 U.S. 844, 875 (2005); *Barron/Dienes,* S. 612; *Currie,* S. 86; *Weaver,* S. 324.

65 *Hosanna-Tabor Evangelical Church v. EEOC,* 565 U.S. 171, 181 u. 189 (2012); *Green,* Syracuse Law Review 69 (2019), 27, 50 f.; *Barron/Dienes,* S. 657 f.; *Chemerinsky,* S. 1295 u. 1389.

66 *Everson v. Board of Education,* 330 U.S. 1, 18 (1947); *Abington v. Schempp,* 374 U.S. 203, 225 (1963); *Kiryas Joel v. Grumet,* 512 U.S. 687, 703 (1994); *McCreary County v. ACLU,* 545 U.S. 844, 860 u. 883 (2005); *Trump v. Hawaii,* 138 S.Ct. 2392, 2417 u. 2433 f. (dissent) (2018); *Masterpiece Cake Shop v. Colorado Civil Rights Commission,* 138 S.Ct. 1719, 1732 (2018); *Tushnet,* S. 215; *Currie,* S. 86 f. u. 90; *Chemerinsky,* S. 1306, 1309 u. 1313 f.; *Weaver,* S. 326; *Barron/Dienes,* S. 612 u. 635; *Amar* (2012), S. 77; *Kommers/Miller,* S. 539 u. 620.

Abs. 3, 4 Abs. 1, 2, 33 Abs. 5, 140 i.V.m. Art 136 WRV ebenfalls eine weltanschauliche-religiöse Neutralität des Staates festlegt[67].

247 Die im deutschen Grundgesetz an verschiedenen Stellen ausdrücklich vorgesehene Kooperation zwischen Staat und Religionen ist in der US-Verfassung nicht vorhanden[68], was einen gravierenden Unterschied zwischen den beiden Rechtsordnungen darstellt[69]. So gibt es im Gegensatz zu Art. 7 Abs. 3 GG in den USA keinen Religionsunterricht in den staatlichen Schulen, er ist vielmehr den jeweiligen Glaubensgemeinschaften vorbehalten und findet z.B. in den sogenannten Sonntagsschulen statt. Auch eine verfassungsrechtliche Begünstigung von Grundschulen, die Bekenntnisschulen sind (Art. 7 Abs. 5 GG) kennt die US-Verfassung nicht. Eine Kirchensteuer, wie in Art. 137 Abs. 6 WRV i.V.m. 140 GG vorgesehen und eine Zusammenarbeit von Staat und Kirche bei der Erhebung der Steuer existieren nicht. Ferner kann in den USA keine Religionsgemeinschaft den Status einer öffentlich-rechtlichen Körperschaft behalten oder bekommen (anders Art. 137 Abs. 5 WRV i.V.m. 140 GG). Schließlich ist die Verfassungsgarantie für Sonntage aus Art. 139 i.V.m. 140 GG in den USA unbekannt.

248 Dass die Trennung von Staat und Kirchen in den USA ernst genommen wird, belegt auch eine systematische Betrachtung: Anders als im deutschen Grundgesetz hat die Präambel keinen Gottesbezug und der Amtseid des Präsidenten in Art. II section 1 cl. 8 USC enthält im Gegensatz etwa zu den Gepflogenheiten in England[70] oder zu Art. 56 GG ebenfalls keine religiösen Bezüge. Immerhin darf ein werdender deutscher Bundespräsident die religiöse Beteuerung auch weglassen (Art. 56 S. 3 GG). Schließlich bestimmt Art. VI section 3 USC ähnlich wie Art. 33 Abs. 3 GG, dass der Staat eine Beschäftigung im öffentlichen Dienst nicht von religiösen Fragen abhängig machen darf, was für 1787 als sehr moderne Regelung betrachtet wird[71].

249 Die deutlichen Unterschiede im Verhältnis des Staates zu den Religionen zeigen sich auch am Umgang mit dem Schulgebet[72]. In Deutschland wurde ein überkonfessionelles Gebet, außerhalb des Religionsunterrichts, etwa in der ersten Unterrichtsstunde grundsätzlich als verfassungsrechtlich zulässig bewertet, wenn seine Freiwilligkeit klar kommuniziert wird und nicht-religiöse Schülerinnen und Schüler dem Gebet fernbleiben dürfen[73]. Die Ausgestaltung des Schulwesens durch die Bundesländer (Art. 7 Abs. 1 GG) und die positive Religionsfreiheit (Art. 4 Abs. 1, 2 GG) setzen sich gegen die negative Religionsfreiheit der Gegner des Schulgebets durch, solange diese eine zumutbare Ausweichmöglichkeit haben[74]. Erzwungene Teilnahme am Gebet würde allerdings gegen Art. 136 Abs. 4 WRV i.V.m. Art. 140 GG verstoßen.

---

67 *Jarass/Pieroth,* Art. 4, Rn. 5 u. 25; *Michael/Morlok,* Rn. 182; *Sodan/Ziekow,* § 31, Rn. 8.
68 *Chemerinsky,* S. 1305; *Kommers/Miller,* S. 620.
69 *Kommers/Miller,* S. 538 f.
70 *Amar* (2006), S. 177 f.
71 *Amar* (2006), S. 166; *Lepore,* S. 138.
72 *Kommers/Miller,* S. 566.
73 BVerfGE 52, 223, 240.
74 BVerfGE 52, 223, 240 f.

In den USA wurde dagegen Gebete in öffentlichen Schulen mehrfach für verfassungswidrig gehalten[75], sogar eine Schweigeminute zu Beginn des Unterrichts, in der Schülerinnen und Schüler entweder freiwillig beten oder meditieren sollten, wurde als Verstoß gegen die von der establishment-clause gewünschte Trennung von Staat und Kirche bewertet[76]. Dagegen hatte der Supreme Court keine Bedenken bei (christlichen) Gebeten zu Beginn von Parlamentssitzungen in Nebraska oder bei Gebeten zu Beginn von Sitzungen einer Gemeindeversammlung[77]. Zwar sind hier nur Erwachsene betroffen und niemand wird zur Teilnahme gezwungen, doch erscheint diese Unterscheidung insgesamt nicht sehr überzeugend. 250

Wegen der Neutralitätspflicht des Staates wurde es außerdem als verfassungsrechtlich zulässig angesehen, dass privat organisierte religiöse Gruppen staatliche Schul- und Universitätsräume ebenso benutzen dürfen wie private Sport- oder Schachclubs[78]. 251

b) Unterstützung von Religionsgemeinschaften

Dass Staat und Kirche in den USA getrennte Bereiche sind, soll indes nicht zu einer religionsfeindlichen Haltung des Staates führen[79]. Ausgeschlossen sind zwar direkte staatliche Hilfsleistungen, eine Kirchensteuer oder sonstige direkte staatliche Hilfsmaßnahmen für religiöse Zwecke[80], aber es ist ebenso klar, dass religiöse Einrichtungen allgemeine staatliche Leistungen, wie etwa Polizei, Feuerwehr, Wasser- und Stromversorgung in Anspruch nehmen dürfen[81]. 252

Um in der Grauzone zwischen den beiden klaren Bereichen zu entscheiden, ob sich einzelne Maßnahmen des Staates in verfassungswidriger Weise zu weit in den Bereich der Religion einmischen, wird seit den siebziger Jahren häufig der sogenannte Lemon-Test herangezogen[82], der drei Fragen stellt: 253

- Besteht der Hauptzweck der Maßnahme in der Religionsförderung oder überwiegt ein religionsneutraler Zweck?

75 *Engel v. Vitale,* 370 U.S. 421, 430 f. (1962); *Abington v. Schempp,* 374 U.S. 203, 224 f. (1963); *Lee v. Weisman,* 505 U.S. 577, 586 f. u. 618 f.(1992); *Santa Fe Independent School District v. Doe,* 530 U.S. 290, 313 (2000); *Brugger,* S. 188; *Green,* Syracuse Law Review 69 (2019), 27, 57; *Barron/Dienes,* S. 626 f. u. 630 f.; *Currie,* S. 87 f.; *Chemerinsky,* S. 1295 u. 1333 f.; *Amar,* (2012), S. 170; *Weaver,* S. 350 f.

76 *Wallace v. Jaffree,* 472 U.S. 38, 56 f. (1985); *Weaver,* S. 352 f.; *Brugger,* S. 188; kritisch hierzu *Amar* (2012), S. 219.

77 *March v. Chambers,* 463 U.S. 783, 791 (1983) bzw. *Town of Greece v. Galloway,* 134 S.Ct. 1811, 1825 (2014); *Barron/Dienes,* S. 642 f.; *Chemerinsky,* S. 1340 ff.

78 *Green,* Syracuse Law Review 69 (2019), 27, 52; *Barron/Dienes,* S. 627 f.; *Amar* (2012), S. 221.

79 *Abington v. Schempp,* 374 U.S. 203, 225 (1963); *Lynch v. Donelly,* 465 U.S. 668, 677 (1984); *Masterpiece Cake Shop v. Colorado Civil Rights Commission,* 138 S.Ct. 1719, 1732 (2018); *Weaver,* S. 325 u. 419; *Barron/Dienes,* S. 613 u. 640.

80 *Currie,* S. 87; *Amar* (2012), S. 78; *Green,* Syracuse Law Review 69 (2019), 27, 55; *Barron/Dienes,* S. 644; *Chemerinsky,* S. 1317, 1343 u. 1351.

81 *Chemerinsky,* S. 1343; *Currie,* S. 90.

82 Aus der Entscheidung *Lemon v. Kurtzman,* 403 U.S. 602, 612 f. (1971); s.a. *Wallace v. Jaffree,* 472 U.S. 38, 55 f. (1985); *Agostini v. Felton,* 521 U.S. 203, 218 f. u. 232 (1997); *McCreary County v. ACLU,* 545 U.S. 844, 859 ff. (2005); s.a. *Weaver,* S. 327 f.; *Barron/Dienes,* S. 613; *Chemerinsky,* S. 1296, 1315 ff. u. 1343; *Brugger,* S. 187.

- Besteht die Wirkung der Maßnahme überwiegend darin, dass (eine) Religion gefördert oder behindert wird?
- Führt die staatliche Maßnahme zu einer Überschneidung der Bereiche von Staat und Kirchen – etwa durch dauerhafte Aufsichts- oder Kontrollfunktionen des Staates?

254 An der ersten Frage scheiterte etwa ein Gesetz des Bundesstaates Louisiana, das forderte, in öffentlichen Schulen neben der Evolutionstheorie Darwins auch die Schöpfungsgeschichte der Bibel zu unterrichten, denn dieses Gesetz förderte ganz überwiegend religiöse Belange[83]. Ebenso wenig Bestand hatte eine Regelung, die vorsah, dass in allen Justizgebäuden eines Landkreises die zehn Gebote angeschlagen werden sollten[84]. Auch eine staatliche Subvention, die nur Schüler und Schülerinnen an einer kirchlichen Privatschule erhalten können, würde an der ersten Frage des Lemon-Tests scheitern[85]. Anders sieht es dagegen aus, wenn eine Unterstützung, etwa ein Gebärdendolmetscher oder die Beförderung zur Schule mit Bussen, für alle Kinder gewährt wird, unabhängig von der Schule, die sie besuchen[86]. Privatschulen mit religiösem Hintergrund sollen also nicht schlechter behandelt werden als staatliche Schulen[87]. Ein Gesetz, dass Ladenöffnungszeiten am Sonntag betraf, wurde dagegen nicht als reines Religionsförderungsgesetz eingeordnet. Denn der einheitliche arbeitsfreie Tag dient nicht nur religiösen Menschen, sondern allen, unabhängig von der Religionszugehörigkeit als Tag der Arbeitsruhe und Entspannung[88].

255 Eine direkte Religionsförderung würde etwa durch staatliche Gelder ausgelöst, die ohne weiteres für religiöse Unterweisung eingesetzt werden dürfen[89]. Erlaubt soll dagegen die Mitfinanzierung eines Gemeindespielplatzes für Kinder sein[90]. Die zweite Frage des Lemon-Tests wäre ferner etwa aktuell geworden, wenn das Verbot der Einreise in die USA für potentielle Terroristen sich ausschließlich auf muslimische Staaten erstreckt hätte[91]. Durch die Aufnahme Nordkoreas und Venezuelas in die dritte und jüngste Fassung der Regelung, wurde dieser denkbare Vorwurf indes abgewendet[92].

256 Eine unzulässige dauerhafte Vermischung staatlicher und religiöser Belange wird etwa dann angenommen, wenn der Staat Lehrergehälter an kirchlichen Schulen bezahlt[93].

---

83 *Edwards v. Aguillard,* 482 U.S. 578, 594 (1987); *Weaver,* S. 362 f.

84 *McCreary County v. ACLU,* 545 U.S. 844, 881 (2005); *Chemerinsky,* S. 1337; *Weaver,* S. 365 ff.

85 *Chemerinsky,* S. 1346 ff.

86 *Barron/Dienes,* S. 615 u. 617; *Chemerinsky,* S. 1349 u. 1353; *Weaver,* S. 325 f.

87 *Trinity Lutheran Church v. Comer,* 137 S.Ct. 2012, 2019 ff. (2017); *Weaver,* S. 420; *Currie,* S. 88 f.; *Green,* Syracuse Law Review 69 (2019), 27, 58; *Amar* (2012), S. 221.

88 *McGowan v. Maryland,* 366 U.S. 420, 434 (1961); *McCreary County v. ACLU,* 545 U.S. 844, 861 (2005).

89 *Chemerinsky,* S. 1346 u. 1355; *Green,* Syracuse Law Review 69 (2019), 27, 67; *Currie,* S. 88 f.; *Barron/Dienes,* S. 618.

90 *Trinity Lutheran Church v. Comer,* 137 S.Ct. 2012, 2025 (2017).

91 So dennoch die abweichende Meinung in *Trump v. Hawaii,* 138 S.Ct. 2392. 2434 (2018).

92 Die anderen erfassten Länder waren Iran, Irak, Libyen, Syrien und Jemen, *Trump v. Hawaii,* 138 S.Ct. 2392, 2405 (2018).

93 *Lemon v. Kurtzman,* 403 U.S. 602, 613 f. (1971); *Barron/Dienes,* S. 617; *Weaver,* S. 3248 f.; *Chemerinsky,* S. 1319 u. 1352 m.w.N.

In jüngerer Zeit stellen einige Richter am Supreme Court den Lemon-Test in Frage und wollen auf eine religionsfreundlichere Interpretation der establishment-clause umschwenken: Wegen der Bedeutung der Religion für die Gesellschaft soll nur dann ein Verstoß gegen das Verbot eine Religion einzurichten vorliegen, wenn der Staat eine Staatskirche gründet oder religiöses Verhalten seiner Bürger erzwingt[94]. **257**

4. Die freie Religionsausübung

Wie das deutsche Grundgesetz[95] in Art. 4 Abs. 1 und Abs. 2 schützt der 1. Zusatzartikel USC sowohl das Bilden eines Glaubens (forum internum) als auch das Bekennen und Handeln nach Glaubensgrundsätzen, z.B. die Werbung für die eigene Religion (forum externum)[96]. Der Staat seinerseits darf den Bürgerinnen und Bürgern keine Religion aufzwingen oder sie wegen ihrer religiösen Vorstellungen sanktionieren[97]. So wurde es z.B. als Verstoß gegen die freie Religionsausübung bewertet, dass Geistliche per Gesetz von politischen Ämtern ausgeschlossen wurden[98]. **258**

Während die Bekenntnisfreiheit als absolut betrachtet wird, kann die Freiheit, nach seinen Glaubensgrundsätzen zu handeln, nicht unbeschränkt gelten[99]. Einige Beispiele sollen dies illustrieren: **259**

- das gesetzliche Verbot der Polygamie müssen auch Mormonen hinnehmen, obwohl ihr Glauben anderes fordert; sonst würde sich die religiöse Vorgabe gegen das staatliche Strafrecht durchsetzen[100];
- selbst wenn ein Arbeitgeber, der etwa jüdischen oder muslimischen Glaubens ist, den Sonntag als religiösen Feiertag nicht kennt, muss er diesen freien Tag für seine Arbeitnehmer respektieren[101], weil es sich nur um eine indirekte, finanzielle Einbuße handelte[102];
- die von der Armee geforderte Kleidungsordnung setzt sich gegen anderslautende religiöse Bekleidungsvorschriften durch, was zur Folge hatte, dass ein Militärarzt nicht mit Jarmulke zum Dienst erscheinen durfte[103].

Welche generelle Regel steckt hinter diesen Entscheidungen? Bis 1990 untersuchte der Supreme Court grundsätzlich zunächst die Intensität des Eingriffs in die Religionsfrei- **260**

94 *Allegheny County v. ACLU,* 492 U.S. 573, 655 ff. (1989) dissent; s.a. *Chemerinsky,* S. 1309 u. 1316; *Brugger,* S. 189 f.; *Barron/Dienes,* S. 613 f.; *Weaver,* S. 332 ff.

95 *Michael/Morlok*, Rn. 190 ff.; *Jarass/Pieroth,* Art. 4, Rn. 10-12; *Sodan/Ziekow,* § 31, Rn. 4 ff.

96 *Cantwell v. Connecticut,* 310 U.S. 296, 303 f. (1940); *McDaniel v. Paty,* 435 U.S. 618, 626, (1978); *Barron/Dienes,* S. 646; *Currie*, S. 84; *Weaver,* S. 393; *Abrams,* S. 46 f.; *Chemerinsky,* S. 1362.

97 *Cantwell v. Connecticut,* 310 U.S. 296, 303 (1940); *Braunfeld v. Brown,* 366 U.S. 599, 603 (1961); *Weaver,* S. 3954; *Brugger,* S. 190; *Currie*, S. 83; *Chemerinsky,* S. 1362; *Barron/Dienes,* S. 646.

98 *McDaniel v. Paty,* 435 U.S. 618, 626, 628 f. (1978); *Weaver,* S. 411; *Currie,* S. 83.

99 *Cantwell v. Connecticut,* 310 U.S. 296, 303 f. (1940); *Braunfeld v. Brown,* 366 U.S. 599, 603 (1961); *Employment Division v. Smith,* 494 U.S. 872, 894 (1990); *Brugger,* S. 190; *Currie,* S. 84; *Barron/Dienes,* S. 647.

100 *Reynolds v. United States,* 98 U.S. 145, 166-167 (1879).

101 *Braunfeld v. Brown,* 366 U.S. 599, 609 (1961).

102 *Braunfeld v. Brown,* 366 U.S. 599, 606 (1961).

103 *Goldman v. Weinberger,* 475 U.S. 503, 507 u. 509 f. (1986).

heit und forderte, wenn diese erheblich war, sowohl ein gewichtiges öffentliches Interesse zur Rechtfertigung des Eingriffs als auch die Erforderlichkeit des eingesetzten Mittels[104].

261 Als Beispiel für diese Entscheidungslinie sei der Schulpflichtfall *Wisconsin v. Yoder* aus dem Jahr 1972 geschildert. Das Schulgesetz des Bundesstaates Wisconsin sah vor, dass alle Kinder mindestens zehn Jahre zur Schule gehen sollten[105]. Die Amish-Religionsgruppe argumentierte dagegen, dass nach ihrem religiösen Verständnis acht Jahre Schulbesuch ausreichten, um Kinder auf das Leben in ihren Gemeinden vorzubereiten; ein längerer Schulbesuch verweltliche die Kinder und entfremde sie von den Werten ihrer Religion[106]. Der Supreme Court bewertete den Eingriff als sehr intensiv, da er unausweichlich war und mit staatlichem Zwang durchgesetzt werden konnte[107]. Anschließend hieran wurden die für den Eingriff sprechenden öffentlichen Interessen als nicht ausreichend beurteilt. Ob eine Schülerin bzw. ein Schüler acht oder zehn Jahre zur Schule gehe, habe für sein eigenes Wohl und die Erfüllung seiner Pflichten als Staatsbürger oder seinen Beitrag zum Wohl der Gesellschaft keine gravierende Bedeutung; Religionsfreiheit und elterliches Erziehungsrecht seien höher anzusetzen[108]. Zu dieser Entscheidung passt, dass Homeschooling aus religiösen oder anderen Gründen in den meisten Bundesstaaten der USA unproblematisch möglich ist, wohingegen in Deutschland die Schulpflicht, die auch aus Art. 7 Abs. 1 GG abgeleitet wird, heimischen Unterricht durch die Eltern nahezu ausschließt[109].

262 Das 1990 verkündete Urteil im Fall *Employment Division v. Smith*[110] brachte eine grundlegende Veränderung der bisherigen Rechtsprechung zur Religionsausübungsfreiheit[111]. Jetzt lautet die Grundlinie, dass die Free-Exercise-Clause keine religionsbedingten Ausnahmen verlangt, solange ein staatliches Gesetz allgemein gilt und religionsneutral formuliert ist[112]. Im konkreten Fall akzeptierte der Supreme Court eine Regelung die Arbeitslosenhilfe für solche Personen ausschloss, die wegen strafbaren Drogenmissbrauchs gekündigt worden waren, obwohl die Kläger religiöse Gründe für die Einnahme der Drogen geltend gemacht hatten. Im Unterschied zur früheren Rechtsprechungslinie werden jetzt nur noch speziell gegen Religionen gerichtete oder parteiische Gesetze streng kontrolliert, allgemeine und religionsneutrale Gesetze müssen nur vernünftig begründet sein (rational basis test), um als verfassungsgemäß akzeptiert zu werden[113].

---

104 *Employment Division v. Smith,* 494 U.S. 872, 894 f. dissent (1990) m.w.N.; *Barron/Dienes,* S. 652; *Tushnet,* S. 174; *Chemerinsky,* S. 1368; *Weaver,* S. 396; *von Ungern-Sternberg,* S. 175, 177; *Currie,* S. 85; *Brugger,* S. 190.

105 *Wisconsin v. Yoder,* 406 U.S. 205, 207 (1972).

106 *Wisconsin v. Yoder,* 406 U.S. 205, 210 f. (1972).

107 *Wisconsin v. Yoder,* 406 U.S. 205, 218 f. (1972).

108 *Wisconsin v. Yoder,* 406 U.S. 205, 234 f. (1972); *Barron/Dienes,* S. 651.

109 Vertiefend insoweit *Beaucamp,* Homeschooling, S. 183, 184 f.; *von Ungern-Sternberg,* S. 175, 188.

110 494 U.S. 872 (1990).

111 *Chemerinsky,* S. 316, 1373 u. 1375; *Epps,* S. 455; *Barron/Dienes,* S. 653 u. 661; *Currie,* S. 85.

112 *Employment Division v. Smith,* 494 U.S. 872, 879 (1990); *Church of Lukumi v. Hialeah,* 508 U.S. 520, 531 f. (1993); *Chemerinsky,* S. 1365 u. 1373 f.; *Weaver,* S. 401 f.; *Brugger,* S. 191 f.; *Epps,* S. 455; *Currie,* S. 85.

113 *Chemerinsky,* S. 1375 u. 1377; *von Ungern-Sternberg,* S. 175, 178; *Brugger,* S. 192; *Kischel,* S. 353.

Der Kongress war mit dieser wenig religionsfreundlichen neuen Haltung des Supreme Court nicht einverstanden und reagierte mit dem Religious Freedom Restoration Act von 1993[114], dessen zentrale Bestimmung den Weg zurück zum Stand vor *Employment Division v. Smith* einschlug. Die Vorschrift, 42 U.S.C. § 2000bb–1 (Free exercise of religion protected), lautet: *(a)* ***In general*** *Government shall not substantially burden a person's exercise of religion even if the burden results from a rule of general applicability, except as provided in subsection (b) of this section. (b)* ***Exception*** *Government may substantially burden a person's exercise of religion only if it demonstrates that application of the burden to the person (1) is in furtherance of a compelling governmental interest; and (2) is the least restrictive means of furthering that compelling governmental interest.* 263

Dies ließ sich wiederum der Supreme Court nicht gefallen, der das genannte Gesetz, zumindest in seiner Anwendung auf die Bundesstaaten wegen Überschreitung der gesetzgeberischen Kompetenzen des Bundes aus section 5 des 14. Zusatzartikels für verfassungswidrig erklärte; die Umsetzung dieser Bestimmung erfasse nicht die Begründung neuer Rechte und der Kongress dürfe nicht ohne Verfassungsänderungsverfahren nach Art. V USC die Bedeutung von Verfassungsnormen festlegen[115]. Überraschenderweise wurde die Norm jedoch für anwendbar gehalten, soweit es um Gesetze des Bundes geht[116]. So konnte sie auf eine Regelung aus dem Affordable Care Act (Obamacare) von 2010 bezogen werden, die vorsah, dass die Pille „danach" und ähnliche Abtreibungsmittel von der gesetzlich vorgeschriebenen Mindestkrankenversicherung erfasst werden. Arbeitgeber, die hiervon betroffen waren, fühlten sich in ihrer Religionsausübungsfreiheit beschränkt[117], weil sie sich aus religiösen Gründen verpflichtet sahen, Abtreibungen keineswegs zu fördern. Ob diese religiöse Position, sinnvoll war oder nicht, durften die Gerichte nicht beurteilen, solange sie Position – was anzunehmen war – auf einer ehrlichen Überzeugung beruhte[118]. 264

Die oben zitierte Norm verlangt allerdings weiterhin, dass die Einschränkung gewichtig sein muss (substantially burden). Hieran lässt sich zweifeln. Denn die Arbeitgeber müssen die umstrittenen Verhütungsmittel nicht selbst kaufen oder zur Verfügung stellen, sondern diese nur als Teil eines Versicherungsprogramms mitfinanzieren[119]. Die Kosten für die umstrittenen Medikamente haben nur einen verschwindend geringen Anteil an den Kosten der gesamten Krankenversicherung. Die Gruppe der Betroffenen ist klein: Es geht nicht um die Gesamtbelegschaft, sondern nur um die beschäftigten Frauen im gebärfähigen Alter. Ob diese von der Krankenversicherung begünstigten weiblichen Angestellten die religiös verpönten Verhütungsmittel nutzen oder nicht, ist ungewiss. 265

114 *Currie*, S. 85; *Barron/Dienes*, S. 655; *Chemerinsky*, S. 315 f. u. 1384; *von Ungern-Sternberg*, S. 175, 178.

115 *City of Boerne v. Flores*, 521 U.S. 507, 519 u. 529 (1997); *Barron/Dienes*, S. 655 f.; *Tushnet*, S. 174; *Currie*, S. 86; *Chemerinsky*, S. 317 u. 1384.

116 *Barron/Dienes*, S. 655 f.; *Weaver*, S. 406; *Epps*, S. 455, 480.

117 *Burwell v. Hobby Lobby*, 573 U.S. 720; *Horwitz*, Harvard Law Review 128 (2014), 154, 163.

118 *Burwell v. Hobby Lobby*, 573 U.S. 725 f. (2014); ebenso *Burwell v. Hobby Lobby*, 573 U.S. 758 (2014), dissent.

119 *Burwell v. Hobby Lobby*, 573 U.S. 760 (2014), dissent; ebenso *von Ungern-Sternberg*, S. 175, 182.

Es ist möglich, dass im religiös geführten Unternehmen überhaupt keine weibliche Angestellte auf die umstrittenen Medikamente zugreifen will. Da eine freie Entscheidung Dritter zwischen den religiös gebundenen Arbeitgebern und der von ihnen abgelehnten Form der Verhütung steht, erscheint es überzeugend, die von 42 U.S.C. § 2000bb–1 geforderte deutliche Belastung zu verneinen; denn eine nur mittelbare, finanziell geringe und eventuell gar nicht relevant werdende Einschränkung kann nicht intensiv in die Religionsfreiheit eingreifen[120].

266 Das andere Resultat der Mehrheitsmeinung birgt die Gefahr, dass religiös engagierte Arbeitgeber versuchen, ihre Auffassungen auf ihre Angestellten auszudehnen[121], was der Supreme Court in einer früheren Entscheidung zur Verweigerung von Rentenversicherungszahlungen ausdrücklich abgelehnt hat[122]. Denn im Gegensatz zum klassischen Konflikt in Religionsfragen, in dem es um die Abwehr staatlicher Beschränkungen geht[123], liegt der Fall hier anders. Unter Berufung auf ihre Religionsfreiheit wollen die beklagten Unternehmen verhindern, dass Dritte, nämlich ihre Angestellten, von einer staatlichen Begünstigung profitieren, die sie aus religiösen Gründen ablehnen[124]. Es kommt ihnen also nicht nur darauf an, selbst religiös leben zu können, sondern sie wollen ihre Vorstellungen auf andere Personen übertragen, die diese religiösen Vorstellungen höchstwahrscheinlich nicht teilen[125]. Zumindest im Unternehmen selbst wird bereits durch das Bemühen um die Ausnahme, der Gebrauch der umstrittenen Verhütungsmittel als Sünde gebrandmarkt, was einen psychologischen Druck auf alle Mitarbeiter auslöst[126]. Gibt man solchen Klagen statt, wird religiösen Eiferern – insbesondere Abtreibungsgegnern – ein Weg eröffnet, um ihre nicht mehrheitsfähigen Vorstellungen zumindest teilweise durchzusetzen[127].

267 Es muss auch nicht bei dem Problem der Abtreibungsmedikamente bleiben. Denkbar erscheint auch, dass andere Unternehmen Zahlungen für Impfungen, Antidepressiva oder Bluttransfusionen verweigern, weil diese medizinischen Maßnahmen ihren religiösen Überzeugungen widersprechen[128]. Denkbar wäre es weiterhin, dass Arbeitgeber sich aus religiösen Gründen weigern, Krankenversicherungsleistungen für gleichgeschlechtliche Partner von Angestellten zu übernehmen[129]. Man öffnet mit der Bewertung von Zahlungen an die Krankenversicherung als Eingriff in die Religionsfreiheit die Tür für weitere Klagen auf religiös bedingte Ausnahmen, und begibt sich in ein wahres Minenfeld[130].

---

120 *Burwell v. Hobby Lobby,* 573 U.S. 760 f. (2014), dissent; ebenso *von Ungern-Sternberg,* S. 175, 182.

121 *Burwell v. Hobby Lobby,* 573 U.S. 764 (2014), dissent.

122 *United States v. Lee*, 455 U.S. 252, 261 (1982); *Nejaime/Siegel,* Yale Law Journal 124 (2015), 2516, 2529.

123 Beispiele zur klassischen Konfliktsituation bei in *Nejaime/Siegel,* Yale Law Journal 124 (2015), 2516, 2524 ff.

124 Ausführlich hierzu *Nejaime/Siegel,* Yale Law Journal 124 (2015), 2516, 2519 f.

125 *Nejaime/Siegel,* Yale Law Journal 124 (2015), 2516, 2520, 2556 u. 2590.

126 *Nejaime/Siegel,* Yale Law Journal 124 (2015), 2516, 2575 f. u. 2581 f.

127 *Nejaime/Siegel,* Yale Law Journal 124 (2015), 2516, 2520, 2552 u. 2563.

128 *Burwell v. Hobby Lobby,* 573 U.S. 766 u. 770 (2014), dissent.

129 *Nejaime/Siegel,* Yale Law Journal 124 (2015), 2516, 2563.

130 *Burwell v. Hobby Lobby,* 573 U.S. 771 f. (2014), dissent; s.a. *Chemerinsky,* S. 1387.

Die Mehrheitsmeinung, die eine gewichtige Einschränkung der Religionsfreiheit bejaht, räumt ein, dass das staatliche Interesse, allen Frauen Zugang zu allen Verhütungsmitteln, also auch der Pille „danach" zu gewähren, als zwingend zu betrachten sei (compelling governmental interest)[131]. Dennoch sei der beklagten gewinnorientierten Gesellschaft eine Ausnahme zu gewähren. Es hätte nämlich ein milderes Mittel gegeben das staatliche Interesse zu verwirklichen: Entweder eine staatliche Übernahme dieses speziellen Postens der Krankenversicherung[132] oder eine Ausnahme für religiös gebundene Unternehmen wie sie auch für nicht gewinnorientierte religiöse Arbeitgeber gemacht wird[133]. Die Leistungen für die vier umstrittenen Medikamente werden dann allein von der Krankenversicherung getragen[134]. **268**

Die deutsche Rechtsordnung weist keine dem 42 U.S.C. § 2000bb–1 verwandte Vorschrift zum Schutz der Religionsfreiheit vor allgemein geltenden Gesetzen auf. Als ein deutscher Krankenversicherter sich mit einer Verfassungsbeschwerde dagegen wandte, dass seine Klage vor den Sozialgerichten gegen die Finanzierung von Schwangerschaftsabbrüchen durch die Krankenkasse als unzulässig abgewiesen worden war, hielt das Bundesverfassungsgericht diese Verfassungsbeschwerde ebenfalls für unzulässig[135]. Denn es fehle dem Kläger an einem subjektiven Recht: Die Leistungen der Krankenkassen an Dritte berührten die Mitgliedschaftsrechte des Klägers nicht und aus dem Grundrecht des Art. 4 Abs. 1, 2 GG folge kein Anspruch darauf, dass die persönliche Überzeugung zum Maßstab der Gültigkeit oder der Anwendung genereller Rechtsnormen gemacht werde[136]. Ein Blick auf Art. 140 GG i.V.m. Art. 137 Abs. 3 WRV bestätigt die letztgenannte Aussage. Die Handlungen Dritter, die nicht der Religionsgemeinschaft angehören, sind jedenfalls keine eigenen Angelegenheiten[137]. **269**

5. Erklärungsansätze für die Unterschiede

Dass in den USA die Einflussbereiche des Staates und der Religionen strenger auseinandergehalten werden, wird historisch begründet. Viele Einwanderer hatten auch deshalb Europa verlassen, um religiösem Zwang und religiöser Verfolgung zu entgehen[138], die staatlich unbeeinflusste Religionsfreiheit war ein Versprechen der neuen Welt. Das deutsche Grundgesetz hat insoweit eine ganz andere Tradition und übernahm im Staatskirchenrecht viele Kompromissentscheidungen der Weimarer Verfassung, die bereits eine ständige Zusammenarbeit von Staat und Kirche vorsahen. Ein weiterer Grund dafür, dass sich der Staat in den USA weitgehend aus Religionsangelegenheiten heraus- **270**

131 *Burwell v. Hobby Lobby,* 573 U.S. 728; ebenso *Burwell v. Hobby Lobby,* 573 U.S. 764 (2014), dissent.

132 *Burwell v. Hobby Lobby,* 573 U.S. 728 f. (2014).

133 *Burwell v. Hobby Lobby,* 573 U.S. 730 f. (2014); A.A. *Burwell v. Hobby Lobby,* 573 U.S. 767 f. (2014), dissent.

134 *Burwell v. Hobby Lobby,* 573 U.S. 731 (2014); *Horwitz,* Harvard Law Review 128 (2014), 154, 173.

135 BVerfGE 67, 26, 33 ff.

136 BVerfGE 67, 26, 36 f.

137 BVerwGE 116, 86, 89 f.; *Jarass/Pieroth,* Art. 140/137 WRV, Rn. 9.

138 *Everson v. Board of Education,* 330 U.S. 1, 8 f. (1947); *McCreary County v. ACLU,* 545 U.S. 844, 881 (2005); *Weaver,* S. 393; *Green,* Syracuse Law Review 69 (2019), 27, 35.

hält, mag an der großen Vielfalt der US-amerikanischen Religionslandschaft liegen[139]. Anders als in Deutschland gab es in der Vergangenheit nicht zwei eindeutig dominierende Religionen, sondern viele konkurrierende Gruppierungen. Deswegen könnte auch der politische Einfluss der Religionsgemeinschaften in den USA geringer sein.

271 Dass in Einzelfällen dennoch erstaunliche religiöse Ausnahmen gemacht werden – erinnert sei an den Schulpflichtfall *Wisconsin v. Yoder,* das Gebet vor Beginn der Gemeindeversammlung (*Town of Greece v. Galloway*) oder die religiös begründete Befreiung eines gewinnorientierten Unternehmens von der Pflicht, bestimmte Abtreibungsmedikamente mitzubezahlen (*Burwell v. Hobby Lobby*), mag damit zu erklären sein, dass die USA – zumindest traditionell – ein sehr religiöses Land sind[140] und Religiosität positiv bewerten[141]. Das Erntedankfest (Thanksgiving) ist ein offizieller staatlicher Feiertag; das Motto des Landes, was sich auf Geldmünzen und -scheinen findet lautet[142]: *In God we trust.* Schließlich beginnt der Treueschwur zur US-amerikanischen Flagge[143], der in vielen Schulen des Landes täglich abgelegt wird, mit den Worten *One nation under God.*

IV. Meinungs- und Pressefreiheit

272 Diese Grundrechte werden als zentral für das US-amerikanische verfassungsrechtliche Selbstverständnis charakterisiert[144]. Die US-Amerikaner sind stolz auf den umfassenden Schutz der freien Rede und der freien Presse[145], den die Verfassung gewährt. Das Schutzniveau war nicht immer so hoch: Bis 1965 hat der Supreme Court kein einziges Gesetz wegen eines Verstoßes gegen den 1. Zusatzartikel USC für verfassungswidrig gehalten[146]. Als Kennzeichen der Entwicklung seit 1965 lässt sich vorab bereits festhalten, dass – anders als in Deutschland – „freedom of speech" sehr häufig für wichtiger gehalten wird als gegenläufige Interessen des Staates[147]. Zum 1. Zusatzartikel USC, von manchen als Rockstar der Verfassung bezeichnet[148], werden in den USA eigenständige Lehrveranstaltungen abgehalten und Bücher nur zu diesem Thema veröffentlicht. Angesichts der Materialfülle vermag der folgende Abschnitt nur eine Skizze der wesentlichen Elemente der beiden Grundrechte zu liefern und kann weder die Entwicklung dorthin noch alle Details der aktuellen Rechtslage abbilden.

---

139 *Abington v. Schempp,* 374 U.S. 203, 240 (1963); *Green,* Syracuse Law Review 69 (2019), 27, 32; *Chemerinsky,* S. 1298 u. 1374; *Brugger,* S. 192 mit Fn. 31.

140 *Lynch v. Donelly,* 465 U.S. 668, 674 f. (1984); s.a. *Lütjen,* S. 32.

141 *Brugger,* S. 187 f.; *Hailbronner,* S. 133, 146.

142 *Lynch v. Donelly,* 465 U.S. 668, 676 (1984).

143 Pledge of Allegiance s. *Lynch v. Donelly,* 465 U.S. 668, 676 (1984).

144 *Wright,* Pepperdine Law Review 37 (2010), 1217, 1228 f.; *Collings,* S. 273, 296; *Abrams,* S. XXII; *Starck/Paulus,* in: v. Mangoldt/Klein/Starck, GGK, Art. 5, Rn. 42; *Determann,* NVwZ 2016, 561, 565.

145 *Currie,* S. 82; *Bhagwat,* S. 383, 406.

146 *Abrams,* S. 33; *Amar* (2012), S. 154.

147 *United States v. Stevens,* 559 U.S. 460, 470 (2010); s.a. *Broadrick v. Oklahoma,* 413 U.S. 601, 612 (1973); *Barron/Dienes,* S. 505 u. 519 f.; *Heldt,* NJOZ 2017, 1458, 1459; *Abrams,* S. XV f. u. XVII.

148 *Abrams,* S. XXIII.

1. Überblick

Der Text, den die US-Verfassung im 1. Zusatzartikel der Meinungs- und Pressefreiheit widmet, ist sehr knapp: *Congress shall make no law ... abridging the freedom of speech, or of the press; ....* Aus diesen wenigen Worten entwickelte der Supreme Court im Laufe vieler Jahrzehnte eine Art Supergrundrecht der Ausdrucksfreiheit, dessen heutiger Inhalt folgendermaßen zusammengefasst werden kann[149]: *Keine staatliche Stelle darf die Meinungs- oder Pressefreiheit beeinträchtigen, es sei denn,* 273

- *die Äußerung hat keinen oder nur geringen sozialen Wert;*
- *ist darauf gerichtet, unmittelbar strafbares Verhalten hervorzurufen oder führt wahrscheinlich zu strafbarem Verhalten;*
- *diffamiert eine Privatperson in fahrlässiger oder eine Person der Öffentlichkeit in vorsätzlicher Weise;*
- *verletzt die Privatsphäre in verfassungsrechtlich unangemessener Weise;*
- *wirbt in falscher oder betrügerischer Weise für Produkte und Dienstleistungen oder bewirbt illegale Produkte und Dienstleistungen;*
- *stellt Wirtschaftswerbung (commercial speech) dar, die dann durch überwiegende öffentliche Interessen beschränkbar ist, soweit die Beschränkung erforderlich ist, um das Ziel zu erreichen;*
- *ist eindeutig sexueller Natur, aber nicht obszön, oder leicht zugänglich für Kinder.*

Meinungs- und Pressefreiheit hindern den Staat nicht daran, inhaltsneutrale Gesetze zu erlassen oder Verhalten und Wirkungen zu regeln, die mit der Äußerung zusammenhängen. Das Schutzniveau hängt auch von der Motivation der Äußerung und dem Medium ab, in dem sie getätigt wird.

Diese Kurzbeschreibung aus einem aktuellen Lehrbuch zum 1. Zusatzartikel USC 274
macht bereits in Grundzügen deutlich, in welcher Hinsicht der karge Wortlaut des Grundrechts weiterentwickelt wurde. Zunächst wurde der Schutzbereich des Grundrechts sehr großzügig ausgelegt. Mit den komplizierten Einzelheiten[150] dessen, was unter den Ausdruck „speech" subsummiert wird und was nicht, befassen sich die folgende Abschnitte 2. und 3.

Sodann wird die Meinungs- und Pressefreiheit entgegen dem Wortlaut von der überwie- 275
genden Auffassung für gesetzlich einschränkbar gehalten[151]. Die diesbezüglichen Gesetze werden – ähnlich wie in Art. 5 Abs. 2 GG – einer Analyse daraufhin unterzogen, ob sie sich gegen den Inhalt der Meinungsäußerung richten oder meinungsneutral sind[152]. Darüber hinaus spielt die Bewertung der Äußerung für das Schutzniveau des 1.

149 *Weaver,* S. 20 f.

150 So *Wright,* Pepperdine Law Review 37 (2010), 1217, 1219 u. 1258 f.

151 *Chaplinsky v. New Hampshire,* 315 U.S. 568, 571 (1942); *Cohen v. California,* 403 U.S. 15, 19 (1971); *Weaver,* S. 14 f.; *Chemerinsky,* S. 1005; *Brugger,* JZ 2009, 609, 613; *Starck/Paulus,* in: v. Mangoldt/ Klein/Starck, GGK, Art. 5, Rn. 42 ff.; *Brugger,* S. 158 jeweils mit Nachweisen zur Gegenauffassung.

152 *Tushnet u.a.,* S. 5; *Currie,* S. 76; *Brugger,* S. 161.

Zusatzartikels eine wichtige Rolle[153]. Welche Motivation steckt dahinter? Wo wurde die Äußerung getan? Wie wirkt sie?[154] Mit den Grenzen der Meinungsfreiheit beschäftigt sich Abschnitt 4.

276 Die Meinungsfreiheit kann, wie die meisten Rechte der Bill of Rights, über die Due Process Klausel des 14. Zusatzartikels als Grundwert auch gegen die Bundesstaaten geltend gemacht werden[155].

2. Der Schutzbereich der Meinungsfreiheit

277 Als „speech" i.S.d. 1. Zusatzartikels USC lässt sich eine bewusste Mitteilung bezeichnen, die an andere gerichtet ist; der kommunikative Gehalt[156] kann sich dabei auch aus dem Kontext ergeben[157]. Deshalb fallen unter diesen Begriff Gespräche, Telefonate[158], Reden, Flugblätter und Transparente[159], Texte aller Art, Bücher[160] und sogar Markennamen[161]. Die negative Seite des Grundrechts, also das Recht sich nicht zu äußern bzw. nicht ohne weiteres staatlicherseits gezwungen zu sein, bestimmte Botschaften weiterzutragen[162], gehört ebenfalls zum Schutzbereich.

278 Die Entstehungsgeschichte der Norm hilft wenig weiter, um den Schutzbereich der Meinungsfreiheit in Problemfällen zu ermitteln[163]. Immerhin gibt es drei sogenannte Theorien oder – schlichter gesagt – Wertvorstellungen, die den Sinn und Zweck der Meinungsfreiheit deutlich machen und zur Bestimmung des Schutzbereiches herangezogen werden können[164].

279 Meinungsfreiheit dient erstens der Wahrheitssuche durch Rede und Gegenrede[165], sie schafft – zumindest in der Theorie[166] – einen Marktplatz für offene Debatten, auf dem

153 *Chemerinsky,* S. 1077.

154 *Brugger,* S. 159.

155 *Gitlow v. New York,* 268 U.S. 652, 666 (1925); *Chaplinsky v. New Hampshire,* 315 U.S. 568, 570 f. (1942); *New York Times v. Sullivan,* 376 U.S. 254, 277 (1964); *Mills v. Alabama,* 384 U.S. 214, 218 (1966); *United States v. Eichman,* 496 U.S. 310, 318 (1990); *Burson v. Freeman,* 504 U.S. 191, 196 (1992); *Currie,* S. 74; *Abrams,* S. XV; *Heldt,* NJOZ 2017, 1458, 1460; *Barron/Dienes*, S. 447.

156 Zu diesem Erfordernis etwa *Tinker v. Des Moines*, 393 U.S. 503, 505 f. (1969); *Spence v. Washington,* 418 U.S. 405, 409 f. (1974); *Texas v. Johnson,* 491 U.S. 397, 404 (1989).

157 *Texas v. Johnson,* 491 U.S. 397, 405 (1989); *Wright,* Pepperdine Law Review 37 (2010), 1217, 1233 f., 1242 u. 1249.

158 *Weaver,* S. 311.

159 *United States v. Grace,* 461 U.S. 171, 176 (1983).

160 *Texas v. Johnson,* 491 U.S. 397, 404 (1989); *City of Dallas v. Stanglin,* 490 U.S. 19, 25 (1989).

161 *Matal v. Tam,* 138 S.Ct. 1744, 1760 (2017).

162 *National Federation of Family and Life Advocates v. Becerra,* 138 S.Ct. 2361, 2371 (2018); *Janus v. AFSCME,* 138 S.Ct. 2448, 2463 (2018).

163 *Wright,* Pepperdine Law Review 37 (2010), 1217, 1222 f.; *Barron/Dienes*, S. 447 f.; *Brugger,* S. 159; *Chemerinsky,* S. 1004 f.

164 *Chemerinsky,* S. 1005 ff.; *Brugger,* S. 161; *Barron/Dienes*, S. 448 f.; *Wright,* Pepperdine Law Review 37 (2010), 1217, 1231 ff.

165 *Janus v. AFSCME,* 138 S.Ct. 2448, 2464 (2018); *Weaver,* S. 13; *Wright,* Pepperdine Law Review 37 (2010), 1217, 1231; *Tushnet u.a.,* S. 36; *Barron/Dienes*, S. 448; *Brugger,* S. 160.

166 Skeptisch insoweit *Chemerinsky,* S. 1008 f.; *Barron/Dienes*, S. 448; *Bhagwat,* S. 383, 402 der politische Anschauungen Glaubensfragen gleichsetzt.

sich die überzeugendste Idee durchsetzt[167]. Sie erlaubt es zweitens Bürgerinnen und Bürgern sich umfassend zu informieren und auszutauschen, um so bei Wahlen abgewogene Entscheidungen treffen zu können, hat also auch eine wichtige Funktion für die Demokratie[168]. In die gleiche Richtung geht es, dass die Meinungsfreiheit Kritik an Regierung und Verwaltung möglich macht[169]. Schließlich dient sie drittens der persönlichen Selbstentfaltung[170]. Auf eine ganze einfache Formel gebracht: Meinungsfreiheit ist nützlich für die Wahrheitsfindung, die Demokratie und die Selbstverwirklichung[171]. Die beiden letztgenannten Aufgaben der Meinungsfreiheit werden auch vom Bundesverfassungsgericht ausdrücklich anerkannt, wenn es ausführt, dass die Meinungsfreiheit für ein freiheitliches demokratisches Gemeinwesen konstituierend ist[172] bzw. dass sie jedem die Möglichkeit gibt, frei zu sagen, was er denkt[173].

Die Funktion, die die Meinungsfreiheit für die genannten Ziele hat, hängt nicht vom konkreten Ausdrucksmedium ab[174]. Deshalb sind auch Radio- und Fernsehsendungen, Filme[175], Äußerungen im Internet[176] und Videospiele[177] durch den 1. Zusatzartikel USC geschützt. Meinungsfreiheit wäre ohne die Empfänger der Botschaften sinnlos, deshalb wird auch die Informationsfreiheit, also etwa das Recht ausländische Zeitungen zu bestellen, vom 1. Zusatzartikel USC abgedeckt[178]. **280**

Das Marktplatzargument eines möglichst breiten Informationsangebots gilt nicht nur im politischen Raum, sondern auch in den Bereichen der Wirtschaft oder der Wissenschaft, so dass etwa Werbung oder wissenschaftliche Stellungnahmen ebenfalls dem Schutz **281**

167 *New York Times v. Sullivan,* 376 U.S. 254, 270 (1964); *RAV v. City of St Paul,* 505 U.S. 377, 387 (1992); *Citizens United v. FEC,* 558 U.S. 310, 354 (2010); *National Federation of Family and Life Advocates v. Becerra,* 138 S.Ct. 2361, 2374 (2018); *Bhagwat,* S. 383, 401; *Chemerinsky,* S. 1007 ff.; *Weaver,* S. 13 f.; *Barron/Dienes*, S. 448; *Tushnet u.a.,* S. 7; *Hong,* S. 79, 95; *Heldt,* NJOZ 2017, 1458, 1459; *Starck/Paulus,* in: v. Mangoldt/Klein/Starck, GGK, Art. 5, Rn. 43.

168 *Virginia State Board of Pharmacy v. Virginia Citizens Consumer Council,* 425 U.S. 748, 765 (1976); *Citizens United v. FEC,* 558 U.S. 310, 339 (2010); *Janus v. AFSCME,* 138 S.Ct. 2448, 2463 (2018); *Brugger,* S. 160; *Tushnet u.a.,* S. 30 f.; *Barron/Dienes*, S. 449; *Chemerinsky,* S. 1006; *Weaver,* S. 13 f.; *Wright,* Pepperdine Law Review 37 (2010), 1217, 1231; *Bhagwat,* S. 383, 395; skeptisch *Abrams,* S. 18 f.

169 *New York Times v. Sullivan,* 376 U.S. 254, 273 (1964); *Citizens United v. FEC,* 558 U.S. 310, 339 (2010); *Abrams,* S. 54; *Chemerinsky,* S. 1003 u. 1007; *Barron/Dienes,* S. 557; *Brugger,* S. 160.

170 *Tushnet u.a.,* S. 7 u. 38; *Wright,* Pepperdine Law Review 37 (2010), 1217, 1229 u. 1231; *Abrams,* S. 22 f.; *Chemerinsky,* S. 1009 f.; *Brugger,* S. 160.

171 *Wright,* Pepperdine Law Review 37 (2010), 1217, 1231.

172 BVerfGE 76, 196, 208 f.; 93, 266, 292 f.; 128, 226, 266; s.a. *Jarass/Pieroth,* Art. 5, Rn. 3; *Steiner,* Jura 2019, 441, 442; *Sodan/Ziekow,* § 32, Rn. 1; *Michael/Morlok,* Rn. 201 ff.

173 BVerfGE 42, 163, 170 f.; *Jarass/Pieroth,* Art. 5, Rn. 3.

174 *Brown v. Entertainment Merchants Association,* 564 U.S. 786, 790 (2011); *Wright,* Pepperdine Law Review 37 (2010), 1217, 1241.

175 *Brown v. Entertainment Merchants Association,* 564 U.S. 786, 790 (2011).

176 *Packingham v. North Carolina,* 137 S.Ct. 1730, 1735 f. (2017).

177 *Brown v. Entertainment Merchants Association,* 564 U.S. 786, 790 (2011); *Barron/Dienes*, S. 518; *Weaver,* S. 319; *Tushnet u.a.,* S. 169.

178 *Griswold v. Connecticut,* 381 U.S. 479, 482 (1965); *Virginia State Board of Pharmacy v. Virginia Citizens Consumer Council,* 425 U.S. 748, 756 f. (1976) m.w.N.

der Meinungsfreiheit unterstellt werden[179]. Die „commercial speech" dient weiterhin der Informationsfreiheit und der beruflichen Selbstverwirklichung[180].

282 Nichtsprachliche Äußerungen, die man auch als symbolische Äußerungen bezeichnen kann, sind dann von der Meinungsfreiheit erfasst, wenn sie eine ausreichend verständliche kommunikative Aussage enthalten[181]. Dies wird etwa bejaht für Musik[182], Kunstwerke[183], das Aufhängen[184] oder Verbrennen[185] einer Flagge, das Tragen eines schwarzen Armbandes als Protest gegen den Vietnamkrieg[186] oder Aufkleber und Anstecknadeln[187]. Auch diese symbolischen Handlungen enthalten Regierungskritik bzw. dienen der persönlichen Selbstentfaltung. Bloßes Verhalten (conduct), etwa das Überfahren einer roten Ampel[188] oder Gesellschaftstanz an sich[189], ohne erkennbare Mitteilung an andere, ist nicht von der Meinungsfreiheit geschützt[190]. Der Kontext der symbolischen Äußerung ist dabei sehr wichtig: Normalerweise stellt ein Restaurantbesuch keine politische Meinungskundgabe dar, dies sieht allerdings anders aus, wenn man sich als Afroamerikaner in ein Restaurant begibt, dass nur Weiße als Gäste bedient[191].

283 Es ist aus deutscher Perspektive erstaunlich, dass auch die Finanzierung von Wahlkämpfen in den Schutzbereich der Meinungsfreiheit einbezogen wird[192]. Die Begründung hierfür lautet, dass die staatliche Begrenzung von Wahlkampfausgaben dazu führe, dass weniger Meinung verbreitet werden könne und weniger Personen erreicht würden; denn in der heutigen Massengesellschaft sei die Verbreitung von politischen Ideen unweigerlich mit finanziellem Aufwand verbunden[193]. Obwohl es auch skeptische Stimmen im Gericht gibt, genannt sei Justice Stevens mit der Aussage *Money is property, it is not speech …*[194], ist die Rechtsprechung, die Wahlkampffinanzierung der Meinungsfreiheit unterstellt, seit Jahrzehnten aufrechterhalten und sogar ausgebaut

179 *Virginia State Board of Pharmacy v. Virginia Citizens Consumer Council,* 425 U.S. 748, 763 ff. (1976); *Central Hudson Gas v. Public Service Commission,* 447 U.S. 557, 561 (1980); *Edenfield v. Fane,* 507 U.S. 761, 765 ff. (1993); *Bhagwat,* S. 383, 402; *Currie,* S. 79 f.; *Barron/Dienes*, S. 543; *Weaver,* S. 13; *Chemerinsky,* S. 1186 f.

180 *Chemerinsky,* S. 1188.

181 *Currie,* S. 81; *Chemerinsky,* S. 1159 f.; *Brugger,* S. 178 f.; *Barron/Dienes*, S. 473 ff.

182 *Ward v. Rock Against Racism,* 481 U.S. 781, 790 (1989); *Tushnet u.a.,* S. 15 m.w.N. u. 69; *Wright,* Pepperdine Law Review 37 (2010), 1217, 1222.

183 *Tushnet u.a.,* S. 70 u. 112.

184 *West Virginia v. Barnette,* 319 U.S. 624, 632 f. (1943); *Spence v. Washington,* 418 U.S. 405, 410 (1974).

185 *Texas v. Johnson,* 491 U.S. 397, 406 (1989); *United States v. Eichman,* 496 U.S. 310, 313 (1990); *McCutcheon v. FEC,* 572 U.S. 185, 191 (2014).

186 *Tinker v. Des Moines*, 393 U.S. 503, 505 f. (1969); *Ludington u.a.,* Campbell Law Review 40 (2018), 399, 405.

187 *Minnesota Voters Alliance v. Mansky,* 138 S.Ct. 1876, 1885 (2018).

188 *Wright,* Pepperdine Law Review 37 (2010), 1217, 1251.

189 *City of Dallas v. Stanglin,* 490 U.S. 19, 25 (1989).

190 *United States v. OBrian,* 391 U.S. 367, 376 (1968); *Spence v. Washington,* 418 U.S. 405, 409 (1974); *Texas v. Johnson,* 491 U.S. 397, 404 (1989); *Wright,* Pepperdine Law Review 37 (2010), 1217, 1242 u 1248 f.

191 *Wright,* Pepperdine Law Review 37 (2010), 1217, 1249.

192 *Weaver,* S. 179 ff. u. 212; *Starck/Paulus*, in: v. Mangoldt/Klein/Starck, GGK, Art. 5, Rn. 52; *Hong,* S. 79, 85.

193 *Buckley v. Valeo,* 405 U.S. 1, 19 (1976); *Randall v. Sorrell,* 548 U.S. 230, 246 (2006); *Citizens United v. FEC,* 558 U.S. 310, 339 (2010); zustimmend *Tushnet,* S. 63.

194 *Nixon v. Shrink Missouri Government PAC,* 528 U.S. 377, 398 f. (2000) Stevens concurring; so auch *Chemerinsky,* S. 1170.

worden[195]. Sie setzt sich mit verschiedenen gesetzlichen Versuchen auseinander, die Finanzierung von Wahlkämpfen zu regulieren.

Im Einzelnen hat der Supreme Court z.B. eine gesetzlich festgelegte Höchstsumme von Eigenmitteln, die wohlhabende Kandidaten zu Wahlkampfzwecken einsetzen durften, als verfassungswidrig bewertet[196]. Des weiteren wurden Gesetze, die aus öffentlichen Mitteln einen finanziellen Ausgleich dafür schaffen wollten, dass ein Bewerber sehr viel mehr Geld aus eigenem Vermögen für seinen Wahlkampf einsetzen konnte als es den Mitbewerbern möglich war, (sogenannte Millionärsregel, weil sie erst ab 350.000 $ Eigenmitteln eingriff[197]), vom Supreme Court wegen des Verstoßes gegen die Meinungsfreiheit aufgehoben[198]. **284**

Als unvereinbar mit der Meinungsfreiheit hat das höchste Gericht der USA ferner die Begrenzung von Wahlausgaben (expenditures) angesehen, die etwa politische Vereinigungen (political action committees = PAC) einsammelten und zugunsten der Bewerberin oder des Bewerbers ausgaben, ohne dass diese Mittel in die Hände des Bewerbers bzw. der Bewerberin gelangten und ohne dass dieser bzw. diese hierauf Einfluss nehmen konnte[199] (expenditures[200]). **285**

Immerhin war es lange Zeit unproblematisch zulässig, Direktspenden (contributions) an Kandidatinnen und Kandidaten gesetzlich zu begrenzen, solange die zulässige Spende nicht so niedrig angesetzt wurde, dass sie es nicht erlaubte, einen effektiven Wahlkampf zu führen[201]. Die Begrenzung der Direktspenden wurde und wird damit gerechtfertigt, dass so der Korruption sowie dem Korruptionsverdacht vorgebeugt werde[202] und dass die politischen Ausdrucksmöglichkeiten der Unterstützer durch die Deckelung der Spenden nicht stark beeinträchtigt würden[203]. In einer Entscheidung aus dem Jahr 2014 wurde diese zulässige Einschränkung der direkten Unterstützung von Kandidatinnen und Kandidaten jedoch teilweise aufgegeben. Zwar darf der Spendenbetrag pro Kandi- **286**

---

195 *Nixon v. Shrink Missouri Government PAC,* 528 U.S. 377, 386 (2000); *Randall v. Sorrell,* 548 U.S. 230, 246 (2006); *Citizens United v. FEC,* 558 U.S. 310, 339 (2010); *Arizona Free Enterprise PAC v. Bennett,* 564 U.S. 721, 750 (2011); *McCutcheon v. FEC,* 572 U.S. 185, 191 u. 203 (2014); *Norris,* Harvard Kennedy School Working Paper 2016, 1, 8.

196 *Buckley v. Valeo,* 405 U.S. 1, 54 (1976); bestätigt in *Davis v. FEC,* 554 U.S. 724, 738 (2008).

197 *Davis v. FEC,* 554 U.S. 724, 749 (2008); *Chemerinsky,* S. 1179 f.; *Weaver,* S. 195.

198 *Davis v. FEC,* 554 U.S. 724, 740 ff. (2008); ähnlich *Arizona Free Enterprise PAC v. Bennett,* 564 U.S. 721, 736 ff. u. 755 (2011).

199 *Buckley v. Valeo,* 405 U.S. 1, 20-23 (1976); *California Medical Association v. FEC,* 453 U.S. 182, 195 (1981); *McConnell v. FEC,* 540 U.S. 93, 134 ff. (2003); *Randall v. Sorrell,* 548 U.S. 230, 242 ff. (2006); *Davis v. FEC,* 554 U.S. 724, 737 (2008); zustimmend *Tushnet,* S. 66.

200 So charakterisiert in *Citizens United v. FEC,* 558 U.S. 310, 360 (2010); *McCutcheon v. FEC,* 572 U.S. 185, 214 (2014); s.a. *Abrams,* S. 87.

201 Als zulässig wurden 1000 $ Höchstspende bewertet, als zu niedrig und unzulässig 200 $ Höchstspende pro Spender *Randall v. Sorrell,* 548 U.S. 230, 253 (2006).

202 *Buckley v. Valeo,* 405 U.S. 1, 27 f. (1976); *California Medical Association v. FEC,* 453 U.S. 182, 195 (1981); *Nixon v. Shrink Missouri Government PAC,* 528 U.S. 377, 391 (2000); *McConnell v. FEC,* 540 U.S. 93, 136 u. 142 (2003); *Randall v. Sorrell,* 548 U.S. 230, 242 (2006); *Davis v. FEC,* 554 U.S. 724, 737 (2008); *McCutcheon v. FEC,* 572 U.S. 185, 206 (2014); *Hong,* S. 79, 87; *Chemerinsky,* S. 1172 u.1176

203 *Buckley v. Valeo,* 405 U.S. 1, 21 (1976); *Randall v. Sorrell,* 548 U.S. 230, 246 f. (2006).

dat gesetzlich begrenzt werden, nicht aber die Gesamtsumme, die zur Unterstützung verschiedener Kandidaten ausgegeben wird[204]. Diese im Wahlkampf eingesetzten Summen stünden nicht in hinreichend deutlichem Zusammenhang mit späteren Entscheidungen der Amtsträger, es fehle das direkte quid pro quo[205]. Korruption und Korruptionsverdacht müssten so eng verstanden werden, eine Einflussmöglichkeit oder der Zugang zu Abgeordneten oder Parteien reiche nicht aus, um gesetzliche Einschränkungen von Wahlkampfspenden zu rechtfertigen[206]. Jedenfalls könne der Gesetzgeber den notwendigen Beweis nicht erbringen, dass die Unterstützung von mehr Kandidatinnen und Kandidaten zu mehr Korruption führe[207]. Die Gegenauffassung bestreitet, dass der enge Korruptionsbegriff zutreffend sei. Die Meinungsfreiheit wolle vielmehr bereits die Integrität des Wahlvorgangs sichern und verhindern, dass die Stimmen der vielen durch wenige Stimmen sehr reicher Bürgerinnen und Bürger in den Hintergrund gedrängt würden[208].

287 Während jahrzehntelang Gesetze vorsahen, dass Wirtschaftsunternehmen und Gewerkschaften im Gegensatz zu Privatpersonen keine direkte Unterstützung von Kandidatinnen und Kandidaten erlaubt war und dies vom Supreme Court auch gebilligt wurde[209], brachte die Entscheidung *Citizens United v. FEC* aus dem Jahr 2010 eine Wende zugunsten der Geldgeber. Gesellschaften und Gewerkschaften können sich ebenfalls auf den 1. Zusatzartikel USC berufen[210]. Für die Meinungsfreiheit sei es unwichtig, wer der Autor der Meinung sei, niemand dürfe ausgeschlossen werden[211]. Der Supreme Court verfolgt hier den Grundsatz, dass der gesamten Gesellschaft besser mit mehr als mit weniger Rede gedient sei[212]. Im Ergebnis dürfen Unternehmen und Gewerkschaften nicht davon ausgeschlossen werden, ihre Finanzmittel umfassend einzusetzen, um ihren Wunschkandidaten oder ihre Wunschkandidatin zu unterstützen[213].

288 Kritiker bemängeln das Wahlkämpfe immer mehr Geld verschlingen[214] und es immer größere Vorteile sowohl für reichere US-Amerikanerinnen und Amerikaner als auch für Wirtschaftsinteressen gibt, ihren politischen Vorstellungen Gehör zu verschaffen[215]. Vereinzelt wird die Gefahr der Oligarchisierung der Demokratie heraufbeschworen[216].

---

204 *McCutcheon v. FEC,* 572 U.S. 185, 193 u. 199 (2014).
205 *McCutcheon v. FEC,* 572 U.S. 185, 207 (2014); s.a. *Tushnet,* S. 63 f.; *Hong,* S. 79, 87.
206 *McCutcheon v. FEC,* 572 U.S. 185, 208 (2014).
207 *McCutcheon v. FEC,* 572 U.S. 185, 209 f. (2014).
208 *McCutcheon v. FEC,* 572 U.S. 185, 237 ff. (2014) dissent.
209 Einzelheiten insoweit bei *Citizens United v. FEC,* 558 U.S. 310, 394 f. (2010) dissent.
210 *Citizens United v. FEC,* 558 U.S. 310, 342 f. (2010).
211 *Citizens United v. FEC,* 558 U.S. 310, 349 f. (2010).
212 *Hustler Magazine v. Falwell,* 485 U.S. 46, 50 f. (1988); *Citizens United v. FEC,* 558 U.S. 310, 361 (2010); *Arizona Free Enterprise PAC v. Bennett,* 564 U.S. 721, 750 (2011).
213 *Citizens United v. FEC,* 558 U.S. 310, 365 (2010); *Norris,* Harvard Kennedy School Working Paper 2016, 1, 8; *Tushnet,* S. 65.
214 Dies stellen *Tushnet,* S. 65 u. *Norris,* Harvard Kennedy School Working Paper 2016, 1, 8 fest.
215 *Davis v. FEC,* 554 U.S. 724, 752 (2008) dissent; *Chemerinsky,* S. 1169 u. 1171; *Norris,* Harvard Kennedy School Working Paper 2016, 1, 8; *Lepore,* S. 761.
216 *Endler/Thunert,* S. 56 f.

Denn die geschilderten Entscheidungen der letzten Jahre erlauben es Privaten, immer mehr Geld in Wahlkämpfe zu investieren[217]. Die Integrität der gewählten Institutionen wird als gefährdet gesehen[218]; das Korruptionspotential des Geldes aus der Wirtschaft als unterschätzt betrachtet[219]. Es müsse der Eindruck verhindert werden, Parlamentssitze stünden zum Verkauf[220]. Dass Gesellschaften wie natürliche Personen behandelt werden, wird von manchen als unangemessen wahrgenommen, nicht zuletzt deshalb, weil Gesellschaften nicht wählen dürfen[221] sowie von ausländischen Anteilseignern kontrolliert werden können[222].

Dagegen wird angeführt, dass der Staat sich nicht zum Schiedsrichter über die unterschiedlichen Ansichten machen dürfe und es nicht in der Verantwortung des Staates liege, ein Gleichgewicht der Meinungen herzustellen[223]. Zusätzlich gehöre es zur Demokratie, dass die Kandidatinnen und Kandidaten politische Ziele ihrer Wählerschaft verwirklichen wollten[224]. **289**

Zwar wird durch die Öffnung des Meinungsmarktes für Unternehmen die Einmischung des Staates in den Wahlkampf unterbunden, aber diese Einmischung hätte eventuell die Möglichkeiten seine Meinung zu äußern vergrößert und nicht verringert[225]. So sorgen die staatliche Parteienfinanzierung und der grundsätzlich für alle Parteien gleichberechtigte Zugang zu öffentlichen Einrichtungen, insbesondere zum öffentlich-rechtlichen Rundfunk (§ 5 PartG), in Deutschland dafür, dass auch kleinere Parteien ohne starke Finanziers zumindest in gewissem Umfang für sich Wahlkampf machen können[226]. Zudem hat der Supreme Court selbst erkannt, dass die finanzielle Ausstattung für Wahlkämpfe sehr wichtig ist[227]. Wenn der Staat also keine ähnlichen finanziellen Startbedingungen schaffen darf, bleibt eine fundamentale Ungleichheit zwischen reichen und armen Kandidaten bestehen[228] und man muss ein wenig an die Freiheit des Fuchses im Hühnerstall denken … **290**

---

217 Zahlenbeispiele insoweit bei *McCutcheon v. FEC,* 572 U.S. 185, 245 ff. (2014) dissent; s.a. *Norris,* Harvard Kennedy School Working Paper 2016, 1, 8.

218 *Citizens United v. FEC,* 558 U.S. 310, 394 f. (2010) dissent; *McCutcheon v. FEC,* 572 U.S. 185, 233 (2014) dissent.

219 *Citizens United v. FEC,* 558 U.S. 310, 479 (2010) dissent; *Arizona Free Enterprise PAC v. Bennett,* 564 U.S. 721, 757 (2011) dissent.

220 *Davis v. FEC,* 554 U.S. 724, 752 f. u. 755 (2008) dissent.

221 *Citizens United v. FEC,* 558 U.S. 310, 425 (2010) dissent; ebenso *Hong,* S. 79, 86.

222 *Citizens United v. FEC,* 558 U.S. 310, 396 (2010) dissent.

223 *Davis v. FEC,* 554 U.S. 724, 741 f. (2008); *Citizens United v. FEC,* 558 U.S. 310, 350 (2010); *Arizona Free Enterprise PAC v. Bennett,* 564 U.S. 721, 749 ff. (2011); *McCutcheon v. FEC,* 572 U.S. 185, 207 (2014); ähnlich *Brugger,* S. 180.

224 *Abrams,* S. 104 f.

225 *Davis v. FEC,* 554 U.S. 724, 753 f. (2008) dissent; *Arizona Free Enterprise PAC v. Bennett,* 564 U.S. 721, 763 (2011) dissent; *Chemerinsky,* S. 1180.

226 *Hong,* S. 79, 93 f.

227 *Buckley v. Valeo,* 405 U.S. 1, 19 (1976).

228 *Chemerinsky,* S. 1180; *Hong,* S. 79, 95.

3. Außerhalb des Schutzbereiches liegende Äußerungen

291 Vom Schutz der Meinungsfreiheit ausgenommen sind obszöne Darstellungen[229]. Als obszön gilt ein Text oder ein Werk, wenn sexuelles Verhalten in klar unwürdiger Weise dargestellt wird, und der durchschnittliche Zeitgenosse dies als anstößig beurteilt, ohne dass die Darstellung literarischen, künstlerischen, politischen oder wissenschaftlichen Wert hat[230]. Von diesem Test ausgenommen wird allerdings Kinderpornographie, die von vornherein keinen Schutz der Meinungsfreiheit beanspruchen kann, weil es hier auch darum geht, den sexuellen Missbrauch von Kindern zu verhindern[231].

292 Nicht auf die Meinungsfreiheit berufen können sich ferner Personen, die gewalttätig sind oder die bewusst zu gewalttätigem oder strafbarem Verhalten aufrufen, welches auch noch unmittelbar und mit einer gewissen Wahrscheinlichkeit bevorstehen muss[232]. Im Umkehrschluss ist rigorose Kritik an der Regierung geschützt, solange sie nicht zur gewaltsamen Aktion aufruft[233].

293 Einen Grenzfall bildet die materielle Unterstützung gewalttätiger ausländischer Organisationen, etwa der kurdischen PKK, die in den USA bundesgesetzlich verboten ist. Man kann sich auf den Standpunkt stellen, hier gehe es nicht mehr um die Meinungsäußerungen, die vom Gesetz nicht erfasst werden, sondern um Verhalten in Form von finanziellen Zuwendungen[234]. Andererseits führt ein finanzieller Beitrag nicht direkt und nicht mit großer Wahrscheinlichkeit zu einer Gewalttat[235]. Im Ergebnis hat der Supreme Court das relevante Bundesgesetz als mit der Meinungsfreiheit vereinbar bewertet[236].

294 Als dritte Ausnahme vom Schutzbereich der Meinungsfreiheit erkennt der Supreme Court die „fighting words" an[237]. Hierunter versteht man zum einen Formalbeleidigungen und zum anderen provokative Äußerungen, die direkt zu gewaltsamen Reaktionen

229 *Chaplinsky v. New Hampshire,* 315 U.S. 568, 572 (1942); *Cohen v. California,* 403 U.S. 15, 20 (1971); *Miller v. California,* 413 U.S. 15, 23 f. (1973); *United States v. Stevens,* 559 U.S. 460, 468 f. (2010); *Brown v. Entertainment Merchants Association,* 564 U.S. 786, 791 (2011); *Barron/Dienes*, S. 450 u. 571 f.; *Chemerinsky,* S. 1076; *Tushnet u.a.*, S. 159; *Currie,* S. 79; *Heldt,* NJOZ 2017, 1458, 1459; *Brugger,* JZ 2009, 609, 613; *Starck/Paulus*, in: v. Mangoldt/Klein/Starck, GGK, Art. 5, Rn. 45; *Brugger,* S. 167 f.

230 *Miller v. California,* 413 U.S. 15, 24 (1973); *Barron/Dienes*, S. 571 ff.; *Chemerinsky,* S. 1112 f.

231 *New York v. Ferber,* 458 U.S. 747, 756 ff. (1984); *Osborne v. Ohio,* 495 U.S. 103, 109 f. (1990); *Chemerinsky,* S. 1116; *Brugger,* S. 170; *Barron/Dienes*, S. 575 u. 585 f.; *Brugger*, JZ 2009, 609, 613.

232 *Brandenburg v. Ohio,* 395 U.S. 444, 447 f.(1969); *United States v. Stevens,* 559 U.S. 460, 468 f. u. 471 (2010); *Brown v. Entertainment Merchants Association,* 564 U.S. 786, 791 (2011); *Brugger,* S. 162 f.; *Chemerinsky,* S. 1076 u. 1088 ff.; *Heldt,* NJOZ 2017, 1458, 1459; *Barron/Dienes,* S. 470 ff.; *Starck/Paulus,* in: v. Mangoldt/Klein/Starck, GGK, Art. 5, Rn. 45; *Bhagwat,* S. 383, 400; *Currie,* S. 78.

233 *Bhagwat,* S. 383, 399; *Brugger,* S. 163.

234 *Holder v. Humanitarian Law Project,* 561 U.S. 1, 26 (2010); *Barron/Dienes*, S. 472 f.

235 *Holder v. Humanitarian Law Project,* 561 U.S. 1, 50 f. dissent (2010).

236 *Holder v. Humanitarian Law Project,* 561 U.S. 1, 8 u. 25 f. (2010).

237 *Chaplinsky v. New Hampshire,* 315 U.S. 568, 572 (1942); *Cohen v. California,* 403 U.S. 15, 20 (1971); *Texas v. Johnson,* 491 U.S. 397, 409 (1989); *RAV v. City of St Paul,* 505 U.S. 377, 386 (1992); *Brown v. Entertainment Merchants Association,* 564 U.S. 786, 791 (2011); *Barron/Dienes*, S. 505 ff.; *Chemerinsky,* S. 1094 f.; *Brugger,* S. 163.

des Angesprochenen führen sollen[238]. Dabei muss es – und dies schränkt den Anwendungsbereich der Ausnahme deutlich ein – zu einem direkten persönlichen Kontakt zwischen Beleidiger bzw. Provokateur und dem Adressaten der Botschaft kommen[239]. Dies bedeutet umgekehrt, dass vulgäre und schockierende Sprache, allgemeine Beschimpfungen (offensive speech) oder an beliebige Empfänger gerichtete Botschaften, wie etwa Aufkleber am Auto oder Aufschriften auf Kleidung[240], von der Meinungsfreiheit geschützt bleiben[241].

Für die Medien schließlich endet die Meinungsfreiheit, wenn über Politiker, Verwal- **295**
tungspersonal oder Personen des öffentlichen Lebens vorsätzlich oder grob fahrlässig falsches berichtet wird (defamation); dann müssen die Journalistinnen und Journalisten mit Schadensersatzforderungen rechnen[242]. Dies bedeutet im Umkehrschluss, dass irrtümliche oder leicht fahrlässige Falschaussagen über Personen des öffentlichen Lebens im Schutzbereich des 1. Zusatzartikels USC verbleiben[243]. Die Beweislast für die Falschheit der Aussage und den Vorsatz bzw. die grobe Fahrlässigkeit ihrer Veröffentlichung liegt zudem bei der Person des öffentlichen Lebens[244].

Fraglich erscheint, ob Gruppendiffamierung, die sogenannte hate speech, verboten wer- **296**
den kann. Gegen den Schutz solcher Rede spricht, dass es ihr nicht um die politische Auseinandersetzung geht, sondern dass die Adressaten eingeschüchtert und zum Schweigen gebracht werden sollen[245]. Andererseits wird vorgebracht, dass hate speech als Ausdruck einer persönlichen Botschaft dem Schutz der Meinungsfreiheit unterfalle[246]. Als Beispiel wird der Wahlkampf Donald Trumps 2016 angeführt, in dem der Kandidat pauschale Vorurteile gegen Muslime und Mexikaner geäußert habe, ohne dass es zu Gerichtsverfahren gekommen sei[247].

1951 hat der Supreme Court ein Gesetz des Bundesstaates Illinois als verfassungsge- **297**
mäß akzeptiert, welches die Verleumdung von bestimmten Gruppen der Bevölkerung unter Strafe stellte[248]. Dieses Urteil erging allerdings vor der Veränderung der Verleumdungsrechtsprechung zugunsten der Medien durch die Entscheidung *New York v. Sulli-*

238 *Chaplinsky v. New Hampshire,* 315 U.S. 568, 572 (1942); *Brugger,* S. 163; *Barron/Dienes*, S. 505; *Chemerinsky,* S. 1094 f.

239 *Cohen v. California,* 403 U.S. 15, 20 (1971); *Texas v. Johnson,* 491 U.S. 397, 409 (1989); *Chemerinsky,* S. 1095; *Barron/Dienes*, S. 506.

240 *Cohen v. California,* 403 U.S. 15, 21 ff. (1971).

241 *Snyder v. Phelps,* 562 U.S. 443, 458 (2011); *Matal v. Tam,* 138 S.Ct. 1744, 1763 (2017); *Chemerinsky,* S. 1096, 1128 u. 1153; *Brugger,* S. 163 u. 165; *Barron/Dienes*, S. 508 f.; *Abrams,* S. 15.

242 *New York Times v. Sullivan,* 376 U.S. 254, 279 f. (1964); *Curtis Publishing v. Butts,* 388 U.S. 130, 154 f. (1967); *Currie,* S. 78; *Chemerinsky,* S. 1141 ff.; *Starck/Paulus*, in: v. Mangoldt/Klein/Starck, GGK, Art. 5, Rn. 45; *Brugger,* S. 171 f.; *Barron/Dienes*, S. 558.

243 *New York Times v. Sullivan,* 376 U.S. 254, 271 ff. (1964); *Amar* (2012), S. 170; *Weaver,* S. 21; *Barron/ Dienes*, S. 558; *Chemerinsky,* S. 1140.

244 *New York Times v. Sullivan,* 376 U.S. 254, 285 f. (1964); *Philadelphia Newspapers Inc. v. Hepps,* 475 U.S. 767, 776 (1986); *Barron/Dienes*, S. 559; *Abrams,* S. 51 f.; *Chemerinsky,* S. 1142 m.w.N.

245 *Barron/Dienes*, S. 513 f.

246 *Abrams,* S. XVII u. XIX f.

247 *Abrams,* S. XVII.

248 *Beauharnais v. Illinois,* 343 U.S. 250, 258 (1951).

van[249]. Außerdem gab es zwei spätere Entscheidungen, die sich von der *Beauharnais*-Rechtsprechung distanzierten. Der Supreme Court hat es abgelehnt, die Untersagung eines Aufmarsches von Nazis in Uniform mit Hakenkreuz zu bestätigen, der in einem überwiegend jüdischen und sogar von vielen Holocaust-Überlebenden bewohnten Kleinstadt stattfinden sollte[250]. Das Gericht hat weiterhin eine kommunale Satzung aufgehoben, die rassistische Meinungskundgabe verbot, weil die Satzung nicht meinungsneutral formuliert war[251]. So blieb das Verbrennen eines Kreuzes auf dem Grundstück einer afro-amerikanischen Familie unsanktioniert[252]. Im Ergebnis scheint die Entscheidung von 1951 heute keine Wirkung mehr zu entfalten, zumal das zugrundeliegende Gesetz mittlerweile aufgehoben wurde. Deshalb muss man Gruppendiffamierung (hate speech) als von der Meinungsfreiheit gedecktes Verhalten betrachten[253].

4. Der Schutzbereich der Pressefreiheit

298 Obwohl gesondert im Text des 1. Zusatzartikels USC erwähnt, werden Presse und Medien keine Rechte zugestanden, die über den dargestellten Schutz der Meinungsfreiheit für den Normalbürger hinausgehen[254]. So hat der Supreme Court es abgelehnt, Journalisten, die sich auf die Pressefreiheit beriefen, vor Gericht ein Zeugnisverweigerungsrecht zum Schutz ihrer Quellen einzuräumen[255]. Einfachgesetzlich kann ein solches Privileg jedoch festgelegt werden und fast alle Bundesstaaten haben dies auch verwirklicht[256]. Aus der Verfassung ergeben sich ebenfalls keine besonderen Informationsrechte der Presse gegenüber öffentlichen Einrichtungen[257].

5. Beschränkungen der Meinungsfreiheit und ihre Grenzen

299 Wenn eine Äußerung unter den Schutzbereich der Meinungsfreiheit des 1. Zusatzartikels fällt, bleibt zu klären, inwieweit sie zulässigerweise eingeschränkt werden kann. Bei dieser Frage werden eine Reihe von Kriterien relevant, die der Supreme Court entwickelt hat. Im Einzelnen sind dies das grundsätzliche Verbot der Vorzensur (a), die Meinungsneutralität der zu prüfenden Maßnahme (b), der Inhalt (c) und der Ort der Meinungskundgabe (d) sowie die rechtliche Situation der Person, die sich äußert (e). Schließlich werden noch zwei generelle Anforderungen an jedes meinungsbeschränkende Gesetz gestellt (f). Führt man sich vor Augen, dass es im Unterschied zur hier

249 *Chemerinsky,* S. 1104; *Brugger,* S. 173.

250 *National Socialist Party of America v. Skokie,* 432 U.S. 43, 44 (1977); bestätigt durch *McCutcheon v. FEC,* 572 U.S. 185, 191 (2014); *Brugger,* S. 171.

251 *RAV v. City of St Paul,* 505 U.S. 377, 392 ff. (1992); *Barron/Dienes,* S. 509 f.

252 *RAV v. City of St Paul,* 505 U.S. 377, 386 (1992); *Chemerinsky,* S. 1097 ff.

253 *Barron/Dienes,* S. 514; *Lepore,* S. 761; *Weaver,* S. 171 u. 177; *Chemerinsky,* S. 1105 f.; s.a. *Matal v. Tam,* 138 S.Ct. 1744, 1764 (2017).

254 *Branzburg v. Hayes,* 408 U.S. 665, 691 (1972); *First National Bank v. Bellotti,* 435 U.S. 765, 799 ff. (1978); *Cohen v. Cowles Media Co.,* 501 U.S. 663, 669 f. (1991); *Barron/Dienes,* S. 575 f. u. 583; *Chemerinsky,* S. 1277; *Weaver,* S. 289 u. 313.

255 *Branzburg v. Hayes,* 408 U.S. 665, 690 f. (1972); *Chemerinsky,* S. 1282.

256 *Chemerinsky,* S. 1283 m.w.N.

257 *Weaver,* S. 294; *Barron/Dienes,* S. 599 f.; *Chemerinsky,* S. 1288.

gewählten linearen Darstellung viele verschiedene Kombinationen der genannten Aspekte gibt, verwundert es nicht, dass die Rechtsprechung insgesamt ein buntes und bisweilen verwirrendes Bild abgibt.

a) Keine Vorzensur

Wie in Art. 5 Abs. 1 S. 3 GG explizit festgelegt, so wird auch in den USA eine Vorzen- 300
sur (prior restraint) grundsätzlich für unvereinbar mit der Meinungsfreiheit gehalten[258]. Historisch gesehen dienten die Meinungs- und Pressefreiheit auch dazu, vorherige staatliche Genehmigungen für Veröffentlichungen abzuschaffen[259]. Die Vorzensur, verstanden als Anordnung von Behörden oder Gerichten, die eine bestimmte Äußerung verbietet, bevor sie überhaupt getätigt wurde[260], ist nur ausnahmsweise zulässig, wenn nämlich eine eindeutige und unmittelbar bevorstehende Gefahr für ein öffentliches Rechtsgut abgewendet werden soll[261].

b) Meinungsneutralität der einschränkenden Maßnahme

Staatliche Maßnahmen, die sich gegen den Inhalt oder das Thema einer Rede, gegen 301
ihre Botschaft, richten und keine anderen Gründe für die Regelung benennen, werden sehr streng geprüft (strict scrutiny)[262] und häufig für verfassungswidrig gehalten[263]. Solche Gesetze überstehen eine verfassungsrechtliche Prüfung nur, wenn sie ein zwingendes öffentliches Interesse realisieren und kein milderes Mittel zur Verfügung steht[264].

Inhaltlich neutrale Gesetze, die also andere Regelungsziele haben oder die etwa nur die 302
Zeit, den Ort oder die Art und Weise der Meinungsäußerung betreffen, werden eher als verfassungsrechtlich zulässig bewertet[265], soweit sie einem bedeutsamen öffentlichem Zweck dienen, nicht jede Kommunikation unterbinden und das eingesetzte Mittel nicht

258 *New York Times v. United States,* 403 U.S. 713, 714 (1971); *Nebraska Press Association v. Stuart,* 427 U.S. 539, 558 f. (1976); *Barron/Dienes*, S. 462; *Brugger,* S. 164; *Chemerinsky,* S. 1037 f.; *Currie,* S. 75; *Starck/Paulus*, in: v. Mangoldt/Klein/Starck, GGK, Art. 5, Rn. 45.

259 *Citizens United v. FEC,* 558 U.S. 310, 335 (2010); *Chemerinsky,* S. 1033; *Barron/Dienes*, S. 462.

260 *Alexander v. United States,* 509 U.S. 544, 550 (1993); *Chemerinsky,* S. 1037.

261 *Barron/Dienes*, S. 463; *Chemerinsky,* S. 1038; *Brugger,* S. 164; s.a. *Nebraska Press Association v. Stuart,* 427 U.S. 539, 561 (1976).

262 *United States v. OBrian,* 391 U.S. 367, 377 (1968); *Texas v. Johnson,* 491 U.S. 397, 406 (1989); *Ward v. Rock Against Racism,* 481 U.S. 781, 791 (1989); *Turner Broadcasting Systems v. FCC*, 512 U.S. 622, 642 (1994); *Citizens United v. FEC,* 558 U.S. 310, 340 (2010); *Brown v. Entertainment Merchants Association,* 564 U.S. 786, 799 (2011); *National Federation of Family and Life Advocates v. Becerra,* 138 S.Ct. 2361, 2371 (2018); *Barron/Dienes*, S. 505; *Tushnet u.a.,* S. 5; *Kischel,* S. 355; *Starck/Paulus*, in: v. Mangoldt/Klein/Starck, GGK, Art. 5, Rn. 46; *Brugger,* S. 161.

263 *RAV v. City of St Paul,* 505 U.S. 377, 382 (1992); *Brown v. Entertainment Merchants Association,* 564 U.S. 786, 799 (2011); *Iancu v. Brunetti,* 139 S.Ct. 2294, 2299 (2019); *Currie,* S. 76 u. 80; *Barron/Dienes*, S. 626; *Chemerinsky,* S. 1234; *Tushnet u.a.,* S. 5; *Starck/Paulus*, in: v. Mangoldt/Klein/Starck, GGK, Art. 5, Rn. 46.

264 *Madsen v. Women's Health Center,* 512 U.S. 753, 766 (1994); *Brown v. Entertainment Merchants Association,* 564 U.S. 786, 799 (2011); *McCullen v. Coakley,* 573 U.S. 464, 478 (2014); *Currie,* S. 76; *Barron/Dienes*, S. 519.

265 *Turner Broadcasting Systems v. FCC,* 512 U.S. 622, 642 (1994); *Snyder v. Phelps,* 562 U.S. 443, 456 (2011); *Tushnet u.a.,* S. 5; *Currie,* S. 80; *Brugger,* S. 161 u. 176; *Barron/Dienes*, S. 520.

durch ein weniger einschneidendes ersetzt werden kann[266]. Insoweit lässt sich eine Parallele zu den allgemeinen Gesetzen des Art. 5 Abs. 2 GG ziehen, die Beschränkungen der Freiheiten des Art. 5 Abs. 1 GG erlauben. Diese sind dadurch charakterisiert, dass sie sich nicht gegen eine bestimmte Meinung oder den Prozess der Meinungsbildung richten, sondern ein davon unabhängiges und überwiegendes allgemeines Rechtsgut schützen[267].

303 Einige Beispiele sollen diese Unterscheidung verdeutlichen. Meinungsneutral sind etwa Regeln, die eine bestimmte Lautstärke der Meinungskundgabe untersagen[268] oder generell festlegen, dass private Gespräche nicht abgehört werden dürfen[269]. Es kann ferner verboten werden, eine Flagge zu verbrennen, um eine Waldbrandgefahr abzuwenden (meinungsneutral); andererseits kann eine Flaggenverbrennung nicht allein deshalb verboten werden, weil man eine so ausgedrückte Kritik an Staat und Regierung verhindern will[270].

304 Das gesetzliche Verbot von beleidigenden[271] und von unmoralischen[272] Markennamen hat der Supreme Court als nicht meinungsneutral gewertet: *Always be cruel* müsse als Markenname ebenso erlaubt sein wie *Always be good*[273]. Zum gleichen Ergebnis kam eine Entscheidung, die politische Ansprache und politische Werbung im Umkreis von 30 Meter rund um Wahllokale betraf: da allgemeine Werbung erlaubt blieb, handele es sich nicht um ein meinungsneutrales Gesetz[274]. Dieses Gesetz bildet eine der wenigen Ausnahmen dafür, dass trotz fehlender Meinungsneutralität im Ergebnis dennoch Verfassungsmäßigkeit angenommen wurde. Das Anliegen der Normen, unmittelbar vor dem Ort der Wahl Bestechung oder Beeinflussung zu verhindern, wurde als zwingend und alternativlos betrachtet[275].

305 Schwierig zu beurteilen ist die Frage, ob Abstandsregeln um Kliniken oder Arztpraxen, die Schwangerschaftsabbrüche durchführen als meinungsneutral gelten können. Denn diese Abstandsregeln von etwa zwölf Metern zum Klinikgelände werden von Gerichten hauptsächlich erlassen, um Abtreibungsgegner auf Abstand zu halten, die Patientinnen, Besucher und Personal ansprechen und diese von ihrer die Abtreibung ablehnenden Ansicht zu überzeugen versuchen. Trotz der Entstehungsgeschichte dieser gerichtlichen

---

266 *Ward v. Rock Against Racism,* 481 U.S. 781, 791 (1989); *RAV v. City of St Paul,* 505 U.S. 377, 386 (1992); *Madsen v. Women's Health Center,* 512 U.S. 753, 764 (1994); *McCullen v. Coakley,* 573 U.S. 464, 477 (2014); *Brugger,* S. 176; *Chemerinsky,* S. 1238; *Barron/Dienes,* S. 531 f.; *Currie,* S. 76.

267 BVerfGE 113, 63, 78 f.; 117, 244, 260; 120, 180, 200; 124, 300, 322; *Jarass/Pieroth,* Art. 5, Rn. 67; *Sodan/Ziekow,* § 32, Rn. 25; *Michael/Morlok,* Rn. 652 ff.

268 *RAV v. City of St Paul,* 505 U.S. 377, 386 (1992); *Madsen v. Women's Health Center,* 512 U.S. 753, 772 f. (1994); *Chemerinsky,* S. 1238 f.

269 *Bartnicki v. Vopper,* 532 U.S. 514, 526 (2001); *Barron/Dienes,* S. 568.

270 Beispiel leicht verändert nach *RAV v. City of St Paul,* 505 U.S. 377, 385 (1992).

271 *Matal v. Tam,* 138 S.Ct. 1744, 1765 f. (2017).

272 *Iancu v. Brunetti,* 139 S.Ct. 2294, 2299 (2019).

273 *Iancu v. Brunetti,* 139 S.Ct. 2294, 2300 (2019).

274 *Burson v. Freeman,* 504 U.S. 191, 197 (1992).

275 *Burson v. Freeman,* 504 U.S. 191, 198 ff. (1992).

Anordnungen hat der Supreme Court diese als meinungsneutral eingeordnet[276]. Immerhin sind die gerichtlichen Verfügungen äußerlich neutral formuliert, erfassen also alle Demonstrationen rund um die Klinik[277]. Sie verbieten den Abtreibungsgegnern auch nicht, ihre Meinung am Rand der Zone oder andernorts kundzutun[278]. Es geht mit anderen Worten nicht um den Inhalt, sondern nur um den Ort der Rede[279]. Die Anordnungen der Gerichte dienen außerdem einem weiteren Zweck, sie unterbinden nämlich Lärm, Streitereien und Gewalt direkt vor dem Eingang zur Klinik, was der öffentlichen Sicherheit und der Nachbarschaft zugutekommt[280]. Was allerdings effektiv verhindert wird, ist die direkte Ansprache der Patientinnen im öffentlichen Raum zu einem gesellschaftsrelevanten Thema[281], weil diese aus der Distanz nicht mehr sicher zu identifizieren sind[282]. Sieht man in dieser spezifischen persönlichen Beratung den Kern der Meinungsäußerung, kann man kaum noch von einer Meinungsneutralität der Sperrzonen um die Abtreibungskliniken und -praxen sprechen. Dass Meinungsneutralität trotzdem angenommen wurde, könnte auch daran gelegen haben, dass es anderenfalls sehr schwierig gewesen wäre, ein zwingendes staatliches Interesse an der Unterbindung der Äußerungen der Abtreibungsgegner zu finden.

In Deutschland wird in vergleichbaren Fällen auf das Recht der betroffenen Patientinnen auf Privatsphäre zurückgegriffen, welches aus dem Allgemeinen Persönlichkeitsrecht (Art. 2 Abs. 1 i.V.m. 1 Abs. 1 GG) folgt. Wird eine Frau in der Öffentlichkeit direkt auf einen möglichen Schwangerschaftsabbruch hin angesprochen, ist hierin eine Beeinträchtigung ihrer Privatsphäre zu sehen[283]; zum Schutz dieser Privatsphäre darf dann auf der Basis der polizeilichen Generalklausel eingegriffen und die sogenannte Gehsteigberatung zumindest direkt vor der Abtreibungspraxis untersagt werden[284]. In der erforderlichen Abwägung zwischen dem Schutz des Persönlichkeitsrechts und der Meinungsfreiheit der Abtreibungsgegner werden also örtliche Beschränkungen als erforderlich und angemessen betrachtet. Der Schutz der Privatsphäre der betroffenen **306**

276 *Madsen v. Women's Health Center,* 512 U.S. 753, 762 u. 766 (1994); *Schenck v. Pro-Choice Network,* 519 U.S. 357, 372 (1997); *McCullen v. Coakley,* 573 U.S. 464, 479 f. (2014) (für ein Gesetz des Bundesstaates Massachusetts); *Tushnet u.a.,* S. 6.

277 *Madsen v. Women's Health Center,* 512 U.S. 753, 762 f. (1994); *McCullen v. Coakley,* 573 U.S. 464, 479 f. u. 485 (2014) (für ein Gesetz des Bundesstaates Massachusetts).

278 *Madsen v. Women's Health Center,* 512 U.S. 753, 764, (1994); *Schenck v. Pro-Choice Network,* 519 U.S. 357, 374 (1997); *Barron/Dienes,* S. 466; *Brugger,* S. 177.

279 *McCullen v. Coakley,* 573 U.S. 464, 479 (2014).

280 *Madsen v. Women's Health Center,* 512 U.S. 753, 768 u. 772 f. (1994); *Schenck v. Pro-Choice Network,* 519 U.S. 357, 375 f. (1997); *McCullen v. Coakley,* 573 U.S. 464, 480 f. (2014).

281 *Madsen v. Women's Health Center,* 512 U.S. 753, 764 (1994); *McCullen v. Coakley,* 573 U.S. 464, 487 (2014); *Abrams,* S. 16; *Brugger,* S. 177.

282 *McCullen v. Coakley,* 573 U.S. 464, 487 (2014).

283 VGH Mannheim, NJW 2011, 2532, 2533; VGH Mannheim, Urt. v. 11.10.2012, 1 S 36/12, juris, Rn. 47; VG Karlsruhe, NVwZ 2019, 897, 899 f.

284 VGH Mannheim, NJW 2011, 2532 f.; VGH Mannheim, Urt. v. 11.10.2012, 1 S 36/12, juris, Rn. 32 ff.; VG Karlsruhe, NVwZ 2019, 897, 900; zustimmend *von Schwanenflug,* NVwZ 2019, 902, 904; A.A. VG München, NJOZ 2017, 636, 642.

Frauen ist in den USA zwar ebenfalls bekannt[285], hat aber nicht den gleichen Stellenwert wie in Deutschland[286].

307 In der jüngsten Entscheidung zu diesem Problem hat der Supreme Court ein Bannmeilengesetz des Bundesstaates Massachusetts, obwohl meinungsneutral, für nicht erforderlich gehalten[287]. Als mildere Mittel hätten strafrechtliche oder zivilrechtliche Sanktionen gegen solche Personen zur Verfügung gestanden, die den Zutritt zu Kliniken behindern[288]. Auch in diesem Punkt gehen die deutsche und die US-amerikanische Beurteilung auseinander. Weil die Auseinandersetzung in der Öffentlichkeit stattfindet, eine größere Gruppe von Personen betrifft, die eine Abtreibungspraxis aufsuchen und den Frauen selbst nicht zugemutet werden kann, gegen die Abtreibungsgegner vorzugehen, weil sie dadurch erst recht ihre persönliche Situation offenbaren müssten, sehen deutsche Gerichte den Konflikt vor Abtreibungspraxen und -kliniken als Problem der öffentlichen Sicherheit und nicht als rein private Angelegenheit[289].

c) Differenzierung nach dem Inhalt der Äußerung

308 Um unterschiedliche Schutzniveaus innerhalb des 1. Zusatzartikels USC zu rechtfertigen wird erneut auf die oben dargestellten Grundwerte zurückgegriffen[290], die hinter der Meinungsfreiheit stehen. Wegen ihrer Bedeutung für die Demokratie werden politische Meinungsäußerungen sowie Äußerungen zu Themen, die die Öffentlichkeit bewegen, als besonders schützenwert eingeordnet[291].

309 Weniger Schutz wird dagegen der rein privaten Kommunikation[292] oder Äußerungen mit produktbezogener, insbesondere werblicher Motivation gewährt (commercial speech), weil diese zur Verwirklichung der Demokratie wenig beitragen[293]. So sind z.B. politische oder personenbezogene Falschaussagen vom 1. Zusatzartikel USC geschützt, solange sie nicht vorsätzlich oder grob fahrlässig getätigt werden[294]. Dies gilt nicht für

---

285 *Madsen v. Women's Health Center,* 512 U.S. 753, 768 (1994); *Schenck v. Pro-Choice Network,* 519 U.S. 357, 376 (1997).

286 *Abrams*, S. 55 ff. mit Einzelbeispielen.

287 *McCullen v. Coakley,* 573 U.S. 464, 490 ff. (2014).

288 *McCullen v. Coakley,* 573 U.S. 464, 491 f. (2014).

289 VGH Mannheim, NJW 2011, 2532, 2533 f.; VGH Mannheim, Urt. v. 11.10.2012, 1 S 36/12, juris, Rn. 70.

290 S.o. 2.

291 *Mills v. Alabama,* 384 U.S. 214, 218 f. (1966); *Buckley v. Valeo,* 405 U.S. 1, 14 (1976); *Burson v. Freeman,* 504 U.S. 191, 196 (1992); *Citizens United v. FEC,* 558 U.S. 310, 329 u. 340 (2010); *Snyder v. Phelps,* 562 U.S. 443, 451 f. (2011); *Arizona Free Enterprise PAC v. Bennett,* 564 U.S. 721, 734 (2011); *McCullen v. Coakley,* 573 U.S. 464, 488 f. (2014); *Abrams,* S. 88 u. 93 f.; *Chemerinsky,* S. 1165 f.; *Bhagwat,* S. 383, 401 u. 406; *Brugger,* S. 161; *Tushnet u.a.,* S. 7.

292 *Snyder v. Phelps,* 562 U.S. 443, 452 (2011).

293 *Central Hudson Gas v. Public Service Commission,* 447 U.S. 557, 563 (1980); *Board of Trustees of the State University of New York v. Fox,* 492 U.S. 469, 477 (1989); *Matal v. Tam,* 138 S.Ct. 1744, 1763 (2017); *National Federation of Family and Life Advocates v. Becerra,* 138 S.Ct. 2361, 2372 (2018); *Barron/Dienes,* S. 545 f.; *Chemerinsky,* S. 1191; *Abrams,* S. 100.

294 *New York Times v. Sullivan,* 376 U.S. 254, 271 ff. (1964); *Weaver,* S. 21; *Chemerinsky,* S. 1140.

falsche, irreführende oder betrügerische Wirtschaftswerbung[295]. Keinen Schutz der Meinungsfreiheit kann ferner die Werbung für illegale Tätigkeiten beanspruchen[296]. Außerdem findet das grundsätzliche Verbot der Vorzensur keine Anwendung bei kommerzieller Rede[297]. Schließlich kann derjenige, der die Beschränkung seiner kommerziellen Rede geltend macht, nicht vorbringen, dass die Regelung zwar nicht ihn ungemessen benachteilige, aber andere, dass sie alle so generell zu weit gefasst sei[298].

Die Einschränkung von Äußerungen, die sich auf Produkte oder Dienstleistungen beziehen wird nach der ständigen Rechtsprechung des Supreme Court für zulässig gehalten, wenn sie einem wichtigen (substantial) öffentlichen Interesse dient, dieses auch fördert und nicht unangemessen intensiv in die Rechte der Betroffenen eingreift[299]. Die Beweislast für diese Bedingungen liegt bei der öffentlichen Hand[300]. 310

d) Differenzierung nach dem Ort der Äußerung

Je nach Ort, an dem eine Meinung geäußert wird, variiert auch das Schutzniveau. Meinungskundgaben auf öffentlichen Straßen und Plätzen oder in öffentlich zugänglichen Parks (public fora) gelten als besonders schützenswert, weil an diesen Orten typischerweise miteinander gesprochen wird und viele Mitbürger erreicht werden[301]. Hier darf die öffentliche Hand in aller Regel die Kommunikation einer bestimmten Auffassung nicht unterbinden[302]. Genehmigungserfordernisse werden jedoch für zulässig gehalten, soweit diese einem wichtigen öffentlichen Interesse dienen, meinungsneutral sind und der Verwaltung klare Entscheidungskriterien vorgeben[303]. Zudem muss zügig über Anträge auf Genehmigung entschieden werden sowie gerichtlicher Rechtsschutz möglich sein[304]. 311

295 *Central Hudson Gas v. Public Service Commission,* 447 U.S. 557, 563 f. (1980); *Board of Trustees of the State University of New York v. Fox,* 492 U.S. 469, 475 (1989); *Chemerinsky,* S. 1188 f. u. 1192; *Brugger,* S. 166; *Barron/Dienes,* S. 546 f.

296 *Central Hudson Gas v. Public Service Commission,* 447 U.S. 557, 566 (1980); *Board of Trustees of the State University of New York v. Fox,* 492 U.S. 469, 475 (1989); *Chemerinsky,* S. 1188 u. 1196; *Brugger,* S. 166.

297 *Central Hudson Gas v. Public Service Commission,* 447 U.S. 557, 563 f. (1980); *Barron/Dienes,* S. 547

298 *Board of Trustees of the State University of New York v. Fox,* 492 U.S. 469, 481 (1989); *Barron/Dienes,* S. 547; *Chemerinsky,* S. 95, 1031 u. 1193.

299 *Central Hudson Gas v. Public Service Commission,* 447 U.S. 557, 566 (1980); *Board of Trustees of the State University of New York v. Fox,* 492 U.S. 469, 475 (1989); *Edenfield v. Fane,* 507 U.S. 761, 767 f. (1993); *Greater New Orleans Broadcasting Association v. United States,* 527 U.S. 173, 184 f. (1999); *Thompson v. Western States Medical Center,* 535 U.S. 357, 367 f. (2002); *Chemerinsky,* S. 1192; *Brugger,* S. 166.

300 *Edenfield v. Fane,* 507 U.S. 761, 770 (1993); *Brugger,* S. 166; *Chemerinsky,* S. 1192.

301 *Greer v. Spock,* 424 U.S. 828, 835 f. (1976); *Perry Education Association v. Perry Local Educators Association,* 460 U.S. 37, 45 (1983); *United States v. Grace,* 461 U.S. 171, 177 (1983); *Burson v. Freeman,* 504 U.S. 191, 196 f. (1992); *International Society for Krishna Consciousness v. Lee,* 505 U.S. 672, 679 (1992); *McCullen v. Coakley,* 573 U.S. 464, 476 f. (2014); *Packingham v. North Carolina,* 137 S.Ct. 1730, 1735 (2017); *Minnesota Voters Alliance v. Mansky,* 138 S.Ct. 1876, 1885 (2018); *Brugger,* S. 176 f.; *Chemerinsky,* S. 1230 u. 1233; *Barron/Dienes,* S. 520.

302 *Perry Education Association v. Perry Local Educators Association,* 460 U.S. 37, 45 (1983); *Minnesota Voters Alliance v. Mansky,* 138 S.Ct. 1876, 1885 (2018).

303 *Chemerinsky,* S. 1039, 1233 u. 1241; *Barron/Dienes,* S. 466 u. 539 ff.

304 *Chemerinsky,* S. 1233 u. 1241; *Barron/Dienes,* S. 541.

312 Ein begrenzter Zugang für die Öffentlichkeit (limited public forum) wird für solche öffentlichen Orte angenommen, die auch anderen Zwecken dienen, etwa eine staatliche Schule[305], eine staatliche Universität oder eine staatlich betriebene Messe, wenn an diesen Orte Meinungskundgabe grundsätzlich zugelassen wird; Beschränkungen müssen dann zumindest gleichmäßig und meinungsneutral angewandt werden und einem nachvollziehbaren Zweck dienen[306].

313 Die öffentliche Hand darf auch entscheiden, dass bestimmte Gebäude oder Gelände im öffentlichen Eigentum nicht für Meinungsäußerungen zur Verfügung stehen (nonpublic forum)[307]. Dies wurde etwa für einen Flughafen[308], ein teilweise öffentlich zugängliches Militärgelände[309], ein Wahllokal[310] sowie für das Grundstück einer öffentlichen Postfiliale[311] angenommen. Weil diese Orte hauptsächlich anderen Zwecken dienen, darf der Staat als Eigentümer hier sogar meinungsbezogene Regeln festlegen, wenn sie einen vernünftigen Zweck mit vertretbaren Mitteln verfolgt[312]. Wählerinnen und Wähler im Wahllokal von direkter Einflussnahme abzuschirmen, wurde z.B. als nachvollziehbares staatliches Anliegen bewertet; doch wurde im gleichen Fall die Einschränkung jeder „politischer" Äußerung als zu ungenau angesehen[313]. In Bezug auf einen Flughafen wurde zwar das Verbot des Einsammelns von Spenden für zulässig gehalten[314], nicht aber das Verbot des Verteilens von Werbematerial[315].

314 An Orten, die in Privateigentum stehen, ist die Meinungskundgabe grundsätzlich nicht gestattet, es sei denn der Eigentümer erklärt sich hiermit einverstanden[316]. Dies gilt auch für privat betriebene Einkaufszentren[317], wenn nicht die Verfassung des Bundesstaates eine anderweitige Regelung trifft[318]. Eine Ausnahme gilt für Privateigentum, welches die wesentlichen Eigenschaften von öffentlichem Eigentum aufweist[319],

305 *Good News Club v. Milford Central School,* 533 U.S. 98, 106 (2001); *Matal v. Tam,* 138 S.Ct. 1744, 1763 (2017).

306 *Good News Club v. Milford Central School,* 533 U.S. 98, 106 f. (2001); *Barron/Dienes*, S. 526 ff.; *Brugger,* S. 177; *Chemerinsky,* S. 1245 f.

307 *Perry Education Association v. Perry Local Educators Association,* 460 U.S. 37, 46 (1983); *United States v. Grace,* 461 U.S. 171, 178 (1983); *Minnesota Voters Alliance v. Mansky,* 138 S.Ct. 1876, 1885 (2018); *Chemerinsky,* S. 1249.

308 *International Society for Krishna Consciousness v. Lee,* 505 U.S. 672, 679 f. (1992); *Barron/Dienes,* S. 529.

309 *Greer v. Spock,* 424 U.S. 828, 837 f. (1976).

310 *Minnesota Voters Alliance v. Mansky,* 138 S.Ct. 1876, 1886 (2018).

311 *United States v. Kokinda,* 497 U.S. 720, 727 (1990); *Barron/Dienes,* S. 527.

312 *Minnesota Voters Alliance v. Mansky,* 138 S.Ct. 1876, 1885 f. (2018); *Perry Education Association v. Perry Local Educators Association,* 460 U.S. 37, 46 (1983); *United States v. Kokinda,* 497 U.S. 720, 725 f. (1990); *International Society for Krishna Consciousness v. Lee,* 505 U.S. 672, 683 (1992).

313 *Minnesota Voters Alliance v. Mansky,* 138 S.Ct. 1876, 1887 f. (2018).

314 *International Society for Krishna Consciousness v. Lee,* 505 U.S. 672, 683 (1992).

315 *Lee v. International Society for Krishna Consciousness,* 505 U.S. 830, 831 (1992).

316 *Chemerinsky,* S. 1229 u. 1255; *Barron/Dienes,* S. 536.

317 *Hudgens v. N.L.R.B.,* 424 U.S. 507, 520 f. (1976); ausdrücklich bestätigt durch *Manhattan Community Access Corp. v. Halleck,* 139 S.Ct 1921, 1926, 1930 f. (2019); *Chemerinsky,* S. 569 u. 1256.

318 *Prune Yard Shopping Center v. Robins,* 447 U.S. 74, 87 f. (1980) zu einer Regelung des Bundesstaates Kalifornien; *Chemerinsky,* S. 1255 f.

319 *Barron/Dienes*, S. 535.

gemeint ist hier z.B. die Einkaufsstraße einer sogenannten „company-town“, das ist eine von Unternehmen für seine Angestellten errichtete Siedlung[320], die aber komplett im Eigentum des Unternehmens steht.

e) Äußerungen in Sonderstatusverhältnissen

Hier soll es um die Redefreiheit von Schülerinnen und Schülern, Angehörigen des öffentlichen Dienstes, des Militärs und von Gefängnisinsassen gehen. Zum einen fallen diese Gruppen nicht völlig aus dem Schutzbereich des Grundrechts heraus, zum anderen könnten die Aufgaben der jeweiligen Institutionen zu stark gefährdet werden, wenn die Meinungsfreiheit genau so gelten würde wie ohne den Sonderstatus, so dass Einschränkungen zu erwarten sind[321]. **315**

Schüler und Lehrerinnen an öffentlichen Schulen müssen ihre Meinungsfreiheit nicht am Schultor aufgeben[322]. Deshalb können kritische Stellungnahmen nicht verboten werden, solange sie nicht zu einer Störung des Schulbetriebes führen und keine Rechte andere verletzen[323]. **316**

Allerdings darf die Schulleitung Artikel aus einer im Schulunterricht entstandenen Zeitung vor ihrem Erscheinen entfernen, weil die Zeitung nicht für die Öffentlichkeit bestimmt war und die Schule Meinungen, mit denen sie nicht einverstanden war, nicht zu fördern braucht[324]. Als vereinbar mit der Meinungsfreiheit wurde es ferner bewertet, dass ein Schüler sanktioniert wurde, weil er zu einer Schulveranstaltung eine Fahne mit der sonderbaren Botschaft „Bong hits 4 Jesus“ mitbrachte, weil man hieraus hätte ableiten können, die Schule sei mit Drogengebrauch einverstanden[325]. Es lässt sich die Tendenz erkennen, die für die Meinungsfreiheit der Schülerinnen und Schüler eher großzügige *Tinker*-Entscheidung etwas einzugrenzen und den Schulverantwortlichen deutlich mehr Spielraum zu geben[326]. **317**

Mitarbeiterinnen und Mitarbeiter des öffentlichen Dienstes haben in Ausübung ihrer Aufgaben keine persönliche Meinungsfreiheit[327]. Außerhalb des Dienstes dürfen sie sich zu außerdienstlichen Fragen persönlich – auch öffentlich – äußern, solange nicht das staatli- **318**

---

320 *Marsh v. Alabama,* 326 U.S. 501, 509 (1946); *Chemerinsky,* S. 566 f.

321 *Citizens United v. FEC,* 558 U.S. 310, 341 (2010); *Abrams,* S. 57; s.a. *Tinker v. Des Moines*, 393 U.S. 503, 507 (1969) für den Schulbereich.

322 *Tinker v. Des Moines*, 393 U.S. 503, 506 (1969); *Perry Education Association v. Perry Local Educators Association,* 460 U.S. 37, 44 (1983); *Hazelwood School District v. Kuhlmeier,* 484 U.S. 260, 266 (1988); *Morse v. Frederick,* 551 U.S. 393, 396 (2007).

323 *Tinker v. Des Moines*, 393 U.S. 503, 508 (1969); *Hazelwood School District v. Kuhlmeier,* 484 U.S. 260, 266 (1988); *Weaver,* S. 265; *Brugger,* S. 183.

324 *Hazelwood School District v. Kuhlmeier,* 484 U.S. 260, 270 ff. (1988).

325 *Morse v. Frederick,* 551 U.S. 393, 403 (2007).

326 *Chemerinsky,* S. 1262.

327 *Garcetti v. Cabellos,* 547 U.S. 410, 421 ff. (2006); *Lane v. Franks,* 573 U.S. 228, 236 f. (2014); *Chemerinsky,* S. 1212 u. 1217.

che Interesse an der Funktionsfähigkeit des öffentlichen Dienstes überwiegt[328]. Der Supreme Court hat immerhin angedeutet, dass es für Beschäftigte an Schulen und Universitäten Ausnahmen von diesen Grundregeln geben könnte[329].

319 In Bezug auf die Streitkräfte, verfolgt der Supreme Court eine eher noch strengere Linie, weil es hier um die Sicherheit des Landes geht[330]. Kritische Meinungsäußerungen eines Offiziers zu Soldaten über den Vietnam-Krieg durften vor einem Militärgericht verfolgt werden[331]. Ebenfalls aufrechterhalten wurde die für ein Militärgelände getroffene Regelung, die jedes Verteilen oder Plakatieren von gedrucktem Material von einer vorherigen Zustimmung des Kommandanten abhängig machte[332]. Hier liegt ein klarer Fall von Vorzensur vor die der 1. Zusatzartikel USC grundsätzlich nicht zulässt[333].

320 In Gefängnissen gibt es ebenfalls sehr wenig Redefreiheit. Verschiedene Verbote wurden wegen der selten hinterfragten gegenläufigen Interessen des Strafvollzuges als verfassungsmäßig bewertet[334]. Z.B. dürfen Gefangene nicht an Gefangene in anderen Strafvollzugsanstalten schreiben, um Sicherheitsprobleme sowie denkbare Vergleiche und daraus resultierende Unzufriedenheit zu verhindern[335]. Der Presse kann verboten werden, bestimmte Gefangene zu interviewen[336]. Gefangenen kann es schließlich untersagt werden, bestimmte Bücher, Zeitungen oder Zeitschriften zu bestellen, um sie zu gutem Benehmen anzuhalten und die Gefahr von Brandstiftung in den Zellen zu minimieren[337]. Einen einzigen Lichtblick gibt es:

321 Diese sehr zurückhaltende Linie des Supreme Court in Hinsicht auf die Meinungsfreiheit im Strafvollzug wird zu Recht kritisiert; denn die Vollzugsverwaltung wird sich kaum für die Wahrung von Rechten der Gefangenen einsetzen, wenn sie keine ernsthafte gerichtliche Kontrolle zu befürchten hat[338].

f) Anforderungen an das die Meinungsfreiheit einschränkende Gesetz

322 An Gesetze, die Rechte aus dem 1. Zusatzartikel USC einschränken, legt der Supreme Court strengere Maßstäbe an, als an sonstige Gesetze. Die meinungsbeschränkenden Vorschriften dürfen weder zu weit gefasst (overbroad) noch zu unbestimmt (vague) sein. M.a.W. muss sich der Gesetzgeber hier bei der Ausformulierung mehr Mühe

---

328 *Pickering v. Board of Education,* 391 U.S. 563, 568 (1968); *Waters v. Churchill,* 511 U.S. 661, 668 (1994); *Garcetti v. Cabellos,* 547 U.S. 410, 422 f. (2006); *Lane v. Franks,* 573 U.S. 228, 231 u. 236 f. (2014); *Brugger,* S. 185; *Weaver,* S. 248 ff.; *Chemerinsky,* S. 1217.

329 *Garcetti v. Cabellos,* 547 U.S. 410, 421 u. 425 (2006).

330 *Brugger,* S. 183 f.; *Chemerinsky,* S. 1257.

331 *Parker v. Levy,* 417 U.S. 733, 760 (1974).

332 *Brown v. Glines,* 444 U.S. 348, 361 (1980).

333 *Brugger,* S. 184; *Chemerinsky,* S. 1257; zur Vorzensur s.o.a).

334 *Chemerinsky,* S. 1258.

335 *Turner v. Safley,* 482 U.S. 78, 91 f. (1987).

336 *Pell v. Procunier,* 417 U.S. 817, 833 f. (1974); *Saxbe v. Washington Post,* 417 U.S. 843, 850 (1974); *Weaver,* S. 293 f.

337 *Bell v. Wolfish,* 441 U.S. 520, 549 ff. (1979); *Beard v. Banks,* 548 U.S. 521, 531 (2006).

338 *Chemerinsky,* S. 1261.

geben und darf der Verwaltung nicht zu viel Spielraum geben[339]. Als Grund für diese zusätzliche Kontrolle wird benannt, dass anderenfalls Grundrechtsträger aus Sorge um schwer einzuschätzende Konsequenzen von ihrer Meinungsäußerung abgehalten werden (chilling effect)[340].

Als zu weit formuliert kann man ein Gesetz bezeichnen, welches mehr Meinungskundgabe erfasst, als zum Schutz des zu wahrenden Rechtsguts erforderlich wäre und dadurch die Redefreiheit über Gebühr beschränkt[341]. Hier ist eine deutliche Parallele zum deutschen Erforderlichkeitsgrundsatz erkennbar, der ebenfalls verlangt, dass Grundrechte nur soweit eingeschränkt werden, wie es nötig ist, um das gegenläufige Allgemeinwohlinteresse zu verwirklichen[342]. So war ein Gesetz, das es verbot, Grausamkeiten gegen Tiere darzustellen und zu verbreiten, so weit ausgestaltet, dass auch Jagdvideos mitgemeint waren[343]. Dieses Gesetz wurde wegen seines zu weiten Anwendungsbereichs als verfassungswidrig beurteilt[344]. Als zu weit gefasst wurde ferner ein Gesetz beurteilt, welches skandalöse oder unmoralische Markennamen untersagte[345]. Ein drittes Beispiel[346]: Eine kommunale Satzung untersagte, die Polizei bei ihrer Arbeit zu stören. Diese sehr allgemeine Formulierung erlaubte es, rein verbale Proteste Dritter gegen die Polizeiarbeit zu sanktionieren. Eine solche Einschränkung der Redefreiheit hielt der Supreme Court ebenfalls für verfassungswidrig. Als Taktik, um den zu weit gefassten Anwendungsbereich eines Gesetzes zu belegen, bietet es sich folglich an, möglichst viele Fälle beizubringen in denen das Gesetz verfassungsrechtlich erlaubte Meinungskundgabe unterbindet[347]. **323**

Der Supreme Court räumt dem Gesetzgeber allerdings einen gewissen Spielraum ein, d.h. das Gesetz muss deutlich über sein eigentliches Regelungsziel hinausgehen und nicht nur ausnahmsweise erlaubte Meinungsäußerung betreffen[348]. Zudem sind alle Gerichte verpflichtet, zu versuchen, dass zu weit formulierte Gesetz durch restriktive Auslegung vor dem Verdikt der Verfassungswidrigkeit zu retten[349]. **324**

Eine weitere Relevanz hat die Overbreadth-Doktrin im Zusammenhang mit dem Zugang zum Supreme Court. Ausnahmsweise wird in Fällen, die den 1. Zusatzartikel USC betreffen, persönliche Betroffenheit nicht strikt verlangt, sondern es darf auch gel- **325**

---

339 *Broadrick v. Oklahoma,* 413 U.S. 601, 611 f. (1973); *Currie,* S. 82; *Barron/Dienes,* S. 459.

340 *Broadrick v. Oklahoma,* 413 U.S. 601, 612 (1973); *New York v. Ferber,* 458 U.S. 747, 768 f. (1982); *Barron/Dienes,* S. 459; *Heldt,* NJOZ 2017, 1458, 1461; *Brugger,* S. 164; *Chemerinsky,* S. 95 u. 1031.

341 *United States v. Stevens,* 559 U.S. 460, 473 ff. (2010); *Chemerinsky,* S. 1028 f.; *Barron/Dienes,* S. 460; *Brugger,* S. 164.

342 *Brugger,* S. 164; s.a. *Barron/Dienes,* S. 460 (less drastic means).

343 *United States v. Stevens,* 559 U.S. 460, 474 ff. (2010).

344 *United States v. Stevens,* 559 U.S. 460, 482 (2010).

345 *Iancu v. Brunetti,* 139 S.Ct. 2294, 2302 (2019).

346 *Houston v. Hill,* 482 U.S. 451, 466 f. (1987).

347 *New York v. Ferber,* 458 U.S. 747, 771 f. (1982); *United States v. Stevens,* 559 U.S. 460, 473 (2010); *Chemerinsky,* S. 1029.

348 *Parker v. Levy,* 417 U.S. 733, 760 (1974); *New York v. Ferber,* 458 U.S. 747, 769 f. (1982); *Houston v. Hill,* 482 U.S. 451, 458 (1987); *Chemerinsky,* S. 95 u. 1028; *Barron/Dienes,* S. 460.

349 *United States v. Stevens,* 559 U.S. 460, 481 (2010); *Chemerinsky,* S. 1031.

tend gemacht werden, dass die angegriffene Regelung andere ungemessen benachteilige, weil sie eindeutig zu weit gefasst sei[350].

326 Ein Gesetz, welches die Meinungs- und Pressefreiheit beschränkt, darf ferner nicht zu unbestimmt (vague) formuliert sein[351]. Vernünftige Adressaten des Gesetzes sollen erkennen können, wie sie sich verhalten müssen, um Sanktionen zu vermeiden[352], der Verwaltung darf kein unbeschränktes Ermessen gewährt werden, sondern sie soll anhand klarer Kriterien erkennen können, wann sie das Gesetz anzuwenden hat und wann nicht[353]. Hier sind deutliche Parallelen zum deutschen Bestimmtheitsgrundsatz erkennbar, der aus dem Rechtsstaatsprinzip abgeleitet wird[354]. Erneut geht es darum, Abschreckungseffekte zu verhindern, die durch unklare Gesetzestexte entstehen könnten[355].

327 Als zu unbestimmt wurde etwa eine Gesetzesformulierung bewertet, die Bewerber für den öffentlichen Dienst verpflichtete zu versichern, dass sie keiner „subversiven“ Organisation angehörten[356]. Weiterhin bestand ein Gesetz den Test ausreichender Bestimmtheit nicht, welches drei oder mehr Personen verbot, sich in die Passanten ärgender (annoying) Weise auf Fußwegen zu versammeln[357].

328 Gesetze, die zu unbestimmt sind, können gleichzeitig auch zu weit gefasst sein[358]; diese Übereinstimmung ist allerdings nicht immer gegeben. Denn ein ausreichend genau formuliertes Gesetz kann die Meinungsfreiheit auch stärker einschränken als es für den Gesetzeszweck nötig ist[359].

6. Unterschiede zur deutschen Rechtslage und Erklärungsansätze

329 Dass die US-Verfassung in Hinsicht auf die Redefreiheit großzügiger ist als das Grundgesetz, lässt sich zum Teil auf den unterschiedlichen geschichtlichen Hintergrund zurückführen. So fehlen in den USA Erfahrungen mit radikalen Parteien wie der KPD und der NSDAP, so dass Einschränkungen der Meinungsfreiheit, die sich aus den Art. 5 Abs. 3 S. 2, 9 Abs. 2, 18 und 21 Abs. 2 und Abs. 3 GG ergeben, nicht nötig erscheinen. Das gesamte Konzept der wehrhaften Demokratie ist den USA unbekannt. Auch Verfassungsfeinde haben hier Meinungsfreiheit, solange sie nicht zum sofortigen gewaltsamen Sturz der Regierung aufrufen[360]. Ebenfalls historisch bedingt ist die deutsche Strafrechtsnorm, die die Leugnung des Holocaust oder die Verherrlichung der NS-Zeit und

350 *Broadrick v. Oklahoma,* 413 U.S. 601, 612 (1973); *Parker v. Levy,* 417 U.S. 733, 759 f. (1974); *New York v. Ferber,* 458 U.S. 747, 768 f. (1982); *Barron/Dienes*, S. 459; *Chemerinsky,* S. 94.

351 *Coates v. Cincinnati,* 402 U.S. 611, 614 (1971); *Barron/Dienes*, S. 459 f.; *Brugger,* S. 163 f.

352 *Coates v. Cincinnati,* 402 U.S. 611, 614 (1971); *Kolender v. Lawson,* 461 U.S. 352, 357 (1983); *Barron/Dienes*, S. 459; *Chemerinsky,* S. 1025 u. 1032.

353 *Kolender v. Lawson,* 461 U.S. 352, 358 (1983); *Chemerinsky,* S. 1025 f.

354 *Jarass/Pieroth,* Art. 20, Rn. 82; *Sodan/Ziekow,* § 7, Rn. 35 ff.; *Michael/Morlok*, Rn. 564 ff.

355 *Barron/Dienes*, S. 460; *Chemerinsky,* S. 1026; *Brugger,* S. 164.

356 *Baggett v. Bullitt,* 377 U.S. 360, 366 (1964).

357 *Coates v. Cincinnati,* 402 U.S. 611, 614 ff. (1971).

358 *Coates v. Cincinnati,* 402 U.S. 611, 614 (1971); *Chemerinsky,* S. 1033.

359 *Chemerinsky,* S. 1032.

360 *Currie*, S. 78.

des NS-Führungspersonals sanktioniert[361]. Im Unterschied zu den USA ist die sogenannte „hate speech" oder Gruppendiffamierung in Deutschland zumindest teilweise – etwa durch das Netzwerkdurchsetzungsgesetz – sanktioniert[362].

Dass die Meinungsfreiheit in den USA stärker ist, liegt auch daran, dass der Schutz der **330**
persönlichen Ehre und der Schutz der Privatsphäre deutlich schwächer ausgeprägt sind[363], der in Deutschland durch das Allgemeine Persönlichkeitsrecht (Art. 2 Abs. 1 i.V.m. 1 Abs. 1 GG) gewährt wird. Dies zeigt sich zunächst daran, dass die Presse durchaus falsch berichten darf, solange sie nicht vorsätzlich oder grob fahrlässig vorgeht[364]. Illustrativ sind insoweit zwei Urteile zu Satiren, die Personen des öffentlichen Lebens in herabwürdigender Weise sexuelle Handlungen unterstellten[365]. Fast zeitgleich kamen der Supreme Court und das Bundesverfassungsgericht insoweit zu unterschiedlichen Ergebnissen. Das Bundesverfassungsgericht entschied 1987, dass die Menschenwürde und das allgemeine Persönlichkeitsrecht des betroffenen Politikers durch seine Darstellung als kopulierendes Schwein in unzumutbarer Weise verletzt seien und hielt die strafrechtliche Verurteilung wegen Beleidigung aufrecht[366]. Der Supreme Court dagegen hob 1988 eine Verurteilung zum Schadensersatz auf, die ein bekannter Fernsehprediger gegen den Verleger eine erdichteten Interviews erwirkt hatte; die Freiheit der zugespitzten Meinungsäußerung, die als Fiktion und nicht als wahre Aussage gekennzeichnet war, sei wichtiger als die eventuelle emotionale Belastung des Betroffenen[367].

Das Allgemeine Persönlichkeitsrecht, insbesondere in der Gestalt des Rechts auf Reso- **331**
zialisierung[368], steht ferner hinter dem Recht auf Vergessenwerden (Art. 17 DSGVO, § 35 BDSG), welches zum Beispiel Straftätern oder zu Unrecht beschuldigten Personen einen Neustart ermöglichen soll. Ein solches Recht gibt es in den USA nicht, zutreffende Berichterstattung kann nicht unterbunden werden[369].

Der Supreme Court vertritt den Grundsatz, dass es für das Gemeinwesen besser sei, **332**
wenn es möglichst viel Meinungsfreiheit gibt[370]; nur so ist zu erklären, dass die Wahlkampfinanzierung seit langem dem Schutz des 1. Zusatzartikels USC unterstellt und recht umfassend vor gesetzlicher Einschränkung geschützt wird[371].

361 § 130 StGB Volksverhetzung.
362 BVerfGE 90, 241, 251 ff.; 111, 147, 155 f.; 124, 300, 325 ff.; *Starck/Paulus*, in: v. Mangoldt/Klein/Starck, GGK, Art. 5, Rn. 50; *Heldt,* NJOZ 2017, 1458 f. u. 1460.
363 *Abrams,* S. 49, 51 u. 56; *Barron/Dienes*, S. 569; *Starck/Paulus*, in: v. Mangoldt/Klein/Starck, GGK, Art. 5, Rn. 42.
364 S. i.E.o. 3.
365 Hierzu auch *Starck/Paulus*, in: v. Mangoldt/Klein/Starck, GGK, Art. 5, Rn. 49.
366 BVerfGE 75, 369, 379 f.
367 *Hustler Magazine v. Falwell,* 485 U.S. 46, 54 ff. (1988)
368 BVerfGE 98, 169, 200; 103, 21, 39 f.; BVerfG, NJW 2020, 300, 306; *Jarass/Pieroth,* Art. 2, Rn. 50 u. 72a.
369 *Abrams,* S. XVIII u. 77; *Determann,* NVwZ 2016, 561, 565.
370 *Hustler Magazine v. Falwell,* 485 U.S. 46, 50 f. (1988); *Citizens United v. FEC,* 558 U.S. 310, 361 (2010); *Arizona Free Enterprise PAC v. Bennett,* 564 U.S. 721, 750 (2011).
371 Genauer s.o. 2.

333 Die große Reichweite der „freedom of speech" mag zum einen daran liegen, dass es viele spezielle Grundrechte, wie etwa die Kunst- oder Wissenschaftsfreiheit oder die Vereinigungsfreiheit im US-amerikanischen Verfassungsrecht schlicht nicht gibt, zum anderen daran, dass ein Auffanggrundrecht, wie es das Grundgesetz mit der allgemeinen Handlungsfreiheit des Art. 2 Abs. 1 GG zur Verfügung stellt, nicht existiert.

V. Versammlungs- und Vereinigungsfreiheit

334 Die genannten Rechte stehen Menschen zu, die kurz- oder längerfristig[372] zusammenwirken wollen, indem sie sich in Gruppen zusammenschließen. Beide Rechtsordnungen erkennen an, dass Versammlungen und Vereinigungen Ausdruck einer kollektiven Meinungsfreiheit und Wahrheitssuche sind[373] und die aus demokratischer Perspektive[374] gewünschte Möglichkeit schaffen, über die Beteiligung an Wahlen hinaus, die Regierungsarbeit politisch zu beeinflussen[375]. Insbesondere für Minderheiten können Versammlungen und Vereinigungen wichtig sein[376].

1. Die Versammlungsfreiheit

335 Obwohl ausdrücklich im 1. Zusatzartikel USC erwähnt, fristet die Versammlungsfreiheit in der verfassungsrechtlichen Praxis nur ein Schattendasein[377]. Sie wird auch als das „vergessene" oder „vernachlässigte" Grundrecht beschrieben[378], weil der Supreme Court seit über zwanzig Jahren keine Entscheidung auf dieses Grundrecht gestützt hat[379]. Woran könnte dies liegen?

336 Zunächst erlaubt der Wortlaut der Norm die Interpretation, dass die Versammlungsfreiheit nur zu dem Zweck gewährt ist, um Petitionen an die Regierung zu richten. Diese sehr enge Auslegung stützt sich darauf, dass der 1. Zusatzartikel USC nicht das Wort „rights" also die Mehrzahl verwendet, sondern das Wort „right", was auf ein einzelnes Recht hindeutet, zusammengesetzt aus Versammlungsfreiheit und Petitionsfreiheit[380]. Zudem sind die anderen Rechte des 1. Zusatzartikels USC mit einem „oder" verbun-

---

372 Hierin sieht *Mazzone*, Washington Law Review 77 (2002), 639, 742 f. den Hauptunterschied zwischen Versammlungen und Vereinigungen; ähnlich *Jarass/Pieroth,* Art. 9, Rn. 2.

373 Für die USA *Whitney v. California,* 274 U.S. 357, 372 (1927) dissent; *Inazu,* Tulane Law Review 84 (2010), 565, 597; *Abu El-Haj,* UCLA Law Review 56 (2009), 543, 547.

374 Für die USA *Mazzone*, Washington Law Review 77 (2002), 639, 729 f.; *Abu El-Haj,* UCLA Law Review 56 (2009), 543, 547 u. 587; für Deutschland BVerfGE 128, 226, 250; *Michael/Morlok*, Rn. 287; *Sodan/Ziekow,* § 36, Rn. 1 u. § 37, Rn. 1; *Jarass/Pieroth,* Art. 8, Rn. 1.

375 Für die USA *De Jonge v. Oregon,* 299 U.S. 353, 365 (1937); *Abu El-Haj,* UCLA Law Review 56 (2009), 543, 546; *Inazu,* Tulane Law Review 84 (2010), 565, 578 u. 590; *Mazzone*, Washington Law Review 77 (2002), 639, 730 u. 743; für Deutschland *Jarass/Pieroth,* Art. 8, Rn. 1; *Sodan/Ziekow,* § 36, Rn. 1.

376 *Inazu,* Tulane Law Review 84 (2010), 565, 570 u. 612.

377 *Mazzone*, Washington Law Review 77 (2002), 639, 646 f. u. 711.

378 *Inazu,* Tulane Law Review 84 (2010), 565, 566 u. 569 bzw. *Abu El-Haj,* UCLA Law Review 56 (2009), 543, 547.

379 *Inazu,* Tulane Law Review 84 (2010), 565, 611.

380 *Mazzone*, Washington Law Review 77 (2002), 639, 712 f.

den, Versammlungs- und Petitionsfreiheit jedoch mit einem „und"[381]. Es gab einzelne frühere Supreme-Court-Entscheidungen, die dies ähnlich gesehen haben[382].

Dennoch vermag diese sehr restriktive Auslegung der Versammlungsfreiheit nicht zu überzeugen. Dass am Ende des 1. Zusatzartikels USC ein „und" steht, kann allein daran liegen, dass das Ende der Aufzählung erreicht ist. Außerdem sind Versammlungs- und Petitionsrecht durch ein Komma getrennt[383]. Schließlich ergibt die Analyse der Materialien zu den Verfassungsänderungen von 1791, dass die Versammlungsfreiheit umfassend geschützt werden sollte, dass z.B. auch religiöse Zusammenkünfte mitgemeint waren, die nichts mit Petitionen an die Regierung zu tun hatten[384]. Seine frühere restriktive Interpretation hat der Supreme Court stillschweigend aufgegeben und schützt heute z.B. auch rein politische Diskussionsveranstaltungen, die nicht die Absicht verfolgen, eine Petition einzureichen[385]. **337**

Festzuhalten ist folglich, dass Versammlungen aller Art durch den 1. Zusatzartikel USC geschützt sind, religiöse, politische, wirtschaftliche, gesellschaftliche oder schlicht festliche Veranstaltungen mehrerer Menschen[386]. Der Anwendungsbereich der Versammlungsfreiheit erfasst auch die Bundesstaaten[387]. Der Text des 1. Zusatzartikels USC stellt wie Art. 8 Abs. 1 GG ferner klar, dass unfriedliche Versammlungen nicht geschützt sind[388]. Als unfriedlich gilt auch eine Versammlung, in der zur Gewalt aufgerufen wird[389]. Es reicht allerdings nicht aus, dass ein Teilnehmer der Versammlung einer Straftat verdächtig ist, um die ganze Versammlung als unfriedlich einzuordnen[390]. **338**

Öffentliche Straßen, Parks und Plätze stehen grundsätzlich als taugliche Versammlungsorte zur Verfügung[391]. Beschränkungen aus Gründen der Sicherheit des Straßenverkehrs sind möglich[392], nicht aber völlige Verbote[393]. **339**

381 *Mazzone*, Washington Law Review 77 (2002), 639, 712.

382 *United States v. Cruikshank,* 92 U.S. 542, 552 (1876); *Presser v. Illinois,* 116 U.S. 252, 267 (1886).

383 *Inazu,* Tulane Law Review 84 (2010), 565, 574.

384 Einzelheiten insoweit bei *Inazu,* Tulane Law Review 84 (2010), 565, 574 ff.; A.A. *Mazzone*, Washington Law Review 77 (2002), 639, 715 ff.

385 S. z.B. *De Jonge v. Oregon,* 299 U.S. 353, 365 (1937).

386 *Thomas v. Collin,* 363 U.S. 516, 531 f. (1945); *NAACP v. Claiborne,* 458 U.S. 886, 911 f. (1982); *Inazu,* Tulane Law Review 84 (2010), 565, 570, 576 f. u. 609; *Mazzone*, Washington Law Review 77 (2002), 639, 717.

387 *Gitlow v. New York,* 268 U.S. 652, 666 (1925); *De Jonge v. Oregon,* 299 U.S. 353, 364 (1937); *Abu El-Haj,* UCLA Law Review 56 (2009), 543, 564; *Inazu,* Tulane Law Review 84 (2010), 565, 599 u. 608 f.

388 *De Jonge v. Oregon,* 299 U.S. 353, 365 (1937); *Thomas v. Collins,* 363 U.S. 516, 536 (1945); *NAACP v. Claiborne,* 458 U.S. 886, 915 f. (1982); *Mazzone*, Washington Law Review 77 (2002), 639, 714 u. 718.

389 *De Jonge v. Oregon,* 299 U.S. 353, 364 (1937); *Thomas v. Collins,* 363 U.S. 516, 536 (1945).

390 *De Jonge v. Oregon,* 299 U.S. 353, 365 (1937).

391 *Hague v. Committee for Industrial Organization,* 307 U.S. 496, 515 f. (1939); *Perry Education Association v. Perry Local Educators Association,* 460 U.S. 37, 45 (1983); *Abu El-Haj,* UCLA Law Review 56 (2009), 543, 584; *Inazu,* Tulane Law Review 84 (2010), 565, 602.

392 *Mazzone*, Washington Law Review 77 (2002), 639, 718; *Abu El-Haj,* UCLA Law Review 56 (2009), 543, 587.

393 *Hague v. Committee for Industrial Organization,* 307 U.S. 496, 515 f. (1939).

340 Dass die Versammlungsfreiheit im heutigen US-amerikanischen Verfassungsrecht nur noch eine sehr kleine Rolle spielt, liegt daran, dass viele ihrer Aspekte von dem unter IV. vorgestellten Recht auf Meinungsfreiheit und dem ungeschriebenen Recht auf Vereinigungsfreiheit erfasst werden[394]. So wurde z.B. das kommunale Verbot von Protesten vor Privathäusern, im konkreten Fall ging es um eine Mahnwache von bis zu 40 Menschen vor dem Haus eines Arztes, der Abtreibungen vornahm[395], nur unter dem Aspekt der Meinungsfreiheit und nicht unter dem Aspekt der Versammlungsfreiheit behandelt[396]. Ferner wurden sowohl der Streit um eine Bannmeilenregelung vor ausländischen Botschaften[397] als auch der Konflikt um die Beteiligung an einer öffentlichen Parade zum Saint Patrick's Day[398] vom Supreme Court ausschließlich unter Heranziehung der Meinungsfreiheit gelöst.

341 In fast allen größeren Städten der USA braucht man heute eine kommunale Genehmigung, wenn man eine Versammlung abhalten will[399]. Dies war nicht immer so. In den ersten 100 Jahren nach in Kraft treten der Verfassung hatten die Gerichte der Bundesstaaten Genehmigungspflichten fast durchgängig abgelehnt und das Unterbinden von Versammlungen nur dann erlaubt, wenn diese unfriedlich wurden und die öffentliche Sicherheit gefährdeten[400]. Heute wird die Genehmigungspflicht weitgehend akzeptiert und der Bürger damit zum Bittsteller gemacht[401]. Die Genehmigung wird oft nur unter Bedingungen erteilt, etwa einer Versicherungspflicht des Veranstalters, und mit räumlichen und zeitlichen Auflagen versehen[402]. Diese Beschränkungen können die politische Wirkung einer Versammlung stark beeinträchtigen und sie zu einem rein symbolischen Akt machen[403]. Bei Großereignissen, wie z.B. Parteitagen zur Wahl des Präsidentschaftskandidaten, ist es zudem bisweilen nötig, seine Versammlung ein halbes Jahr vorher anzumelden[404]. Das Recht, sich zu versammeln ist heute nur noch nach dem Erwerb einer Genehmigung und nach Maßgabe dieser Genehmigung gegeben.

342 Als Begründung für diese Beschränkungen der Versammlungsfreiheit, die keinen Anhalt im Text der Verfassungsnorm haben, werden die öffentliche Sicherheit und Ordnung und die Verkehrssicherheit benannt[405]. Weil die Versammlungsfreiheit wie eine Meinungsäußerung in der Öffentlichkeit behandelt wird, werden parallele Einschränkungen in Bezug auf den Zeitpunkt, den Ort und die Art und Weise der Versammlung (time, place and manner) für verfassungsrechtlich zulässig gehalten, solange sie mei-

394 *Inazu,* Tulane Law Review 84 (2010), 565, 566 f., 570 u. 610; *Abu El-Haj,* UCLA Law Review 56 (2009), 543, 547.
395 *Frisby v. Schultz,* 487 U.S. 474, 476 (1988).
396 *Frisby v. Schultz,* 487 U.S. 474, 479 ff. (1988).
397 *Boos v. Barry,* 485 U.S. 312, 318 ff. (1988); *Inazu,* Tulane Law Review 84 (2010), 565, 611.
398 *Hurley v. Irish-American Gay, Lesbian & Bisexual Group,* 515 U.S. 557, 568 f. (1995).
399 *Abu El-Haj,* UCLA Law Review 56 (2009), 543, 548 u. 586.
400 *Abu El-Haj,* UCLA Law Review 56 (2009), 543, 573 ff., 578 u. 586 m.w.N.
401 *Abu El-Haj,* UCLA Law Review 56 (2009), 543, 587.
402 *Abu El-Haj,* UCLA Law Review 56 (2009), 543, 550 f. m.w.N.
403 *Abu El-Haj,* UCLA Law Review 56 (2009), 543, 587.
404 *Abu El-Haj,* UCLA Law Review 56 (2009), 543, 552 u. 586.
405 *Abu El-Haj,* UCLA Law Review 56 (2009), 543, 553.

nungsneutral sind, andere Kommunikationswege offenhalten und erforderlich sind, um ein wichtiges staatliches Interesse zu fördern[406].

Es lässt sich vertreten, dass die Unterschiede zwischen den beiden Grundrechten zu stark eingeebnet werden. Bei der Meinungsfreiheit geht es um den Einzelnen, nicht die größere Gruppe und die Versammlungsfreiheit hat häufig auch einen sehr viel stärkeren politischen Impuls[407]. Mit dem Rückgriff auf die Meinungsfreiheit und ihre Beschränkungsmöglichkeiten werden außerdem auch die früher aufgestellten strengeren Grundsätze für die Beschränkung von Versammlungen umgangen, die eigentlich eine klare und unmittelbar bevorstehende Gefahr für das öffentliche Wohl verlangten[408], bevor gegen eine Versammlung vorgegangen werden konnte. **343**

2. Die Vereinigungsfreiheit

a) Herleitung und Inhalt

Die Vereinigungsfreiheit (freedom of association) wird als im ersten Zusatzartikel angelegtes Grundrecht angesehen, obwohl sie vom Verfassungstext nicht erwähnt wird[409]. Zur Begründung dieses Grundrechts stützt sich der Supreme Court vor allem auf teleologische Argumente im Zusammenhang mit der Meinungsfreiheit. Die letztgenannte kann durch den Austausch in organisierten Gruppen und die gemeinsamen Anstrengungen von Gruppen, die sowohl über mehr Personen als auf über mehr finanzielle Mittel verfügen, besser verwirklicht werden[410]. Außerdem kann man Vereinigungen, ähnlich wie Versammlungen, als selbstverwaltete demokratische Gegengewichte zur Staatsmacht verstehen[411]. Da es für politische Parteien im Gegensatz zu Art. 21 GG keine speziellen verfassungsrechtlichen Regeln gibt, gilt für diese ebenfalls die Vereinigungsfreiheit[412]. **344**

Man darf sich mit anderen zu einem Verein oder einer sonstigen Gruppierung zusammenschließen und beliebige Zwecke verfolgen[413]. Eine gewisse Stabilität der Verbin- **345**

406 *Frisby v. Schultz,* 487 U.S. 474, 492 (1988); *Barron/Dienes,* S. 539; *Abu El-Haj,* UCLA Law Review 56 (2009), 543, 553 u. 585 m.w.N.

407 *Abu El-Haj,* UCLA Law Review 56 (2009), 543, 553 mit Fn. 46 u. 589; *Mazzone*, Washington Law Review 77 (2002), 639, 743.

408 *West Virginia v. Barnette,* 319 U.S. 624, 639 (1943); *Thomas v. Collins,* 363 U.S. 516, 530 (1945), *Inazu,* Tulane Law Review 84 (2010), 565, 605, 609.

409 *NAACP v. Alabama ex rel. Patterson,* 357 U.S. 449, 460 (1958); *Griswold v. Connecticut,* 381 U.S. 479, 482 (1965); *Buckley v. Valeo,* 405 U.S. 1, 15 (1976); *Roberts v. Jaycees,* 468 U.S. 609, 617 f. (1984); *City of Dallas v. Stanglin,* 490 U.S. 19, 25 (1989); *Chemerinsky,* S. 1266; *Brugger,* S. 35; *Weaver,* S. 213 f.; *Amar* (2012), S. 117; *Barron/Dienes,* S. 482 f.; *Mazzone*, Washington Law Review 77 (2002), 639, 644, 647 u. 649.

410 *NAACP v. Alabama ex rel. Patterson,* 357 U.S. 449, 460 (1958); *Weaver,* S. 213 f.; *Chemerinsky,* S. 1266; *Mazzone*, Washington Law Review 77 (2002), 639, 650 u. 676; *Barron/Dienes,* S. 482 f.

411 *Mazzone*, Washington Law Review 77 (2002), 639, 647 u. 712; *Barron/Dienes,* S. 482.

412 *Buckley v. Valeo,* 405 U.S. 1, 15 (1976); *Brugger,* S. 35 f.; *Mazzone*, Washington Law Review 77 (2002), 639, 750; *Barron/Dienes,* S. 611.

413 *NAACP v. Alabama ex rel. Patterson,* 357 U.S. 449, 460 f. (1958); *Roberts v. Jaycees,* 468 U.S. 609, 626. (1984); *Rotary International v. Rotary Club of Duarte,* 481 U.S. 537, 548 (1987); *Boy Scouts of America v. Dale,* 530 U.S. 640, 647 (2000).

dung zwischen den Teilnehmern wird ebenfalls verlangt, denn ein offener Tanztreff mit mehreren hundert Teilnehmerinnen und Teilnehmern wurde nicht als Vereinigung anerkannt[414]. Erfasst ist auch die negative Seite des Grundrechts, nämlich das Recht, jeder Vereinigung fernzubleiben[415]. Die letztgenannte Facette des Grundrechts wird bei Zwangsmitgliedschaften problematisch. Hierzu gibt es eine differenzierte Rechtsprechung: Die Zwangsmitgliedschaft in einer Anwaltskammer wird als verfassungsrechtlich zulässig bewertet, solange sich die Kammer auf berufsspezifische Aufgaben beschränkt und keine allgemeinpolitische Aktivität entfaltet[416]. Andererseits wurde unter Aufgabe einer früheren Rechtsprechung[417] 2018 entschieden, dass gesetzlich festgelegte Zwangsbeiträge von ca. 500 $ jährlich für Nichtmitglieder einer Gewerkschaft[418] unzulässig seien, obwohl diese indirekt von der Gewerkschaftsarbeit, etwa bei Verhandlungen mit den Arbeitgebern, profitierten[419].

346 Niemand darf allein wegen der Mitgliedschaft in einer Gruppe oder einer Partei bestraft oder aus dem öffentlichen Dienst entfernt werden[420], es sei denn die Organisation hat strafbare Ziele und das betroffene Mitglied kennt diese und ist willens, diese illegalen Ziele aktiv zu fördern[421]. Vereine können in aller Regel auch nicht gezwungen werden, eine Liste ihrer Mitglieder an den Staat herauszugeben, weil eine solche Herausgabepflicht mögliche künftige Mitglieder abschreckt[422].

b) Freie Auswahl der Vereinsmitglieder?

347 Grundsätzlich darf eine Vereinigung selbst darüber entscheiden, wen sie als Mitglied aufnimmt und wen nicht[423]. Diese Grundregel sichert das Vertrauen innerhalb der Gruppierung, ihren Zusammenhalt und die wirksame Zusammenarbeit der Mitglieder[424]. Das Recht zur freien Auswahl der Mitglieder soll unbeschränkt zumindest für kleinere Gruppierungen mit engen persönlichen Verbindungen gelten[425]. Handelt es sich dagegen um eine größere, etwa landesweite Organisation mit vielen Mitgliedern ohne starke

414 *City of Dallas v. Stanglin,* 490 U.S. 19, 25 (1989).

415 *Boy Scouts of America v. Dale,* 530 U.S. 640, 648 (2000); *Janus v. AFSCME,* 138 S.Ct. 2448, 2463 (2018); *Barron/Dienes,* S. 488; *Weaver,* S. 222; *Chemerinsky,* S. 1067.

416 *Keller v. State Bar of California,* 496 U.S. 1, 16 (1990); *Barron/Dienes,* S. 489; *Chemerinsky,* S. 1063; *Mazzone*, Washington Law Review 77 (2002), 639, 655.

417 *Janus v. AFSCME,* 138 S.Ct. 2448, 2460 u. 2478 ff. (2018); kritisch insoweit *Janus v. AFSCME,* 138 S.Ct. 2448, 2497 f. (2018) dissent.

418 Dieser Betrag stellte nur einen Teil dessen dar, was ordentliche Gewerkschaftsmitglieder zu bezahlen hatten.

419 *Janus v. AFSCME,* 138 S.Ct. 2448, 2464 ff. (2018); *Chemerinsky,* S. 1063 f.

420 *Rotary International v. Rotary Club of Duarte,* 481 U.S. 537, 548 (1987); *Weaver,* S. 214; *Barron/Dienes,* S. 483; *Mazzone*, Washington Law Review 77 (2002), 639, 652 f. u. 759 m.w.N.

421 *Chemerinsky,* S. 1267 f.; *Barron/Dienes,* S. 484 m.w.N.

422 *NAACP v. Alabama ex rel. Patterson,* 357 U.S. 449, 462 f. (1958); *Chemerinsky,* S. 1269; *Mazzone*, Washington Law Review 77 (2002), 639, 651 f. u. 759; *Barron/Dienes,* S. 486; *Weaver,* S. 214.

423 *Boy Scouts of America v. Dale,* 530 U.S. 640, 648 (2000); *Chemerinsky,* S. 1275.

424 *Mazzone*, Washington Law Review 77 (2002), 639, 762.

425 *Roberts v. Jaycees,* 468 U.S. 609, 619 f. (1984); *Rotary International v. Rotary Club of Duarte,* 481 U.S. 537, 545 f. (1987); *Weaver,* S. 218 f.; *Barron/Dienes,* S. 498; *Mazzone*, Washington Law Review 77 (2002), 639, 660 f.; *Chemerinsky,* S. 1272.

persönliche Verbindung untereinander, so müssen solche Vereinigungen Antidiskriminierungsgesetze beachten, soweit dadurch nicht die Vereinspolitik unzumutbar beeinträchtigt wird[426]. Deshalb wurden z.B. reine Männervereine wie Rotary-Clubs verpflichtet, Frauen aufnehmen, weil die Gleichberechtigung ein zentrales öffentliches Anliegen darstellt und die Ziele des Vereins auch unter Beteiligung von Frauen unproblematisch weiter verfolgt werden konnten[427].

Höchst umstritten war allerdings die Entscheidung, die den Ausschluss eines homose- 348
xuellen Pfadfinderführers trotz eines dagegensprechenden Antidiskriminierungsgesetzes des Bundesstaates New Jersey aufrechterhielt. Die Boy Scouts of America sind eine bundesweite Vereinigung mit im Entscheidungszeitpunkt rund drei Millionen Mitgliedern und konnten sich deshalb nicht auf die freie Mitgliederauswahl berufen, die kleineren Vereinen mit engen persönlichen Bezügen zugestanden wird[428]. Fraglich war, ob die zweite Ausnahme für sie galt: Waren homosexuelle Mitglieder unvereinbar mit Kernaussagen der Vereinsarbeit? Der Hauptzweck des Vereins besteht darin, den Mitgliedern Pfadfinderfähigkeiten, Selbstvertrauen, Hilfsbereitschaft, Mut und Patriotismus beizubringen[429], präzise Aussagen zur erwünschten sexuellen Ausrichtung der Mitglieder finden sich in den Vereinsmaterialien nicht[430]. Im Prozess hatte die Pfadfindervereinigung indes geltend gemacht, dass man bestimmte Aussagen im Vereinsprogramm, etwa die Forderung, Pfadfinder sollten „morally straight" sein, als gegen Homosexualität gerichtet ansehen könnte und dass der Verein sich jetzt entschlossen habe, homosexuelle Mitglieder generell nicht mehr zu dulden[431]. Diese Aussagen genügten der knappen 5 Stimmen Mehrheitsmeinung im Supreme Court, die zu dem Ergebnis kam, dass die weitere Mitgliedschaft des homosexuellen Pfadfinderführers die Organisation zu der unerwünschten Botschaft gezwungen hätte, dass die Pfadfinder homosexuelles Verhalten billigten[432]. Dabei spielte es – wenig überzeugend[433] – keine Rolle, dass der Verein weder in seiner Öffentlichkeitsarbeit oder in seinen Schriften daran gehindert war, sich von Homosexualität an sich zu distanzieren; es reichte aus, dass sich die Pfadfindervereinigung in ihrer Vereinigungsfreiheit beschränkt sah[434].

426 *Roberts v. Jaycees,* 468 U.S. 609, 620 f. (1984); *Rotary International v. Rotary Club of Duarte,* 481 U.S. 537, 546 f. (1987); *Mazzone*, Washington Law Review 77 (2002), 639, 661; *Chemerinsky,* S. 1273.

427 *Rotary International v. Rotary Club of Duarte,* 481 U.S. 537, 548 f. (1987); s.a. *Roberts v. Jaycees,* 468 U.S. 609, 620 ff. (1984); *Chemerinsky,* S. 1273; *Mazzone*, Washington Law Review 77 (2002), 639, 664 u. 684.

428 *Chemerinsky,* S. 1274; *Mazzone*, Washington Law Review 77 (2002), 639, 766.

429 *Mazzone*, Washington Law Review 77 (2002), 639, 667 f.

430 *Boy Scouts of America v. Dale,* 530 U.S. 640, 665 ff dissent (2000); *Mazzone*, Washington Law Review 77 (2002), 639, 672 f. u. 684.

431 *Boy Scouts of America v. Dale,* 530 U.S. 640, 650 f. (2000); *Mazzone*, Washington Law Review 77 (2002), 639, 670 f.

432 *Boy Scouts of America v. Dale,* 530 U.S. 640, 653 ff. (2000); *Barron/Dienes,* S. 500; *Mazzone*, Washington Law Review 77 (2002), 639, 671.

433 So *Boy Scouts of America v. Dale,* 530 U.S. 640, 686 dissent (2000); *Chemerinsky,* S. 1275.

434 *Boy Scouts of America v. Dale,* 530 U.S. 640, 653 (2000); *Mazzone*, Washington Law Review 77 (2002), 639, 671.

349 Kritiker bewerten diese Entscheidung nicht nur als einen Verstoß gegen Wortlaut und Sinn des Antidiskriminierungsgesetzes, sondern auch als einen Verstoß gegen das verfassungsrechtliche Gleichbehandlungsgebot[435]. Man kann sich zudem auf den Standpunkt stellen, dass die Vereinigungsfreiheit durch die Mitgliedschaft eines homosexuellen Boyscouts nicht beeinträchtigt ist, solange die anderen Mitglieder die Möglichkeit haben, jederzeit aus der Vereinigung auszutreten[436].

VI. Das Recht auf Waffenbesitz

350 Über 200 Jahre lang gab es zwar literarische Konflikte um die genaue Bedeutung und die Reichweite des 2. Zusatzartikels USC, aber nur vereinzelte Rechtsprechung des Supreme Court[437]. Dies änderte sich durch zwei Entscheidungen aus den Jahren 2008 bzw. 2010: *Heller v. District of Columbia* und *McDonald v. Chicago*. Im Ergebnis erkannten die Entscheidungen ein Grundrecht auf privaten Waffenbesitz an[438], welches nicht nur für den Bundesstaat, sondern auch für die Gliedstaaten verbindlich ist. Beide Entscheidungen fielen mit knapper 5 zu 4 Mehrheit und enthalten ausführlich begründete abweichende Meinungen.

1. Die Argumentationen beider Seiten in *Heller*

351 Auslöser der ersten Supreme Court Entscheidung war eine Klage des Sicherheitsdienstmanns Heller, der seine registrierte Dienstwaffe zu Hause aufbewahren und im Notfall auch nutzen wollte. Diesem Wunsch stand eine Regelung des District of Columbia entgegen, die es generell verbot, Schusswaffen im Haus aufzubewahren, es sei denn diese seien zerlegt oder unbrauchbar gemacht. Washington D.C. hatte damit seit 1976 eine der strengsten Waffenkontrollvorschriften der gesamten USA[439]. Heller sah sich hierdurch in seinem Grundrecht auf Waffenbesitz aus dem Second Amendment verletzt.

352 Der Text des zweiten Zusatzartikels lässt verschiedene Deutungen zu[440]. Die Erwähnung der Miliz und des Volkes könnte darauf hinweisen, dass kein individuelles Recht, sondern ein Recht des Kollektivs geschützt werden sollte[441]. Unklar bleibt auch, welche Art von Waffen der einzelne Bürger besitzen darf, und welche nicht.

353 Die Mehrheitsmeinung in *Heller v. District of Columbia* sieht im ersten Satzteil des zweiten Zusatzartikels lediglich eine einleitende Klausel, die die Kernaussage des zwei-

---

435 *Mazzone*, Washington Law Review 77 (2002), 639, 687; *Chemerinsky*, S. 1275.

436 *Mazzone*, Washington Law Review 77 (2002), 639, 761.

437 *Winkler*, S. 4; *Lepsius* (2018), S. 149, 168 f.; *Lepore*, S. 673; *Barron/Dienes*, S. 233.

438 *Lepsius* (2018), S. 149, 170; *Amar* (2006), S. 326; *Reynolds*, Southern California Law Review 85 (2012), 247 f.; *Amar* (2012), S. 130.

439 *Winkler*, S. 6 u. 15 ff.

440 *Winkler*, S. 4; *Lepsius* (2018), S. 149, 158; *Amar* (2006), S. 322 u. 325; ähnlich *Wilkinson*, Virginia Law Review 95 (2009), 253, 257, 265 u. 267; *Brugger*, JZ 2009, 609, 612.

441 *Winkler*, S. 24 u. 109 m.w.N.

ten Satzteils nicht begrenzt[442]. Es werde mit dem Hinweis auf die Miliz nur eine ergänzende Begründung für das Recht geliefert, Waffen zu tragen; Selbstverteidigung und Jagd seien weitere mitgedachte Begründungen gewesen[443].

Die Minderheitsmeinung vertritt dagegen ein enges Verständnis des Verfassungsartikels[444]. Waffenbesitz sei nur im Zusammenhang mit dem Milizdienst verfassungsrechtlich geschützt, sonst der Regelungsbefugnis des einfachen Gesetzgebers überlassen[445]. Der einleitende Satzteil legt für die Minderheitsmeinung also den Zweck des Second Amendment abschließend fest. Begründen lässt sich diese Ansicht mit systematischen Argumenten. Nach Art. I section 8 cl. 13 u. 14 USC steht dem Bund die Kompetenz zu, eine Armee und eine Marine aufzustellen. Die Milizen bleiben dagegen weitgehend Angelegenheit der Gliedstaaten (s.a. Art. I section 8 cl. 15 u. 16 USC). Nach Aufstellung einer professionellen Armee und nach Entwaffnung der Milizen hätte der Zentralstaat die alleinige militärische Macht innegehabt. Um dieser Gefahr, die sich auch im gerade gewonnenen Unabhängigkeitskrieg gegen die britische Krone gezeigt hatte[446], vorzubeugen, sei der zweite Zusatzartikel beschlossen worden. Es gehe diesem primär darum, die Souveränität der Gliedstaaten durch den Erhalt einer ihnen zugeordneten bewaffneten Miliz zu schützen[447] – quasi als Gegengewicht zur Armee des Bundes[448]. 354

Im Gegensatz hierzu steht die Mehrheitsmeinung auf dem Standpunkt, dass die Formulierung *„the right of the people"* auf ein Individualrecht hindeute, so wie der Ausdruck im ersten, vierten und neunten Zusatzartikel USC verstanden wird[449]. Die 1791 beschlossene Bill of Rights, die aus den ersten zehn Zusatzartikeln besteht, enthält ganz überwiegend Individualrechte. Eingewandt wird insoweit, dass der zweite Zusatzartikel von seinem Sinn her als Beschränkung des Zentralstaats gedacht war und nicht als Bürgerrecht[450]. 355

Versteht man den zweiten Zusatzartikel als kollektives Recht, macht die Tatsache Probleme, dass die Mitglieder der Miliz ihre Waffen selbst mitzubringen und zu Hause aufzubewahren hatten[451], also individuell für Erwerb, Wartung und Munition verantwortlich waren. Mit der Aufstellung einer solchen Miliz ist der private Waffenbesitz und der Einsatz der Waffe auch für andere Zwecke in Bezug auf einen großen Teil der Bevölkerung, nämlich alle waffenfähigen Männer von 16 bis 45 Jahren, quasi mitgemeint[452]. 356

442 *Heller v. District of Columbia,* 554 U.S. 570, 577 (2008).
443 *Heller v. District of Columbia,* 554 U.S. 570, 599 (2008).
444 *Heller v. District of Columbia,* 554 U.S. 570, 643 ff. (2008) Stevens dissent; ebenso *Wilkinson*, Virginia Law Review 95 (2009), 253, 314.
445 *Heller v. District of Columbia,* 554 U.S. 570, 637, (2008) Stevens dissent.
446 *Heller v. District of Columbia,* 554 U.S. 570, 655 ff. (2008) Stevens dissent.
447 *Heller v. District of Columbia,* 554 U.S. 570, 636 f., 645 u. 656 ff. (2008) Stevens dissent; ebenso *Cottrol/Diamond,* S. 88, 94; *Amar* (2006), S. 116 f.
448 *Amar* (2012), S. 159; *Lepsius* (2018), S. 149, 166; s.a. The Federalist Papers Nr. 46, S. 290.
449 *Heller v. District of Columbia,* 554 U.S. 570, 579 ff. (2008).
450 *Amar* (2012), S. 159.
451 *Cottrol/Diamond,* S. 88, 94.
452 *Amar* (2006), S. 322; *Winkler*, S. 110 u. 278.

357 Die Mehrheitsmeinung verwirft eine streng historische Auslegung, die unter den Begriff der Waffe nur diejenigen Waffen zählen will, die bereits zur Zeit des Unabhängigkeitskrieges bekannt waren[453]. Nicht als Waffe im Sinne des zweiten Zusatzartikels werden nur militärische Waffen, also etwa Maschinengewehre, Handgranaten, Kanonen oder Panzer, betrachtet[454]. Auf das Individualrecht, Waffen zu tragen, sollen sich ferner weder Verbrecher noch Geistesgestörte berufen dürfen; auch Waffenverbote in Schulen oder Regierungsgebäuden sowie Beschränkungen des Waffenhandels bleiben zulässig[455]. Schließlich soll der Waffenbesitz zur häuslichen Selbstverteidigung dienen, Waffentragen in der Öffentlichkeit verfassungsrechtlich dagegen nicht garantiert sein[456].

358 Die Minderheitsmeinung versucht die Formulierung *„to bear arms"* aufgrund lexikalischer Hinweise dahingehend einzugrenzen, dass damit nur militärisches Waffentragen gemeint sein könne[457]. Dies wird von der Richtermehrheit zurückgewiesen. Insbesondere die ergänzende Formulierung *„to keep arms"* würde dann keinen Sinn mehr ergeben; im Übrigen finde sich der Ausdruck *„to bear arms"* vielfach auch in nicht militärischen Zusammenhängen[458].

359 Die Minderheitsauffassung stützt ihre restriktive Sichtweise des zweiten Zusatzartikels zusätzlich auf dessen Entstehungsgeschichte. Entsprechenden Vorschlägen aus den Bundesstaaten zum Trotz sei die Aufnahme einer zivilen Waffennutzung in den Artikel von den Verfassungsvätern gerade nicht ausgewählt worden[459]. Die Mehrheitsmeinung argumentiert ebenfalls historisch und geht zurück auf Vorläufernormen, insbesondere die englische Bill of Rights aus dem Jahr 1689[460]. Art. VII dieser Erklärung lautete: *That the subjects which are Protestants may have arms for their defense suitable to their condition and as allowed by law.* Hier ist ein Individualrecht normiert[461]. Dennoch muss auch die Mehrheitsmeinung zugeben, dass dieses Recht nur einem Teil des Volkes eingeräumt wurde und es außerdem nur gegenüber dem – damals katholischen – König geltend gemacht werden konnte, nicht aber gegenüber dem Parlament[462].

360 Die Minderheitsauffassung macht ferner teleologische Argumente geltend: Das Faustfeuerwaffenverbot im District of Columbia stelle eine angemessene und deshalb verfassungsmäßige Einschränkung des Rechts auf Schusswaffenbesitz dar[463]. Das Ziel des Verbots bestehe darin, die Bürger vor Gesundheits- und Lebensgefahren durch Waffen

453 *Heller v. District of Columbia,* Supreme Court, 554 U.S. 570, 582 (2008); bestätigt in *Caetano v. Massachusetts,* 136 S.Ct. 1027, 1028 f. (2016) für Elektroschockwaffen; *Lepsius* (2018), S. 149, 166.
454 *Heller v. District of Columbia,* Supreme Court, 554 U.S. 570, 627 (2008); s.a. *Winkler*, S. 279.
455 *Heller v. District of Columbia,* Supreme Court, 554 U.S. 570, 626 f. (2008); *McDonald v. Chicago*, 561 U.S. 742, 786 (2010); *Ludington u.a.*, Campbell Law Review 40 (2018), 399, 404; *Wilkinson*, Virginia Law Review 95 (2009), 253, 286 ff.
456 *Heller v. District of Columbia,* Supreme Court, 554 U.S. 570, 635 f. (2008); *Winkler*, S. 279.
457 *Heller v. District of Columbia,* 554 U.S. 570, 646 ff., (2008) Stevens dissent; ebenso *Amar* (2006), S. 322 f.; *Lepsius* (2018), S. 149, 160.
458 *Heller v. District of Columbia,* Supreme Court, 554 U.S. 570, 585 ff. (2008).
459 *Heller v. District of Columbia,* 554 U.S. 570, 659 ff. (2008) Stevens dissent.
460 *Heller v. District of Columbia,* Supreme Court, 554 U.S. 570, 592 f. (2008).
461 *Winkler*, S. 102.
462 S. auch *Winkler*, S. 115 u. 221.
463 *Heller v. District of Columbia,* 554 U.S. 570, 681 f. (2008) Breyer dissent.

zu schützen[464]. Es gehe dabei einerseits um die Eindämmung von Verbrechen, andererseits aber auch um den Schutz vor Unfällen, häuslicher Gewalt und schließlich den Schutz vor Selbsttötungen mit Schusswaffen[465]. Dass mehr Waffen aufgrund der Abschreckungswirkung zu weniger Toten durch Waffeneinsatz führten, sei nicht schlüssig zu beweisen[466]. Ein wirksameres Mittel als das Verbot sei nicht ersichtlich. Denn von Faustfeuerwaffen ginge die größte Gefahr aus. Nur so könne die Polizei sofort erkennen, dass etwas Illegales geschehe, wenn jemand eine Handfeuerwaffe bei sich trüge[467]. Zudem bleibe Bürgern, die sich verteidigen zu müssen glaubten, die Möglichkeit, ein Gewehr oder sonstige Waffen zu verwenden[468]. In städtischen Gebieten wie Washington D.C. würden Jagd und Schießsport zudem nicht ausgeübt, so dass die Bürger insoweit kaum Einschränkungen hinnehmen müssten. Zudem konnten die Verfassungsväter die Bevölkerungsdichte in der Stadt und die damit verbundenen Gefahren nicht vorhersehen; von den rund 4 Millionen US-Amerikanern des Jahres 1790 lebten nur 5 % in Städten[469]. Auch die Entwicklung einer bewaffneten städtischen Polizei sei um 1790 noch in weiter Ferne gewesen[470]. Die Mehrheitsmeinung könne ferner nicht plausibel erklären, warum sie eine Reihe von waffenrechtlichen Beschränkungen problemlos akzeptiere[471].

2. Die Erweiterung auf die Bundesstaaten durch *McDonald*

Normen des Districts of Columbia sind nach Art. I section 8 cl. 17 USC Bundesrecht, welches unproblematisch die Grundrechte der amerikanischen Verfassung zu wahren hat. In der Entscheidung *McDonald v. Chicago* stand indes eine Verordnung der Stadt Chicago im Bundesstaat Illinois zur Überprüfung, die – ähnlich wie die Regelung in Washington D.C. – Faustfeuerwaffen im Privatbesitz verbot. Bis 2010 hatte die Rechtsprechung es abgelehnt, die Regeln des Second Amendment auch auf die Bundesstaaten anzuwenden[472]. **361**

In Abänderung dieser Linie entschied die Mehrheitsmeinung des Supreme Court nun, dass das Recht auf Waffenbesitz zur Selbstverteidigung als fest verankert in der amerikanischen Rechtstradition zu bewerten sei und deshalb auch die Bundesstaaten binde[473]. Zwar sei die Rolle der Miliz heute unbedeutend, jedoch habe das Recht auf Selbstverteidigung weiterhin hohe Relevanz[474]. Gerade die Afroamerikaner seien nach Ende des **362**

464 *Heller v. District of Columbia,* 554 U.S. 570, 689 u. 695 (2008) Breyer dissent.
465 *Heller v. District of Columbia,* 554 U.S. 570, 696 ff. u. 711 f. (2008) Breyer dissent.
466 *Heller v. District of Columbia,* 554 U.S. 570, 702 (2008) Breyer dissent.
467 *Heller v. District of Columbia,* 554 U.S. 570, 710 ff. (2008) Breyer dissent.
468 *Heller v. District of Columbia,* 554 U.S. 570, 714 (2008) Breyer dissent.
469 *Heller v. District of Columbia,* 554 U.S. 570, 715 (2008) Breyer dissent.
470 *Heller v. District of Columbia,* 554 U.S. 570, 715 f.(2008) Breyer dissent.
471 *Heller v. District of Columbia,* 554 U.S. 570, 720 f. (2008) Breyer dissent; kritisch insoweit auch *Barron/Dienes*, S. 235; zum Ausnahmekatalog s.o. Fn. 436-438.
472 *McDonald v. Chicago*, 561 U.S. 742, 750 (2010).
473 *McDonald v. Chicago*, 561 U.S. 742, 760 ff. (2010); bestätigt in *Caetano v. Massachusetts,* 136 S.Ct. 1027, 1027 f. (2016); *Lepsius* (2018), S. 149, 166; *Reynolds*, Southern California Law Review 85 (2012), 247, 257.
474 *McDonald v. Chicago*, 561 U.S. 742, 767 (2010).

Bürgerkriegs in den Südstaaten oft entwaffnet worden, so dass der 14. Zusatzartikel ihnen das Recht aus dem Second Amendment gegen die Bundesstaaten einräumen wollte[475].

363 Die Gegenauffassung der vier abweichenden Richter versteht den 14. Zusatzartikel USC in erster Linie als Antidiskriminierungsvorschrift[476]. Dies zeige sich an seiner Schlussformulierung, die vom gleichen Schutz durch die Gesetze spreche[477]. Es sei also nicht darum, gegangen, eine Entwaffnung generell zu verhindern, sondern nur darum, eine selektive Entwaffnung der afroamerikanischen Bevölkerung abzuwenden. Aus historischer Perspektive betont die Mindermeinung ferner, dass der zweite Zusatzartikel ursprünglich als Schutzvorschrift für die Miliz der Gliedstaaten konzipiert worden sei und jetzt nicht gegen die Gliedstaaten in Stellung gebracht werden könne, sich also zur Inkorporation grundsätzlich nicht eigne[478]. Entscheidend für die Frage, ob ein Bundesgrundrecht so fundamental sei, dass es auch für die einzelnen Staaten Verbindlichkeit beanspruchen könne, sei seine aktuelle Bedeutung[479]. Der Rechtsvergleich mit anderen Demokratien zeige, dass ein Recht, Waffen zu tragen, keineswegs unabdingbar sei[480]. Die Mehrheitsauffassung weist diesen Hinweis zurück: Für die Frage der Inkorporation ginge es ausschließlich um amerikanische Traditionen[481].

3. Weitere Entwicklung der Rechtsprechung

364 Die Neubewertung des Second Amendment durch den Supreme Court führte, wie von manchen erwartet[482], zu einer umfassenden Anfechtung der Waffengesetze insbesondere der Bundesstaaten. In den zehn Jahre nach *Heller* hat es über 1000 untergerichtliche Verfahren gegeben, die sich mit den Waffengesetzen beschäftigten[483]. Die Erfolgsquote war allerdings mit 9 % der Verfahren sehr gering[484]. Dies lag vor allem an dem ausführlichen Ausnahmekatalog, den der Supreme Court selbst aufgestellt hatte[485]. Deshalb blieben etwa verurteilte Straftäter, die wegen illegalem Waffenbesitz erneut verurteilt wurden, mit ihren auf den 2. Zusatzartikel gestützten Anträgen zu 99 % erfolglos[486]. Auch bundesstaatliche Verbote von Sturmgewehren (assault weapons) wurden durchgehend von den

---

475 *McDonald v. Chicago*, 561 U.S. 742, 771 (2010); ebenso *Winkler*, S. 142.

476 *McDonald v. Chicago*, 561 U.S. 742, 898 (2010) Stevens dissent; *McDonald v. Chicago*, 561 U.S. 742, 934 (2010) Breyer dissent.

477 *McDonald v. Chicago*, 561 U.S. 742, 935 (2010) Breyer dissent.

478 *McDonald v. Chicago*, 561 U.S. 742, 897 (2010) Stevens dissent.

479 *McDonald v. Chicago*, 561 U.S. 742, 876 f. (2010) Stevens dissent; *McDonald v. Chicago*, 561 U.S. 742, 916 f. (2010) Breyer dissent.

480 *McDonald v. Chicago*, 561 U.S. 742, 895 f. (2010) Stevens dissent.

481 *McDonald v. Chicago*, 561 U.S. 742, 781 f. (2010).

482 *Heller v. District of Columbia,* 554 U.S. 570, 679 ff. Stevens dissent; *Heller v. District of Columbia,* 554 U.S. 570, 718 Breyer dissent; *Wilkinson*, Virginia Law Review 95 (2009), 253, 288.

483 *Ruben/Blocher,* Duke Law Journal 67 (2018), 1433, 1472.

484 *Ruben/Blocher,* Duke Law Journal 67 (2018), 1433, 1446 u. 1472 f. mit weiteren Einzelheiten; ähnlich *Ludington u.a.,* Campbell Law Review 40 (2018), 399, 400.

485 *Ruben/Blocher,* Duke Law Journal 67 (2018), 1433, 1440 f. m.w.N. u. 1507; *Ludington u.a.,* Campbell Law Review 40 (2018), 399, 401, 406 u. 413.

486 *Ruben/Blocher,* Duke Law Journal 67 (2018), 1433, 1481.

Gerichten aufrechterhalten[487]. Häufig ging schließlich die Abwägung zwischen den öffentlichen Interessen und den Interessen des Waffenbesitzers zugunsten des Gesetzgebers aus[488].

4. Rechtsvergleich und Erklärungsansätze

Das Grundgesetz kennt kein spezielles Grundrecht, welches sich mit Waffen beschäftigt. Der Besitz und die Nutzung von Waffen fallen unter die allgemeine Handlungsfreiheit des Art. 2 Abs. 1 GG. Wenn es um Schießsportvereine geht, kommt Art. 9 Abs. 1 GG hinzu, wenn es um die Einziehung von Waffen geht, Art. 14 Abs. 1 GG. Über waffenrechtliche Verbote und Beschränkungen hat das Bundesverfassungsgericht selten entscheiden müssen. Wenn es dazu kam, wurden diese stets als verfassungsgemäß angesehen. Die Abwägung zwischen den privaten Interessen der Waffenbesitzer und den öffentlichen Interessen an der Abwehr der von Schusswaffen ausgehenden Gefahren ging also zugunsten der öffentlichen Interessen aus[489]. Als paradigmatisch für die Rechtsprechung kann folgende Aussage des Bundesverfassungsgerichts aus dem Jahr 2003 gelten[490]: *„Die Verwendung von Waffen dient in erster Linie dem Schutz der Rechtsordnung, für deren Verteidigung mit Waffengewalt der Staat ein Monopol hat. Wer Schusswaffen zu privaten Zwecken verwenden möchte, begründet eine erhöhte Gefahr für die Allgemeinheit."* **365**

Vom deutschen Waffenrecht wird behauptet, dass es zu den strengsten der Welt zähle[491], ohne dass es je tiefgreifende verfassungsrechtliche Debatten auslöste. In den USA wird seit Jahrzehnten intensiv über Beschränkungen des Waffenbesitzes gestritten und der Supreme Court hat mit den beiden referierten Entscheidungen den verfassungsrechtlichen Schutz des Waffenbesitzes etabliert und auf die Bundesstaaten ausgedehnt. Wie lässt sich die eher waffenfreundliche Haltung des amerikanischen Gerichts im Vergleich zur restriktiven Haltung des deutschen Rechts erklären? **366**

Historisch gesehen kamen die Kolonisten der US-Gründerjahre und auch die Siedler bis fast zum Ende des 19. Jahrhunderts nicht selten in die Situation sich, ihre Familien und ihr Hab und Gut gegen wilde Tiere, Indianer und Banditen zu verteidigen[492]. Vergleichbarer Bedarf an privater Selbstverteidigung bestand in Deutschland nicht. **367**

Aktuell wird in den USA das Recht eine Schusswaffe zu besitzen und einzusetzen, mehrheitlich politisch gewollt[493]. 44 der 50 Bundesstaaten haben ein individuelles Recht auf **368**

487 *Ruben/Blocher,* Duke Law Journal 67 (2018), 1433, 1439 u. 1482 f.; *Ludington u.a.,* Campbell Law Review 40 (2018), 399, 413.

488 *Ruben/Blocher,* Duke Law Journal 67 (2018), 1433, 1452 u. 1496; s.a. *Ludington u.a.,* Campbell Law Review 40 (2018), 399, 412 u. 414; *Lepsius* (2018), S. 149, 168.

489 *Gade,* WaffG, § 8, Rn. 4.

490 BVerfGK 1, 95, 98; ähnlich BVerwG, Urt. v. 26.03.2008, 6 B 11.08, Rn. 12, verfügbar als BeckRS 2008, 34006 oder auf http://www.bundesverwaltungsgericht.de.

491 BT-Drucks. 16/13423, S. 69; *Braun,* VBlBW 2010, 373 u. 378.

492 *Heller v. District of Columbia,* 554 U.S. 570, 715 Breyer dissent; *Cottrol/Diamond,* S. 88, 89 u. 91 f.

493 *Winkler,* S. 296; *Lepsius* (2018), S. 149, 171.

Waffenbesitz in ihren Verfassungen[494]. In einem Schreiben an das Gericht zum Fall *McDonald vs. Chicago* haben sich 38 Bundesstaaten dafür ausgesprochen, den zweiten Zusatzartikel auch für die Bundesstaaten verbindlich zu machen[495]. Gleiches gilt für die Bundesebene: 58 der 100 Senatoren und 251 der 435 Mitglieder des Repräsentantenhauses unterstützten die Verbindlichkeit des Second Amendment für die Staaten[496]. Im Gegensatz dazu ist das Interesse an einem schärferen Waffenrecht ein Minderheitsanliegen[497]. Eine wichtige politische Rolle könnte ferner die National Rifle Association (NRA) spielen, ein das Waffentragen befürwortender Verband mit ca. 5 Millionen Mitgliedern (2018)[498]. Die Lobbyarbeit dieser Organisation wird als sehr wirkungsvoll eingeschätzt[499]. Es wird der NRA z.B. zugerechnet, dass Forschung zu den Folgen des verbreiteten Waffenbesitzes in den USA nicht mehr öffentlich gefördert wird[500]. Einen vergleichbar einflussreichen Verband gibt es in Deutschland nicht. Vielleicht wollte der Supreme Court nicht gegen den erkennbaren Volkswillen entscheiden[501].

369 Dass die US-Amerikaner mehrheitlich für einen wenig regulierten Waffenbesitz plädieren, mag auch damit zusammenhängen, dass sie pro Kopf der Bevölkerung mehr Schusswaffen haben als jedes andere Land der Welt[502]. Ca. 40-50 % aller Haushalte in den USA verfügen über Feuerwaffen[503]. Schätzungen für 2017 geben 393 Millionen Schusswaffen für die USA an[504], bei einer Bevölkerung von ca. 327 Millionen Einwohnern. Angesichts solcher Zahlen würde eine Bedürfnisprüfung oder gar eine komplette Entwaffnung einen Großteil der Bevölkerung der USA negativ treffen, sie erscheint unrealistisch und könnte kaum umgesetzt werden[505]. In Deutschland dagegen verzeichnet das 2013 eingerichtete nationale Waffenregister 5,4 Millionen legale Waffen; hinzukommen sollen geschätzte 10-20 Millionen illegale Waffen[506]. Pro Kopf der Bevölkerung gerechnet verfügt in Deutschland ca. jeder fünfte Einwohner über eine Waffe, in den USA jeder[507].

370 Schließlich ist das Selbstverständnis US-amerikanischer Bürger stärker von Individualismus und Misstrauen gegenüber der Staatsgewalt geprägt[508], dem Staat wird von vie-

494 *Winkler*, S. X u. 33; *Cottrol/Diamond*, S. 88, 103 u. 107.
495 *McDonald v. Chicago*, 561 U.S. 742, 785 (2010).
496 *McDonald v. Chicago*, 561 U.S. 742, 789 (2010).
497 *Winkler*, S. 294; *Endler/Thunert*, S. 208.
498 En.wikipedia.org/wiki/National_Rifle_Association.
499 *Cottrol/Diamond*, S. 88, 105; *Lepore*, S. 678; *Winkler*, S. 7, 67 f. u. 92.
500 *Ludington u.a.*, Campbell Law Review 40 (2018), 399, 425.
501 *Lepsius* (2018), S. 149, 171; generell zu der stärkeren Orientierung des US Supreme Court am Volkswillen *Grimm*, S. 115.
502 *Lepore*, S. 763; *Winkler*, S. 77.
503 *Cottrol/Diamond*, S. 88 f.
504 *Karp*, S. 4.
505 *Winkler*, S. 171 u. 294.
506 Zahlen für 2017 bei de.statista.com/statistik/data/studie/163504/umfrage/anzahl-der-legalen-waffenbesitzer-in-deutschland; s.a. *Karp*, S. 4; *Braun*, VBlBW 2010, 373, 379 m.w.N.
507 *Karp*, S. 4.
508 *Reynolds*, Southern California Law Review 85 (2012), 247, 258 f.

len das Gewaltmonopol nicht fraglos zugestanden[509], wohingegen in Deutschland ein eher größeres Vertrauen in „Vater Staat“ dazu führt, dass bewaffneter Selbstschutz nicht für dringlich erachtet wird.

Angesichts dieser historischen, politischen, faktischen und mentalen Faktoren scheint die hohe Zahl der Schusswaffenopfer und das damit verbundene persönliche Leid sowie die damit verbundenen gesellschaftlichen Kosten nicht als maßgebliches Gegenwicht zu wirken. Einige Fakten: Auf jeden Fall von Selbstverteidigung mit der Schusswaffe kommen in den USA vier Fälle von unbeabsichtigtem Schusswaffengebrauch, sieben Straftaten mit Schusswaffen, und elf Selbsttötungen bzw. Selbsttötungsversuche mit Schusswaffen[510]. Eine Waffe im Haus verdreifacht das Risiko, dass es zu einem Totschlag kommt und verfünffacht das Risiko einer Selbsttötung[511]. Im Vergleich zu Deutschland verlieren in den USA jährlich fünfmal mehr Personen pro 100.000 Einwohner ihr Leben durch vorsätzliche Gewalt (Zahlen von 2017)[512]. Insgesamt verursachten Schusswaffen 2017 in den USA rund 40.000 Todesfälle, wobei 60 % hiervon Selbsttötungen, 3 % Unfälle und 37 % Totschlagsfälle waren[513]. Pro 100.000 Einwohner verliert in Deutschland jährlich eine Person ihr Leben durch Schusswaffen, in den USA sind es zwölf Personen[514]. 371

VII. Gleichheitsrechte

Obwohl der zweite Absatz der Unabhängigkeitserklärung von 1776 mit den Worten beginnt *„We hold these truths to be self-evident, that all men are created equal, that they are endowed by their Creator with certain unalienable Rights, that among these are Life, Liberty and the pursuit of Happiness ...“* enthielt die 1788 in Kraft getretene Verfassung kein ausdrückliches Gleichheitsrecht. Dieses wurde erst nach dem amerikanischen Bürgerkrieg 1868 mit dem 14. Zusatzartikel USC und dem Ziel eingeführt, die Ungleichbehandlung der früheren Sklaven zu beenden[515]. 372

Zwar wendet sich der Gleichheitssatz des 14. Zusatzartikel, section 1 USC seinem Wortlaut nach nur an die Bundesstaaten, doch gilt er nach unbestrittener Auffassung über den Umweg der due-process-clause des 5. Zusatzartikels USC ebenfalls für den Bund[516]. 373

509 *Ludington u.a.*, Campbell Law Review 40 (2018), 399, 425.
510 *Ludington u.a.*, Campbell Law Review 40 (2018), 399, 411.
511 *Ludington u.a.*, Campbell Law Review 40 (2018), 399, 411.
512 En.wikipedia.org/wiki/List_of_countries_by_intentional_homicide_rate; s.a. *Winkler*, S. 77 u. 294; *Lepore*, S. 763.
513 https://www.pewresearch.org/fact-tank/2019/08/16/what-the-data-says-about-gun-deaths-in-the-u-s/
514 https://en.wikipedia.org/wiki/List_of_countries_by_firearm-related_death_rate
515 *Loving v. Virginia*, 388 U.S. 1, 10 (1967); *Regents of Univ. of California v. Bakke*, 438 U.S. 265, 291 (1978); *Palmore v. Sidoti*, 466 U.S. 429, 432 (1984); *Pena-Rodriguez v. Colorado*, 137 S.Ct. 855, 867 (2017); *Brugger*, S. 149 f.; *Müller*, ZaöRV 79 (2019), 85, 86 f. u. 96; *Currie*, S. 59 u. 64; *Barron/Dienes*, S. 348.
516 *Bolling v. Sharpe*, 347 U.S. 497, 500 (1954); *Buckley v. Valeo*, 424 U.S. 1, 93 (1976); *Chemerinsky*, S. 725; *Barron/Dienes*, S. 339; *Müller*, ZaöRV 79 (2019), 85, 89; *Brugger*, S. 130.

374 Die Relevanz des Gleichheitssatzes für das US-amerikanische Verfassungsrecht ist ohne die Vorgeschichte der Sklaverei und ihre wohlwollende Berücksichtigung in der Verfassung von 1787[517] nicht zu verstehen. Denn trotz der nach dem Bürgerkrieg vorgenommenen Verfassungsänderungen wurde die afroamerikanische Bevölkerungsgruppe insbesondere in den Südstaaten noch viele Jahrzehnte per Gesetz diskriminiert[518]. Deshalb beginnt dieser Abschnitt mit einem historischen Rückblick auf die wichtigsten Entscheidungen des Supreme Court in diesen Fragen (1.). Unter 2. wird dann die aktuell geltende Lehre zum Gleichheitsgrundsatz dargestellt. Abschließend geht es um das Sonderproblem der „affirmative action" (3.).

1. Rückblick

375 Noch 1857 hatte der Supreme Court entschieden, dass selbst Sklavinnen und Sklaven, die von ihren Herren befreit wurden, keine Bürger der USA im Sinne des Art. IV section 2 USC seien und deshalb keine Bürgerrechte geltend machen könnten; als bloßes Eigentum hätten sie auch keine Klagerechte[519]. Dieses Urteil wird als eine der größten Fehlentscheidungen der amerikanischen Verfassungsgeschichte angesehen[520] und sogar mitverantwortlich für den Ausbruch des amerikanischen Bürgerkriegs (1861-1865) gemacht[521].

376 Trotz des mit dem 14. Zusatzartikel, section 1 USC eingeführten Gleichheitsrechts ließ die rechtliche Gleichbehandlung der Afroamerikaner noch über 80 Jahre auf sich warten[522]. Dies lag – zu einem gewissen Teil – an der Supreme Court Entscheidung *Plessy v. Ferguson,* die das System der Rassentrennung (separate but equal) 1896 als verfassungsgemäß einstufte[523]. In den Südstaaten der USA entstanden getrennte Welten für Schwarze und Weiße. Es gab spezielle Spielplätze, Kindergärten, Schulen, Universitäten, Büchereien, Hotels, Krankenhäuser, Parks, sanitäre Einrichtungen, Vergnügungsstätten und Friedhöfe für schwarze und für weiße Bürgerinnen und Bürger[524]. Die Rassentrennung setzte sich auch in den Streitkräften, in öffentlichen Verkehrsmitteln oder in Gerichtsgebäuden fort, etwa mit bestimmten Sitzreihen oder speziellen Eingängen für jede Bevölkerungsgruppe[525].

377 Die Plessy-Rechtsprechung hatte bis 1954, bis zur Entscheidung *Brown v. Board of Education* Bestand. Es ging hier um die gesetzlich vorgeschriebene Rassentrennung in Schulen, die jetzt wegen Verstoßes gegen den 14. Zusatzartikel, section 1 USC als verfas-

517 Hierzu s.o. A. II.

518 Ähnlich *Brugger,* S. 127.

519 *Dred Scott v. Sanford,* 60 U.S. 393, 407 ff. (1857); *Amar* (2006), S. 253 f. u. 280; *Brugger,* S. 127 f.; *Chemerinsky,* S. 750; *Lepore,* S. 269; *Amar* (2012), S. 186 f.

520 *Eisgruber,* S. 155, 157, 183 u. 186; *Bernstein,* S. 301; *Amar* (2012), S. 483.

521 *Chemerinsky,* S. 751; *Brugger,* S. 128; *Eisgruber,* S. 178.

522 *Regents of Univ. of California v. Bakke,* 438 U.S. 265, 326 f. (1978).

523 163 U.S. 537, 550 ff. (1896); *Chemerinsky,* S. 760 f.; *Harris,* S. 224; *Barron/Dienes,* S. 356; *Amar* (2006), S. 399 f.; *Brugger,* S. 128 f.

524 *Amar* (2012), S. 148; *Brugger,* S. 129; *Harris,* S. 192.

525 *Lepore,* S. 330; *Harris,* S. 202.

sungswidrig angesehen wurde[526]: *„Separate educational facilities are inherently unequal"*. Damit war die strikt nach Hautfarbe getrennte Beschulung, die damals in 17 Bundesstaaten und im District of Columbia praktiziert wurde[527], zumindest offiziell zu Ende. Ausgehend von dieser ersten Ablehnung der Rassentrennung wurde diese sodann für andere öffentlich-rechtlich betriebene Einrichtungen für unzulässig erklärt, etwa Strände, Parks und Restaurants[528]. 1967 verwarf der Supreme Court schließlich das Heiratsverbot zwischen schwarzen und weißen Amerikanern, welches Anfang der 1960er Jahren noch in 21 Bundesstaaten galt, als gleichheits- und damit verfassungswidrig[529].

Um die lange zu Unrecht angeordnete Rassentrennung in Schulen, die in den USA von den Städten und Gemeinden verwaltet werden, tatsächlich zu korrigieren, billigte der Supreme Court in der Entscheidung *Swann v. Charlotte* aus dem Jahr 1971 Anordnungen eines Bundesgerichts gegen reformunwillige Schulbehörden, die intensiv in deren Regelungsbefugnisse eingriffen[530]: Zur Aufhebung der noch bestehenden Rassentrennung (desegregation) konnte etwa die Schließung von öffentlichen Schulen angeordnet werden, die nur von weißen oder nur von afroamerikanischen Schülerinnen und Schülern besucht wurden. Weiterhin konnten die Bundesgerichte die Schuleinzugsgebiete neu zuschneiden, um eine bessere Durchmischung der Schülerschaft zu erreichen. Andere zulässige Instrumente waren Aufnahmequoten für Minderheiten oder der gerichtlich angeordnete Transport von Schülerinnen und Schülern zu bestimmten Schulen (bussing). Trotz gewisser Erfolge bleibt das öffentliche Schulsystem in Hinsicht auf die Chancen bestimmter Minderheiten verbesserungswürdig[531]. Dies liegt nicht am Recht, sondern am ökonomischen Hintergrund[532]. In Gebieten, in denen vorwiegend die ärmeren Minderheiten leben – typischerweise den Stadtzentren – haben die kommunalen Träger aufgrund geringerer Steuereinahmen weniger Geld für Lehrerinnen und Lehrer sowie die Ausstattung der Schulen. In den reichen Vororten, in den vorwiegend wohlhabende Weiße leben, sieht dies deutlich besser aus, sodass dort die Lehrergehälter höher und die Ausstattung der Schulen besser ist. Die Motivation der Mitschülerinnen und Mitschüler dürfte dort ebenfalls höher sein. **378**

2. Die aktuelle Dogmatik des Gleichheitsrechts

Weil Gesetze immer differenzieren müssen, kann nicht jede rechtliche Ungleichbehandlung als Verstoß gegen den Gleichheitssatz bewertet werden[533]. Es kommt immer auf **379**

526 347 U.S. 483, 495 (1954); *Brugger,* S. 129 f.; *Amar* (2012), S. 211 ff.; *Currie,* S. 60; *Lepore,* S. 577 ff.; *Chemerinsky,* S. 764 f.; *Barron/Dienes,* S. 356.

527 *Chemerinsky,* S. 763.

528 *Currie,* S. 60; *Barron/Dienes,* S. 356; *Amar* (2012), S. 213; *Chemerinsky,* S. 766 m.w.N.

529 *Loving v. Virginia,* 388 U.S. 1, 11 f. (1967); *Currie,* S. 60; *Lepore,* S. 751; *Chemerinsky,* S. 757; *Barron/Dienes,* S. 349 f.; *Amar* (2012), S. 214.

530 402 U.S. 1, 22 ff. (1971); s.a. *Parents Involved in Community Schools v. Seattle,* 551 U.S. 701, 804 m.w.N. (2007); *Chemerinsky,* S. 787; *Brugger,* S. 137; *Barron/Dienes,* S. 359 f.

531 *Parents Involved in Community Schools v. Seattle,* 551 U.S. 701, 805 ff. dissent Breyer (2007); *Chemerinsky,* S. 790 f.

532 *Chemerinsky,* S. 790; *Currie,* S. 64; s.a. *Lepore,* S. 663.

533 *Romer v. Evans,* 517 U.S. 620, 631 (1996); *Barron/Dienes,* S. 339; *Brugger,* S. 131; *Chemerinsky,* S. 725.

die Intensität der Ungleichbehandlung und die sie rechtfertigenden Gründe an[534]. Der Supreme Court hat deswegen einen dreistufigen Ansatz zur Prüfung des Gleichheitsrechts aus dem 14. Zusatzartikel, section 1 USC entwickelt, der von einer bloßen Willkürkontrolle (rational basis test), über eine strengere mittlere Prüfungsstufe (intermediate scrutiny) bis zu einer sehr strengen Verhältnismäßigkeitsprüfung (strict scrutiny) von Ungleichbehandlungen reicht[535].

380 Der letztgenannte Maßstab wird angewandt, wenn die Gründe für die Ungleichbehandlung verdächtig erscheinen (suspect classifications)[536]. Dies gilt etwa für Unterscheidungen aufgrund der Rasse, der Herkunft oder der fehlenden US-Staatsbürgerschaft[537]. Denn diese Merkmale sind von den Betroffenen nicht beeinflussbar[538]. Weiterhin treffen diese Unterscheidungen Gruppen, die in der Regel weniger Chancen haben, auf politischem Wege ihre Diskriminierung abzubauen sowie seit langer Zeit schlechter behandelt werden[539] und die deshalb verstärkten juristischen Schutz brauchen[540]. Eine Regelung besteht den strict-scrutiny-test äußerst selten[541], nämlich nur dann, wenn sie einem überragenden Gemeinwohlinteresse dient und für dessen Verwirklichung das notwendige Mittel darstellt[542]. Diese Voraussetzungen hat der Staat zu beweisen[543]. Gelingt dies nicht, ist die Regelung verfassungswidrig. Hier zeigen sich Parallelen zu den Differenzierungsverboten des Art. 3 Abs. 3 GG[544], die ebenfalls nur aus zwingenden Gründen als Unterscheidungsmerkmal eingesetzt werden dürfen, wobei ebenfalls eine strenge Verhältnismäßigkeitsprüfung geboten ist[545].

381 Der mittlere Kontrollmaßstab kommt zum Einsatz, wenn die Ungleichbehandlung beispielsweise an das Geschlecht oder die Nichtehelichkeit eines Kindes anknüpft[546]. Um diese Differenzierungskriterien zu rechtfertigen, muss staatlicherseits ein wichtiger

---

534 *Barron/Dienes*, S. 339.

535 *Chemerinsky*, S. 727 ff.; *Brugger*, S. 132 ff.; *Barron/Dienes*, S. 339 ff.

536 *Barron/Dienes*, S. 340; *Tushnet*, S. 257; *Kischel*, S. 355.

537 *Loving v. Virginia*, 388 U.S. 1, 11 (1967); *New Orleans v. Dukes*, 427 U.S. 297, 303 (1976); *Regents of Univ. of California v. Bakke*, 438 U.S. 265, 290 f. (1978); *United States Railroad Retirement Bd. v. Fritz*, 449 U.S. 166, 174 (1980); *Gratz v. Bollinger*, 539 U.S. 244, 270 (2003); *Parents Involved in Community Schools v. Seattle*, 551 U.S. 701, 720 (2007); *Fisher v. University of Texas*, 570 U.S. 297, 310 (2013); *Chemerinsky*, S. 727; *Barron/Dienes*, S. 348 u. 355; *Müller*, ZaöRV 79 (2019), 85, 93; *Currie*, S. 65; *Brugger*, S. 133.

538 *Currie*, S. 65; *Barron/Dienes*, S. 349; *Brugger*, S. 136; *Chemerinsky*, S. 728 m.w.N.

539 *Barron/Dienes*, S. 348 f.; *Currie*, S. 62; *Chemerinsky*, S. 728; *Brugger*, S. 136.

540 *Chemerinsky*, S. 728 m.w.N.

541 *Barron/Dienes*, S. 355; *Brugger*, S. 133; *Chemerinsky*, S. 727; *Müller*, ZaöRV 79 (2019), 85, 91; *Kischel*, S. 354.

542 *Chemerinsky*, S. 727; *Müller*, ZaöRV 79 (2019), 85, 91; *Brugger*, S. 133; *Barron/Dienes*, S. 355; *Tushnet*, S. 257.

543 *Fisher v. University of Texas*, 570 U.S. 297, 310 (2013); *Chemerinsky*, S. 727 u. 796; *Brugger*, S. 133; *Kischel*, S. 354; *Barron/Dienes*, S. 355.

544 So auch *Michael/Morlok*, Rn. 817.

545 BVerfGE 85, 191, 207; 133, 377, 413; *Müller*, ZaöRV 79 (2019), 85, 91 u. 98; *Jarass/Pieroth*, Art. 3, Rn. 153; *Michael/Morlok*, Rn. 820.

546 *Chemerinsky*, S. 727; *Barron/Dienes*, S. 340 u. 397; *Kischel*, S. 355; *Brugger*, S. 134 u. 143.

Grund angegeben werden, der von der getroffenen Unterscheidung als Mittel wirksam gefördert wird[547]. Erneut liegt die Beweislast beim Staat[548].

Bei staatlichen oder staatlich geförderten Bildungseinrichtungen hat es der Supreme Court z.B. aus Gleichheitsgründen nicht für zulässig gehalten, dass einem Geschlecht der Zugang verwehrt wurde. So eröffnete das Gericht Männern den Zugang zu einer Schule für Krankenpflege[549]. Frauen durften nicht von den Ausbildungsgängen des 1839 gegründeten Virginia Military Institute in Lexington ausgeschlossen werden, obwohl diese Einrichtung traditionell einen eher militärisch ausgerichteten Erziehungsstil pflegt[550]. **382**

Liegen keine verdächtigen Klassifizierungen nach den beiden erstgenannten Prüfungsstufen vor, kontrolliert der Supreme Court Ungleichbehandlungen lediglich darauf, ob sich ein vernünftiger und legitimer Grund für die Ungleichbehandlung finden lässt und die Unterscheidung diesen Gesetzeszweck fördert (rational basis test)[551]. Der oder die Betroffene muss beweisen, dass dies nicht der Fall ist[552]. Wie in Deutschland[553] wird sowohl das Gesetz selbst (Rechtssetzungsgleichheit), als auch die Anwendung des Gesetzes (Rechtsanwendungsgleichheit) kontrolliert[554]. **383**

Die sehr zurückhaltende Position der rational-basis Kontrolle führt dazu, dass – insbesondere im Bereich der Wirtschafts- und Sozialgesetzgebung[555] – nur sehr wenige Gesetze aufgrund des rational basis tests als verfassungswidrig beurteilt wurden[556]. Der Supreme Court hält in Anwendung dieses Tests in der Regel nur klar unfaire und willkürliche Vorschriften für unvereinbar mit dem Gleichheitssatz des 14. Zusatzartikel, section 1 USC[557]. **384**

Als Beispiel für eine solche Ausnahme sei die Entscheidung *Romer v. Evans* geschildert. Hier ging es um die Überprüfung einer Verfassungsänderung des Bundesstaates Colorado. Der neue Verfassungsartikel beseitigte alle Regeln, die homosexuellen und bisexuellen Menschen Schutz vor Diskriminierung boten und untersagte die Einführung **385**

547 *Mississippi University of Women v. Hogan*, 458 U.S. 718, 724 f. (1982); *U.S. v. Virginia*, 518 U.S. 515, 533 (1996); *Barron/Dienes*, S. 340 u. 402; *Chemerinsky*, S. 727; *Brugger*, S. 143; *Currie*, S. 66.

548 *Mississippi University of Women v. Hogan*, 458 U.S. 718, 724 (1982); *U.S. v. Virginia*, 518 U.S. 515, 531 (1996); *Chemerinsky*, S. 727; *Brugger*, S. 134 u. 147; *Kischel*, S. 354.

549 *Mississippi University of Women v. Hogan*, 458 U.S. 718, 729 ff. (1982).

550 *United States v. Virginia*, 518 U.S. 515, 534 (1996); *Barron/Dienes*, S. 399 ff.; *Brugger*, S. 144 f.; *Chemerinsky*, S. 819.

551 *New Orleans v. Dukes*, 427 U.S. 297, 303 (1976); *United States Railroad Retirement Bd. v. Fritz*, 449 U.S. 166, 175 f. (1980); *Chemerinsky*, S. 727 f. u. 734; *Barron/Dienes*, S. 340; *Müller*, ZaöRV 79 (2019), 85, 90; *Brugger*, S. 132.

552 *Chemerinsky*, S. 728; *Brugger*, S. 133; *Kischel*, S. 354.

553 *Jarass/Pieroth*, Art. 3, Rn. 3; *Michael/Morlok*, Rn. 753 ff.

554 *Brugger*, S. 149.

555 *United States Railroad Retirement Bd. v. Fritz*, 449 U.S. 166, 175 (1980); *Chemerinsky*, S. 735; *Müller*, ZaöRV 79 (2019), 85, 90; *Brugger*, S. 133.

556 *Chemerinsky*, S. 728, 735 u. 747; *Currie*, S. 65; *Kischel*, S. 354; *Brugger*, S. 133; *Müller*, ZaöRV 79 (2019), 85, 90; *Barron/Dienes*, S. 341 f.

557 *Village of Willowbrook v. Olech*, 528 U.S. 562, 564 ff. (2000); *Barron/Dienes*, S. 342 u. 346; *Chemerinsky*, S. 742; *Brugger*, S. 133.

solcher Regeln im Bundesstaat. Für die bloße Schlechterstellung dieser Gruppen fehlte es nach Auffassung der Mehrheit des Supreme Court an einem vernünftigen Grund; bloße Vorurteile reichten insoweit nicht aus[558].

386 Sehr selten beruht eine gesetzliche Unterscheidung auf illegitimen Zwecken, was ebenfalls zur Verfassungswidrigkeit führt. Wenn etwa ein Steuergesetz eines Bundesstaates so angelegt ist, dass es nur Einwohner des Bundesstaates von einer Steuer befreit, nicht aber US-Bürgerinnen und Bürger die später zuziehen, so ist diese Unterscheidung verfassungswidrig[559].

387 Zwar verwendet die Rechtsprechung des Bundesverfassungsgerichts zu Art. 3 Abs. 1 GG ebenfalls den relativ milden Kontrollmaßstab der Willkürprüfung[560], doch kommt dieser häufig nur als erste Stufe zum Einsatz. Dies liegt zunächst an der großen Zahl der speziellen Gleichheitsrechte, die die US-Verfassung nicht kennt, genannt seien nur Art. 3 Abs. 2 und Abs. 3, Art. 6 Abs. 5, Art. 33 Abs. 1 bis Abs. 3 sowie Art. 38 Abs. 1 GG, die den allgemeinen Gleichheitssatz des Art. 3 Abs. 1 GG verdrängen. Zudem setzt das Bundesverfassungsgericht in vielen Konstellationen einen an das Verhältnismäßigkeitsprinzip angelehnten strengeren Maßstab ein, der fordert, dass der Grad der Ungleichbehandlung in einem vernünftigen Verhältnis zu Art und Gewicht der Unterschiede zwischen den Vergleichsgruppen stehen muss[561]. Dieser schärfere Maßstab gilt etwa bei Ungleichbehandlungen, die an Persönlichkeitsmerkmale wie Alter oder sexuelle Orientierung anknüpfen sowie für Ungleichbehandlungen, die sich negativ auf die Ausübung grundrechtlicher Freiheiten auswirken[562].

3. Rechtsfragen der Affirmative Action

388 Der Ausdruck „affirmative action" ist schwer zu übersetzen, am ehesten vielleicht mit „bestärkender Aktion". In der Sache geht es darum, ob die aktive Herstellung von faktischer Gleichheit, ob staatliche Förderprogramme, also Vorzugsbehandlungen, für bestimmte Bevölkerungsgruppen verfassungsrechtlich zulässig sind, wenn diese lange Zeit benachteiligt wurden[563]. Soziale Ausgleichsmaßnahmen dieser Art kommen auf den Gebieten des Hochschulzugangs, der staatlichen Auftragsvergabe oder des beruflichen Auf- bzw. Einstiegs in Frage[564]. Konkret können z.B. 10 % der Studienplätze an einer staatlichen Hochschule für nicht weiße Studierende reserviert werden, für die dann eventuell weniger strenge Aufnahmevoraussetzungen gelten. Bei der Vergabe

558 *Romer v. Evans,* 517 U.S. 620, 632 ff. (1996); *Chemerinsky,* S. 852 f.; *Brugger,* S. 147 f.; *Barron/Dienes,* S. 411 ff.

559 *Williams v. Vermont,* 472 U.S. 14, 27 (1985); *Chemerinsky,* S. 739.

560 BVerfGE 116, 135, 161; 118, 79, 101; 133, 1, Rn. 66; *Jarass/Pieroth,* Art. 3, Rn. 23; *Sodan/Ziekow,* § 30, Rn. 14 f.

561 BVerfGE 55, 72, 88; 82, 60, 86; 107, 133, 141; 112, 50, 67; 124, 199, 219 f.; 129, 49, 68; 138, 136, 180; *Jarass/Pieroth,* Art. 3, Rn. 21; *Sodan/Ziekow,* § 30, Rn. 14; *Michael/Morlok,* Rn. 785 f.

562 BVerfGE 116, 135, 161; 118, 79, 101; *Michael/Morlok,* Rn. 793 ff.; *Sodan/Ziekow,* § 30, Rn. 15; *Jarass/Pieroth,* Art. 3, Rn. 24 ff. m.w.N.

563 *Currie,* S. 61; *Brugger,* S. 137 f.; *Chemerinsky,* S. 798 f.; *Müller,* ZaöRV 79 (2019), 85, 103; *Barron/Dienes,* S. 362.

564 *Brugger,* S. 138.

staatlicher Bauaufträge kann verwaltungsintern festgelegt sein, dass 10 % der Aufträge an Unternehmen gehen sollen, die von Angehörigen einer Minderheit betrieben werden, etwa von Afroamerikanern, Hispanoamerikanern, Indern oder Inuit.

Gegen die Zulässigkeit solcher Begünstigungen kann man den Wortlaut der Norm **389**
anführen. *...; nor deny to any person within its jurisdiction the equal protection of the laws.* Gesetzliche Vorzugsbehandlung bestimmter Gruppen weicht ebenso wie die Benachteiligung bestimmter Gruppen von der Gleichbehandlung ab[565]. Dem Text der Norm entspricht es eher, wenn jede einzelne Person gleichbehandelt wird, ungeachtet ihrer Gruppenzugehörigkeit[566].

Gegen solche Maßnahmen spricht außerdem, dass man unschuldige Opfer produzieren **390**
kann[567]. Gemeint sind damit etwa weiße Studierende, die aktuell keinen Studienplatz mehr erhalten, obwohl sie nicht an früheren Diskriminierungen beteiligt waren und allein von ihren Leistungen her gesehen besser qualifiziert gewesen wären; denn sobald vorab Studienplätze an Studierende aus bestimmten Minderheiten vergeben wurden, stehen für „Normalbewerber" weniger Plätze zur Verfügung[568]. Denkbar ist auch, dass die Förderung von Minderheiten unter Hintanstellung des Leistungsprinzips Vorurteile gegen diese – nach dem Motto „Sie schaffen es nicht aus eigener Kraft" – bestätigt und Antipathien weckt bzw. verstärkt[569].

Zu beachten ist weiterhin, dass die Rechtsprechung höchstens rechtliche Ungleichbe- **391**
handlungen korrigieren kann (de jure discrimination), aber weder die Möglichkeiten noch die Kompetenz hat, faktisch ungleiche Lebensbedingungen (de facto discrimination) auszugleichen[570].

Auf der anderen Seite litten insbesondere Afroamerikaner jahrzehntelang unter Diskri- **392**
minierung[571]. Diese wirkt sich bis heute aus, wenn man etwa die Aspekte Bildung, Einkommen, Wohnungssituation, Gesundheit und Lebenserwartung vergleichend betrachtet[572]. Hier zumindest ein wenig auszugleichen, stellt ein gewichtiges Argument für staatliche Förderprogramme dar, anderenfalls ändert sich zu wenig und die historische Ungerechtigkeit wirkt weiter fort[573]. Eine rein formale Gleichbehandlung geht an diesen sozialen Realitäten vorbei[574]. Affirmative action kann auch die Vielfalt in Bildungseinrichtungen fördern, die von den sehr unterschiedlichen Lebenserfahrungen und Per-

565 *Currie,* S. 62 f.

566 *Regents of Univ. of California v. Bakke*, 438 U.S. 265, 289 f. u. 299 (1978); so auch Justice Thomas in *Adarand Constructors v. Pena,* 515 U.S. 200, 241 (1995).

567 *Regents of Univ. of California v. Bakke*, 438 U.S. 265, 297 f. (1978); *Brugger,* S. 138; ähnlich *Tushnet,* S. 230.

568 Ähnlich *Currie,* S. 63.

569 *Regents of Univ. of California v. Bakke*, 438 U.S. 265, 298 f. (1978); so auch Justice Thomas in *Adarand Constructors v. Pena,* 515 U.S. 200, 241 (1995); *Brugger,* S. 137 u. 139; *Currie,* S. 63 mit Fn. 17.

570 *Parents Involved in Community Schools v. Seattle,* 551 U.S. 701, 731 f. u. 736 (2007); *Brugger,* S. 135; *Chemerinsky,* S. 800; *Harris,* S. 228; *Currie,* S. 64; *Müller,* ZaöRV 79 (2019), 85, 104.

571 *Lepore,* S. 530 ff., 541 f. u. 623 f.

572 *Chemerinsky,* S. 798; s.a. *Regents of Univ. of California v. Bakke*, 438 U.S. 265, 395 f. (1978).

573 *Chemerinsky,* S. 798.

574 *Regents of Univ. of California v. Bakke*, 438 U.S. 265, 327 (1978).

spektiven profitieren, die Unterrichtende oder Studierende aus Minderheiten einbringen[575]. Durch positive Vorbilder und Begegnung lassen sich gegenseitige Vorurteile zudem eher abbauen[576].

393 Nachdem der Supreme Court bis zum Ende der 1970er Jahre zunächst gewisse Sympathien für die Förderung von Minderheiten hatte und etwa eine gesetzlich festgelegte Quote von 10% bei der Vergabe öffentlicher Bauaufträge zum Ausgleich früherer Diskriminierungen[577] sowie die Begünstigung von Minderheiten beim Zugang zu Hochschulen aus Diversitätsgründen zumindest grundsätzlich akzeptierte[578] (obwohl hier festgelegte Quoten abgelehnt wurden[579]), wendete sich das Blatt einige Jahre später mit der Ernennung von konservativen Richtern durch die Präsidenten Reagan und Bush[580]. Wegen mangelnden Nachweises tatsächlicher früherer Benachteiligung wurde eine Quote der Stadt Richmond (Virginia), die 30% der Bauaufträge für Minderheiten reservierte, aufgehoben[581]. Wenig später erklärte der Supreme Court die Auftragsvergabe an ein Minderheitenunternehmen, welches jedoch ein teureres Angebot vorgelegt hatte, wegen Verstoßes gegen das Gleichheitsrecht des Konkurrenzunternehmens für verfassungswidrig[582].

394 Auch im Bildungsbereich geriet der Gedanke der staatlich geförderten Chancengleichheit zunehmend in die Defensive[583]. So lehnte der Supreme Court den Diversitätsgedanken als Rechtfertigung für die Begünstigung afroamerikanischer Schülerinnen und Schüler im Bereich der Grundschulen und Highschools ab[584]. Bei der Zulassung zum Hochschulstudium darf die Zugehörigkeit zu einer Minderheit zwar noch eine Rolle spielen, um eine bunte Mischung von Studierenden zu bekommen, doch darf diese Eigenschaft weder einen entscheidenden Faktor bilden, noch schematisch angewandt werden, sie ist nur noch als weicher Faktor in einer insgesamt auf das Individuum ausgerichteten Zulassungspolitik erlaubt. Überdies befristete der Supreme Court die mögliche Bevorzugung von Minderheiten bis zum Jahr 2028. So lassen sich verkürzt eine ganze Reihe von höchstrichterlichen Entscheidungen zu Problemen der Hochschulzulassung zusammenfassen[585].

---

575 *Regents of Univ. of California v. Bakke*, 438 U.S. 265, 311 ff. (1978); *Chemerinsky*, S. 800; *Brugger*, S. 139.

576 *Grutter v. Bollinger*, 539 U.S. 306, 330 (2003); *Chemerinsky*, S. 802.

577 *Fullilove v. Klutznick*, 448 U.S. 448, 491 f. (1980); *Barron/Dienes*, S. 364 f.; *Chemerinsky*, S. 799.

578 *Regents of Univ. of California v. Bakke*, 438 U.S. 265, 317 ff. u. 325 f. (1978); *Barron/Dienes*, S. 363 f.

579 *Regents of Univ. of California v. Bakke*, 438 U.S. 265, 307 u. 320 (1978) ebenso *Grutter v. Bollinger*, 539 U.S. 306, 329 f. (2003); *Fisher v. University of Texas*, 570 U.S. 297, 309 (2013); *Chemerinsky*, S. 805.

580 *Currie*, S. 63; *Brugger*, S. 139; *Chemerinsky*, S. 795 f.

581 *City of Richmond v. Croson*, 488 U.S. 469, 499 (1989); *Chemerinsky*, S. 799 u. 803 f.

582 *Adarand Constructors v. Pena*, 515 U.S. 200, 223 f. (1995); *Chemerinsky*, S. 804.

583 *Müller*, ZaöRV 79 (2019), 85, 105.

584 *Parents Involved in Community Schools v. Seattle*, 551 U.S. 701, 724 f. u. 733 (2007); *Barron/Dienes*, S. 371 f.; *Chemerinsky*, S. 791 u. 801.

585 *Grutter v. Bollinger*, 539 U.S. 306, 334 ff. (2003); *Gratz v. Bollinger*, 539 U.S. 244, 271 ff (2003); *Fisher v. University of Texas*, 570 U.S. 297, 312 ff. (2013); *Fisher v. University of Texas*, 136 S.Ct. 2198, 2208 (2016); ausführlich *Barron/Dienes*, S. 368 ff.; *Chemerinsky*, S. 805 ff.

Vergleichend lässt sich feststellen, dass aus dem Text des Art. 3 Abs. 3 S. 1 GG ebenfalls grundsätzlich folgt, dass Bevorzugung ebenso zu vermeiden ist wie Benachteiligung. Allerdings enthalten die Art. 3 Abs. 2 S. 2 GG und Art. 3 Abs. 3 S. 2 GG Ausnahmen, die in begrenzten Fällen eine Bevorzugung zulassen[586]. Zudem stehen im Unterschied zu den USA das Sozialstaatsprinzip und der Schutzpflichtgedanke bereit, um etwa die Begünstigung wirtschaftlich schwächerer Bevölkerungsgruppen zu rechtfertigen[587]. **395**

VIII. Auf den 5. und 14. Zusatzartikel USC gestützte Grundrechte

Im Unterschied zu den bislang betrachteten Grundrechten fehlt es für die nun zu schildernden Grundrechte an einer präzisen textlichen Grundlage[588]. Ausgangspunkt für die durch richterliche Rechtsfortbildung entwickelten ungeschriebenen Grundrechte[589] war das Wort „liberty“ im 5. und 14. Zusatzartikel USC. Zunächst wird knapp geschildert, wie die Erweiterungen des Grundrechtskataloges sich entwickelten und wie sie begründet werden (1.). Sodann geht es um die aktuelle Bedeutung dieser ungeschriebenen Freiheitsrechte anhand von ausgewählten Beispielen (2.). **396**

1. Herleitung und Entwicklung

Bereits zu Beginn des Grundrechtsteils wurde darauf hingewiesen[590], dass die US-amerikanische Rechtsprechung und Rechtslehre die Due-Process-Klausel des 5. und 14. Zusatzartikel USC nicht nur prozedural, sondern auch inhaltlich versteht (substantive due process)[591]. Es geht also nicht nur um die Art und Weise einer Grundrechtsbeschränkung, sondern weitergehend um die Frage, ob der Staat ausreichende Gründe dafür hat, um in das Leben, die Freiheit oder das Eigentum seiner Bürgerinnen und Bürger einzugreifen[592]. **397**

Der Normtext legt diese Interpretation nicht nahe[593], deshalb wird auch von inhärenten, nicht ausdrücklich erwähnten Rechten gesprochen[594]. Typischerweise unterscheidet der **398**

586 Für Art. 3 Abs. 2 S. 2 GG BVerfGE 85, 191, 207; 109, 64, 89; 113, 1, 15; *Jarass/Pieroth,* Art. 3, Rn. 112 f.; *Michael/Morlok,* Rn. 823; *Sodan/Ziekow,* § 30, Rn. 21 für Art. 3 Abs. 3 S. 2 GG *Michael/Morlok,* Rn. 831; *Jarass/Pieroth,* Art. 3, Rn. 167; *Sodan/Ziekow,* § 30, Rn. 24; für beide Artikel *Müller,* ZaöRV 79 (2019), 85, 105.

587 *Michael/Morlok,* Rn. 821; *Müller,* ZaöRV 79 (2019), 85, 104; ähnlich *Kischel,* S. 355.

588 *Chemerinsky,* S. 856 f.; *Bernstein,* S. 329 f.; *Brugger,* S. 114.

589 Ausdrücklich von identification of fundamental rights spricht *Obergefell v. Hodges,* 135 S.Ct. 2584, 2598 (2015); s.a. *Kulick,* JZ 2016, 67, 70.

590 S.o. C.II.1.

591 *McDonald v. Chicago,* 561 U.S. 742, 861 (2010) Stevens dissent; *Amar* (2012), S. 117 ff.; *Brugger,* S. 105; *Chemerinsky,* S. 592.

592 *Washington v. Glucksberg,* 521 U.S. 702, 719 f. (1997); *Chemerinsky,* S. 592 u. 595; *Brugger,* S. 107 u 114 f.

593 *Currie,* S. 53; *Müller,* ZaöRV 79 (2019), 85, 109.

594 *Allgeyer v. Louisiana,* 165 U.S. 578, 585 (1897); *Barron/Dienes,* S. 267 f.; *Chemerinsky,* S. 595; *Bernstein,* S. 302; *Tushnet,* S. 208.

juristische Sprachgebrauch ferner zwischen dem Weg zur Entscheidung, dem Verfahren und den materiell-rechtlichen Aspekten und versucht nicht, beide Aspekte aus dem gleichen Normtext zu entwickeln[595]. Auch historisch gesehen meinte "due process" lediglich die Garantie eines fairen Verfahrens, etwa durch rechtzeitige Information, rechtliches Gehör, die Unabhängigkeit der Gerichte oder die Unschuldsvermutung[596].

399 Dennoch gibt es den Ansatz, neue Grundrechte aus der due-process-clause zu entwickeln, in den USA schon seit mehr als 120 Jahren, wie folgendes Zitat aus einem Urteil des Supreme Court aus dem Jahr 1897 belegt[597]: *"The ‚liberty' mentioned in that amendment means not only the right of the citizen to be free from the mere physical restraint of his person, as by incarceration, but the term is deemed to embrace the right of the citizen to be free in the enjoyment of all his faculties, to be free to use them in all lawful ways, to live and work where he will, to earn his livelihood by any lawful calling, to pursue any livelihood or avocation, and for that purpose to enter into all contracts which may be proper, necessary, and essential to his carrying out to a successful conclusion the purposes above mentioned."* In dieser Entscheidung wurde die materiellrechtliche Interpretation der Due-Process-Klausel dafür genutzt, um die Vertragsfreiheit verfassungsrechtlich zu schützen.

400 Dass die persönliche Freiheit und insbesondere die Vertragsfreiheitmaterielle Schutzgüter des 14. Zusatzartikels section 1 USC sind, bestätigte der berühmte *Lochner v. New York*-Fall[598]. Die verfassungsrechtlich geschützte Vertragsfreiheit setzte sich in dieser Entscheidung gegen ein Arbeitsschutzgesetz des Bundesstaates New York durch, welches die tägliche Arbeitszeit von Bäckern auf 10 Stunden und die wöchentliche Arbeitszeit auf 60 Stunden begrenzte. Das höchste Gericht vertrat die Auffassung, dass die Bäcker als freie Männer selbst über ihre Arbeitszeit entscheiden sollten und die schützende Hand des Staates nicht benötigten; sie seien keine Mündel des Staates[599]. Diese extrem liberalistische Auffassung der Beziehung zwischen Arbeitnehmern und Arbeitgebern ist seit der Änderung der Rechtsprechung des Supreme Court in Folge der großen wirtschaftlichen Depression und der New Deal Gesetzgebung des Präsidenten Franklin D. Roosevelt überholt[600]. Die materiellrechtliche Interpretation der Due-Process-Vorschrift des 14. Zusatzartikels section 1 USC setzte sich jedoch fort. Auch die Rechte zu heiraten, eine Familie zu gründen und Kinder zu erziehen wurden als grundrechtliche Freiheiten schon früh auf diesen Verfassungsartikel gestützt[601].

595 *Chemerinsky,* S. 593 m.w.N.; *Amar* (2012), S. 118 f.

596 *Currie,* S. 47 u. 53 f.; *Chemerinsky,* S. 627 m.w.N.

597 *Allgeyer v. Louisiana,* 165 U.S. 578, 589 (1897); s. hierzu auch *Chemerinsky,* S. 665 f.

598 198 U.S. 45, 54 u. 56 f. (1905).

599 *Lochner v. New York,* 198 U.S. 45, 57 u. 64 (1905); s.a. *Barron/Dienes,* S. 245 ff.; *Bernstein,* S. 317 ff.; *Chemerinsky,* S. 666 ff.

600 *West Coast Hotel v. Parrish,* 300 U.S. 379, 391 u. 399 (1937); *United States v. Carolene Products,* 304 U.S. 144, 152 ff. (1938); *Currie,* S. 51; *Chemerinsky,* S. 673 u. 675 f.; *Bernstein,* S. 328; *Barron/Dienes,* S. 248 f.; *Brugger,* S. 110 u. 115.

601 *Meyer v. Nebraska,* 262 U.S. 390, 399 (1923); s.a. *Griswold v. Connecticut,* 381 U.S. 479, 486 (1965); *Bernstein,* S. 327; *Brugger,* S. 115.

1965 wurde eine weitere Facette hinzugefügt: Das Recht auf Privatsphäre (right to privacy) wird ebenfalls dem Begriff „liberty" des 14. Zusatzartikel section 1 USC zugeordnet. Es ging in der grundlegenden Entscheidung um ein Gesetz des Bundesstaates Connecticut, welches den Verkauf von Verhütungsmedikamenten generell verbot. Der Supreme Court verwarf dieses Gesetz als unzulässigen Eingriff in die Privatsphäre insbesondere von Eheleuten, die noch keine Kinder haben wollten[602]. Zwei Begründungsstränge lasse sich diesem Urteil entnehmen. Einige Richter begründeten ein Recht auf Privatsphäre damit, dass dieses zum Kernbereich einer fairen und aufgeklärten Rechtsordnung gehöre, bzw. dass es fest in den Traditionen und im Bewusstsein des amerikanischen Volkes verankert sei[603]. Die Mehrheitsmeinung zog eine Rechtsanalogie zu den Zusatzartikel 1, 3, 4, 5 und 9 USC. Diese Grundrechte schützten ebenfalls die Privatsphäre etwa dadurch, dass man keine Meinung äußern und keiner Vereinigung beitreten müsse, sich nicht selbst belasten müsse sowie die Einquartierung von Soldaten und Durchsuchungen oder Festnahmen nur unter ganz bestimmten strengen Bedingungen zu dulden habe[604]. Schließlich enthalte der 9. Zusatzartikel eine Art Öffnungsklausel, die anerkenne, dass es Grundrechte gebe, die die Verfassung nicht explizit erwähne[605]. **401**

Es wird insgesamt deutlich, dass das Modell des „substantive due process" die Funktion hat, in der Verfassung nicht ausdrücklich benannte Freiheitsinteressen zu schützen[606], also als Auffanggrundrecht dient. Diese Aufgabe wird auch als Argument für die Beibehaltung der Rechtsfigur genutzt, sie schafft Flexibilität, um auf moderne gesellschaftliche Entwicklungen einzugehen[607]. Es überrascht dagegen nicht, dass die Anhänger einer originalistischen Interpretation der Verfassung[608] dies als unzulässigen, weil undemokratischen Aktivismus des höchsten Gerichts ablehnen[609]. **402**

2. Aktuelle Bedeutung

Seit der Rechtsprechungswende in den 1930er Jahren hat die materiellrechtliche Interpretation der Due-Process-Klausel im wirtschaftlichen Bereich keine Bedeutung mehr.[610] Kein einziges wirtschaftsbezogenes Gesetz wurde seit damals wegen eines Verstoßes gegen substantive due process für verfassungswidrig erklärt[611]. Dies lag am eingesetzten Kontrollmaßstab, der sich jetzt darauf beschränkt, lediglich vernünftige Gründe für die staatliche Gesetzgebung zu finden[612]. **403**

---

602 *Griswold v. Connecticut,* 381 U.S. 479, 485 f. (1965).

603 *Griswold v. Connecticut,* 381 U.S. 479, 493 u. 500 (1965); s.a. *McDonald v. Chicago,* 561 U.S. 742, 760 (2010); *Timbs v. Indiana,* 139 S.Ct. 682, 687 (2019); *Barron/Dienes,* S. 232 f.

604 *Griswold v. Connecticut,* 381 U.S. 479, 484 ff. (1965).

605 *Griswold v. Connecticut,* 381 U.S. 479, 484 u. 487 ff. (1965); *Chemerinsky,* S. 858.

606 *Brugger,* S. 115; *Amar* (2012), S. 121; ähnlich *Kischel,* S. 355.

607 *Chemerinsky,* S. 595.

608 S. hierzu oben A. IV.

609 *Scalia,* S. 24 f.; kritisch auch *Currie,* S. 58; *Bernstein,* S. 330; *Amar* (2012), S. 163; *Barron/Dienes,* S. 268; berichtend *Chemerinsky,* S. 859; *Lepsius* (2018), S. 149, 151, 153 u. 162; *Lepore,* S. 678.

610 Nachweise s.o. C.VIII.1. bei Fn. 597.

611 *Chemerinsky,* S. 248, 677 u. 681; *Bernstein,* S. 328; *Brugger,* S. 110.

612 *West Coast Hotel v. Parrish,* 300 U.S. 379, 391 (1937); *United States v. Carolene Products,* 304 U.S. 144, 152 ff. (1938); *Chemerinsky,* S. 677.

404 Eine Fußnote in der Entscheidung *United States v. Carolene Products* deutete indes an, dass in anderen Konstellationen anderes gelten könnte[613]. Dann nämlich, wenn der Supreme Court dic betroffene Freiheit als fundamental bewertet, wird ein strengerer Prüfungsmaßstab angelegt (typischerweise der strict scrutiny test), was dazu führt, dass die freiheitsbeschränkenden Gesetze meist als verfassungswidrig bewertet werden[614]. Denn ein Gesetz übersteht diese Kontrolle nur, wenn es einem überragenden Gemeinwohlinteresse dient und für dessen Verwirklichung das notwendige Mittel darstellt[615]. Generell gilt in diesem Zusammenhang, dass die Rechtfertigung für den Eingriff um so gewichtiger sein muss, je intensiver in das Recht eingegriffen wird[616].

405 Folgende Auswahl aus den vom Supreme Court bis heute entwickelten ungeschriebenen fundamentalen Rechten soll näher vorgestellt werden: Das oben bereits kurz erwähnte Recht zu heiraten (a), das Recht auf elterliche Sorge (b), Rechte auf Reproduktionsautonomie (c) und Rechte bei medizinischer Behandlung (d). Erwähnt sei, dass ein Grundrecht auf informationelle Selbstbestimmung nicht aus der due-process-clause hergeleitet wurde[617].

a) Das Recht zu heiraten

406 Das Gesetz, welches die Heirat zwischen afroamerikanischen und weißen US-Bürgern verbot, wurde nicht nur als Gleichheitsverstoß, sondern auch als Verstoß gegen das fundamentale Recht zu heiraten bewertet[618]. Eheschließungen von Gefängnisinsassen durften ebenfalls aufgrund des „right to marry" nicht von einer nur als Ausnahme erteilten Genehmigung des Leiters des Gefängnisses abhängig gemacht werden[619].

407 Den spektakulärsten Fall der letzten Jahre stellt die Entscheidung *Obergefell v. Hodges* dar[620]. Dieser war ein jahrelanger erbitterter politischer Konflikt vorausgegangen zwischen Bundesstaaten, die gleichgeschlechtliche Ehen zuließen, und Bundesstaaten, die diese untersagten. Für die Betroffenen ergaben sich, insbesondere nach Umzügen, dadurch zahlreiche steuerrechtliche, adoptionsrechtliche und erbrechtliche Probleme[621]. 2015 stellte nun der Supreme Court mit einer knappen 5 zu 4 Mehrheit fest, dass es gegen das verfassungsrechtlich garantierte Recht auf Heirat verstößt, wenn Gesetze der Bundesstaaten gleichgeschlechtliche Ehen verbieten[622]. Hier begründete das Gericht

---

613 *United States v. Carolene Products,* 304 U.S. 144, 152 f., Fußnote 4; *Bernstein,* S. 329.

614 *Roe v. Wade,* 410 U.S. 113, 152 (1973); *Kulick,* JZ 2016, 67, 70; *Chemerinsky,* S. 856 f. u. 859; *Brugger,* S. 115.

615 *Roe v. Wade,* 410 U.S. 113, 155 (1973); *Chemerinsky,* S. 727 u. 861 f.; *Brugger,* S. 133; *Barron/Dienes,* S. 355.

616 *Barron/Dienes,* S. 267.

617 *Chemerinsky,* S. 925 ff.; *Brugger,* S. 125; *Whitman,* SZ Nr. 145 v. 27.06.2014, S. 12; vertiefend *Wischmeyer,* S. 191, 194 f.; *Determann,* NVwZ 2016, 561, 565.

618 *Loving v. Virginia,* 388 U.S. 1, 12 (1967); *Chemerinsky,* S. 863; *Barron/Dienes,* S. 301.

619 *Turner v. Safley,* 482 U.S. 78, 99 (1987).

620 So auch *Barron/Dienes,* S. 298; *Kulick,* JZ 2016, 67; *Hailbronner,* S. 133 ff. u. 137.

621 *Obergefell v. Hodges,* 135 S.Ct. 2584, 2607 f. (2015); *Kulick,* JZ 2016, 67.

622 *Obergefell v. Hodges,* 135 S.Ct. 2584, 2599 u. 2604 f. (2015); *Chemerinsky,* S. 865 f.; *Barron/Dienes,* S. 294 f.

noch einmal ausführlich, warum es das Recht auf Eheschließung als fundamentales Recht aller US-Amerikanerinnen und US-Amerikaner betrachtet: Die Ehe stelle eine Schlüsselelement der sozialen Ordnung dar, sie sei mit wichtigen weiteren Rechten wie etwa Fortpflanzung und Kindererziehung verknüpft und in ihr drücke sich die individuelle Freiheit aus, einen Lebenspartner oder eine Lebenspartnerin verbindlich zu wählen[623]. Wie im eingangs erwähnten Fall *Loving v. Virginia* wurde die Verfassungswidrigkeit der Gesetze, die gleichgeschlechtlichen Partnern eine Heirat verboten, zusätzlich darauf gestützt, dass diese Gesetze homosexuelle Menschen ohne ausreichenden Grund ungleich behandelten, indem sie von den Vorteilen einer Eheschließung ausgeschlossen wurden[624].

b) Elterliche Sorge

Als fundamentales Recht erkennt das höchste US-amerikanische Gericht auch das Recht der Eltern an, sich um ihr Kind zu kümmern und seine Erziehung zu gestalten[625]. Letzteres hat bereits die Entscheidung im Schulpflichtfall *Wisconsin v. Yoder* mit beeinflusst, die oben im Zusammenhang mit der Religionsfreiheit geschildert wurde[626]. Soll ein Kind aus einer Familie herausgenommen werden, muss zum einen das Verfahren fair ablaufen, d.h. die Maßnahme muss vorher angekündigt werden und die Eltern müssen gehört werden[627]. Zum anderen dürfen staatliche Stellen nur aus zwingenden Gründen des Kindeswohls die elterliche Sorge entziehen[628]. **408**

Zu denjenigen, die Elternrechte geltend machen dürfen, können auch nicht mit der Mutter verheiratete Väter gehören, wenn sie Erziehungsverantwortung für das Kind übernehmen und in verlässlichen persönlichen Kontakt mit dem Kind stehen; die biologische Vaterschaft allein reicht dagegen für Elternrechte nicht aus[629]. Restriktiver sieht es der Supreme Court, wenn der biologische Vater und der gesetzliche Vater um Elternrechte streiten, etwa wenn das Kind aus einer außerehelichen Beziehung stammt. Hier werden dem biologischen Vater keine Rechte zugestanden, weil es insoweit keine Traditionen gebe und die existierende Ehe zu schützen sei[630]. **409**

c) Das Recht auf Reproduktionsautonomie

In Erweiterung der bereits erwähnten *Griswold*-Entscheidung wurde im Jahr 1973 in der Entscheidung *Roe v. Wade* ein grundsätzliches Recht auf Schwangerschaftsabbruch **410**

623 *Obergefell v. Hodges,* 135 S.Ct. 2584, 2599 ff. (2015); *Kulick,* JZ 2016, 67; *Barron/Dienes,* S. 295 f.; *Chemerinsky,* S. 866.

624 *Obergefell v. Hodges,* 135 S.Ct. 2584, 2601 f. (2015); *Barron/Dienes,* S. 296 f.; *Hailbronner,* S. 133, 137 f.; *Chemerinsky,* S. 865 u. 867; *Kulick,* JZ 2016, 67, 74.

625 *Meyer v. Nebraska,* 262 U.S. 390, 399 (1923); *Stanley v. Illinois,* 405 U.S. 645, 651 (1972); *Quillion v. Walcott,* 434 U.S. 246, 255 (1978); *Santosky v. Kramer,* 455 U.S. 746, 753 (1982); *Barron/Dienes,* S. 321; *Chemerinsky,* S. 869.

626 S.o. C.III. 4.

627 *Chemerinsky,* S. 869.

628 *Quillion v. Walcott,* 434 U.S. 246, 255 (1978); *Chemerinsky,* S. 869.

629 *Stanley v. Illinois,* 405 U.S. 645, 651 (1972); *Lehr v. Robertson,* 463 U.S. 248, 261 (1983).

630 *Michael H. v. Gerald D.,* 491 U.S. 110, 127 ff. (1989).

anerkannt[631]. Dieses stützte der Supreme Court erneut auf das Recht auf Privatsphäre, welches seinerseits aus dem Begriff „liberty" des 14. Zusatzartikels section 1 USC abgeleitet wurde; unterstützend wird der 9. Zusatzartikel USC herangezogen[632]. Gegenstand der Entscheidung war ein strafrechtliches Abtreibungsverbot des Bundesstaates Texas, welches nur bei Gefahren für die Gesundheit der Mutter Ausnahmen vorsah. *Roe v. Wade* erlaubte dagegen Abtreibungen bis zum Ende des 2. Trimesters der Schwangerschaft; erst danach wurde der Fötus für selbstständig lebensfähig gehalten, erst danach durfte der Staat intervenieren, musste dies aber nicht tun[633]. Begründet wurde dieses Ergebnis vor allem mit der Autonomie der Mutter, die nicht gezwungen werden dürfe, ein ungewolltes Kind auszutragen, weil dies zu psychologischen, sozialen und medizinischen Problemen führen könne[634]. Das ungeborene Kind wurde dagegen nicht als Person mit eigenen Rechten anerkannt[635], so dass – anders als dies in Deutschland gesehen wird[636] – der Staat auch nicht zu einer Intervention zu dessen Gunsten verpflichtet ist[637].

411 Das Urteil löste intensive gesellschaftliche und rechtswissenschaftliche Debatten aus, die bis heute andauern[638]. Die zwei Lager „pro choice" (Befürworter der Abtreibung) und „pro life" (Abtreibungsgegner) stehen sich unversöhnlich gegenüber[639]. Man kann sagen, dass der Supreme Court in *Roe v. Wade* keinen Kompromiss gefunden hat, der die Gesellschaft befriedete.

412 Obwohl von manchen wegen zahlreicher Richterwechsel erwartet[640], hob der Supreme Court die *Roe v. Wade*-Entscheidung in dem rund zwanzig Jahre später zu beurteilenden Fall *Planned Parenthood v. Casey* nicht auf[641]. Den entscheidenden Richterinnen und Richtern war die Brisanz ihrer Entscheidung sehr bewusst, wie die Eingangsworte des Urteils zeigen:

„Liberty finds no refuge in a jurisprudence of doubt. Yet 19 years after our holding that the Constitution protects a woman's right to terminate her pregnancy in its early stages, Roe v. Wade, that definition of liberty is still questioned. Joining the respondents as amicus curiae, the United States, as it has done in five other cases in the last decade, again asks us to overrule Roe".

---

631 *Roe v. Wade,* 410 U.S. 113, 153 (1973); *Chemerinsky,* S. 885; *Brugger,* S. 118.

632 *Roe v. Wade,* 410 U.S. 113, 153 (1973).

633 *Roe v. Wade,* 410 U.S. 113, 162 ff. (1973).

634 *Roe v. Wade,* 410 U.S. 113, 153 (1973); s.a. *Planned Parenthood v. Casey,* 505 U.S. 833, 852 (1992); *Barron/Dienes,* S. 274.

635 *Roe v. Wade,* 410 U.S. 113, 156 f. (1973); *Barron/Dienes,* S. 275; *Chemerinsky,* S. 887 f.; *Brugger,* S. 119; *Kischel,* S. 196.

636 BVerfGE 88, 203, 251 f.; *Jarass/Pieroth,* Art. 2, Rn. 85 u. 103 f.; *Sodan/Ziekow,* § 22, Rn. 21 u. § 23, Rn. 10; *Michael/Morlok,* Rn. 633.

637 *Roe v. Wade,* 410 U.S. 113, 163 ff. (1973); *Kischel,* S. 196.

638 *Chemerinsky,* S. 886 u. 889; *Amar* (2012), S. 123; *Lepore,* S. 647; *Hailbronner,* S. 133, 144; *Brugger,* S. 119.

639 *Lepore,* S. 654; *Chemerinsky,* S. 886; *Brugger,* S. 119.

640 *Barron/Dienes,* S. 276 f.; *Brugger,* S. 121; *Chemerinsky,* S. 886 u. 891.

641 *Planned Parenthood v. Casey,* 505 U.S. 833, 846 (1992); *Washington v. Glucksberg,* 521 U.S. 702, 720 (1997); *Barron/Dienes,* S. 277 f.

Das Zitat zeigt, dass Rechtssicherheitsargumente – im US-Recht also das stare decisis[642] – eine wichtige Rolle spielten; eine ganze Generation hatte sich auf die Grundsätze von Roe v. Wade verlassen[643]. Zudem wollte der Supreme Court nicht den Eindruck entstehen lassen, man sei durch politischen Druck beeinflussbar[644].

Die Ausgangsentscheidung von 1973 wurde allerdings in einigen Punkten modifiziert. **413**
Die starre Trimesterregelung gilt jetzt nicht mehr[645]. Staatliche Maßnahmen zur Regelung von Schwangerschaftsabbrüchen, sind daher jetzt auch vor Ende des 2. Trimesters möglich, solange sie keine unangemessene Belastung (undue burden) oder ein wesentliches Hindernis (substantive obstacle) für die betroffenen Frauen darstellen[646]. Dieser sehr offene Maßstab[647], der eine Abwendung vom strengeren strict-scrutiny-Test im Fall *Roe v. Wade* darstellt[648], wurde vom Supreme Court an Einzelfällen konkretisiert. Als unangemessen wird es angesehen, wenn das Ziel der staatlichen Intervention darin besteht, die freie Wahl der Betroffenen einzuschränken oder wenn zumindest diese Wirkung ausgelöst wird. Letzteres wurde etwa angenommen, wenn eine Regel alle verheirateten Frauen verpflichtet, vor einer Abtreibung ihren Ehemann zu informieren[649]. Nicht als unangemessene Belastungen werden z.B. Beratungsverpflichtungen oder Wartefristen von 24 Stunden nach solchen Beratungen angesehen[650].

In jüngerer Zeit gab es verschiedene Versuche von Bundesstaaten, Abtreibungen **414**
dadurch schwieriger zu machen, dass hohe Anforderungen an die Praxen gestellt wurden, die diese durchführen wollen[651]. So verlangte ein Gesetz des Bundesstaates Texas etwa, dass Abtreibungsärztinnen und -ärzte wie Zentren für ambulante Operationen auf chirurgische Eingriffe vorbereitet sein mussten, selbst wenn sie keine chirurgischen Abtreibungen vornahmen; das gleiche Gesetz forderte, dass ein Krankenhaus, nicht weiter als 30 Meilen von der Abtreibungspraxis entfernt, zur Verfügung stehen müsse. Es wurde vermutet, dass unter diesen Bedingungen über 75 % der texanischen Abtreibungspraxen hätten schließen müssen[652]. Obwohl sich Texas darauf berief, die Gesundheit der Frauen schützen zu wollen, verwarf der Supreme Court dieses Gesetz; denn es stelle ein wesentliches Hindernis für die Verwirklichung des Rechts auf Abtreibung für sehr viele Frauen dar; die Belastung werde auch nicht dadurch ausgeglichen, dass wenige Frauen eventuell gesundheitliche Vorteile hätten[653].

642 S. hierzu bereits oben B. II. 6.
643 *Barron/Dienes*, S. 277.
644 *Barron/Dienes*, S. 277.
645 *Planned Parenthood v. Casey,* 505 U.S. 833, 873 (1992); *Chemerinsky,* S. 894; *Barron/Dienes*, S. 278.
646 *Planned Parenthood v. Casey,* 505 U.S. 833, 876 f. (1992); *Brugger,* S. 121; *Chemerinsky,* S. 886.
647 Kritisch *Chemerinsky,* S. 896 f.
648 *Barron/Dienes*, S. 280; *Chemerinsky,* S. 886 f.
649 *Planned Parenthood v. Casey,* 505 U.S. 833, 887 ff. (1992); *Barron/Dienes*, S. 279 f.; *Chemerinsky,* S. 911 f.
650 *Planned Parenthood v. Casey,* 505 U.S. 833, 886 f. (1992); *Chemerinsky,* S. 899; *Barron/Dienes*, S. 279.
651 *Chemerinsky,* S. 904.
652 *Chemerinsky,* S. 904.
653 *Whole Woman's Health v. Hellerstedt,* 136 S.Ct. 2292, 2298 f. (2016); bestätigt durch die Entscheidung im Fall *Medical Services v. Russo* vom 29.06.2020, SZ v. 01.07.2020, S. 7 (noch nicht veröffentlicht).

415 Wenn es um Schwangerschaftsabbrüche von Minderjährigen geht, tritt ein Konflikt zwischen den unter b) geschilderten elterlichen Erziehungsrechten und dem Recht jeder Frau auf einen Abbruch der ungewollten Schwangerschaft auf. In einer Reihe von Entscheidungen wurde folgender Kompromiss gefunden[654]. Gesetzliche Regelungen dürfen eine Benachrichtigung und sogar eine Zustimmung der Erziehungsberechtigten verlangen; wird eine Zustimmung nicht erteilt, muss der Minderjährigen aber eine Alternative in Form einer gerichtlichen Zustimmung zur Verfügung stehen. Die Richterin bzw. der Richter entscheidet zugunsten der Minderjährigen, wenn sie bzw. er entweder zu der Auffassung kommt, diese sei reif genug, um eine eigene Entscheidung zu treffen, oder den Schwangerschaftsabbruch für die vernünftigste Entscheidung hält.

416 Richtig hieran ist, dass jede medizinische Behandlung von Jugendlichen und Kindern einer Zustimmung der Eltern bedarf, so auch grundsätzlich ein Schwangerschaftsabbruch. Andererseits frage *Erwin Chemerinsky* zu Recht[655]: Wie wahrscheinlich ist es, dass Teenager sich an Gerichte wenden? Nach welchen Kriterien sollen die Richter entscheiden, welches die beste Lösung im gegebenen Fall darstellt? Wie soll eine Richterin erkennen, ob eine Jugendliche reif genug ist, eine eigene Entscheidung zu treffen? Wenn sie dies nicht ist, ist sie dann reif genug, um Mutter zu werden?

d) Das Recht auf Selbstbestimmung in medizinischen Fragen

417 Die Rechtsprechung hat es – bis auf Ausnahmen für Insassen von staatlichen Gefängnissen und Patienten in staatlichen psychiatrischen Kliniken[656] – abgelehnt, aus der due-process-clause Ansprüche auf staatliche Gesundheitsleistungen abzuleiten[657]. Deshalb gibt es auch keine Ansprüche auf die Finanzierung von Schwangerschaftsabbrüchen[658].

418 Als unbenanntes Freiheitsrecht aus dem 14. Zusatzartikel section 1 USC ist dagegen ein Recht auf die Ablehnung oder Beendigung einer medizinischen Behandlung anerkannt[659]. Staatliche Eingriffe in dieses Recht sind nicht völlig ausgeschlossen, etwa in Form von Zwangsimpfungen oder medikamentöser Behandlung von gefährlichen Gefängnisinsassen[660]. Das Recht, sich nicht behandeln zu lassen, umfasst auch die Beendigung lebenserhaltender Maßnahmen, allerdings nur solange der Patient dies selbst entscheidet bzw. eine Patientenverfügung vorgelegt werden kann, die eine solche

---

654 *Belotti v. Baird,* 443 U.S. 622, 643 f. (1979); *Planned Parenthood v. Ashcroft,* 462 U.S. 476, 490 ff. (1983); *Ohio v. Akron Center for Reproductive Health,* 497 U.S. 502, 510 ff. (1990); s.a. *Barron/Dienes*, S. 287 ff.; *Chemerinsky,* S. 912 ff. jeweils m.w.N.

655 *Chemerinsky,* S. 914.

656 *Estelle v. Gamble,* 429 U.S. 97, 103 (1976); *Youngsberg v. Romeo,* 457 U.S. 307, 317 f. (1982); *Barron/Dienes*, S. 305; *Chemerinsky,* S. 917 f.; *Brugger,* S. 125.

657 *Youngsberg v. Romeo,* 457 U.S. 307, 317 (1982); *DeShaney v. Winnebago County Department,* 489 U.S. 189, 196 (1989); *Barron/Dienes*, S. 305; *Chemerinsky,* S. 917.

658 *Maher v. Roe,* 432 U.S. 464, 477 ff. (1977); *Harris v. McRae*, 448 U.S. 297, 317 f. (1980); *Chemerinsky,* S. 886, 908 ff. u. 917; *Barron/Dienes*, S. 290; *Brugger*, S. 120 mit Fn. 22.

659 *Washington v. Harper,* 494 U.S. 210, 221 f. (1990); *Cruzan v. Director, Missouri Dep. of Health,* 497 U.S. 261, 278 (1990); *Washington v. Glucksberg,* 521 U.S. 702, 720 (1997); *Barron/Dienes*, S. 308 f.; *Chemerinsky,* S. 918 f.

660 *Jacobson v. Massachusetts,* 197 U.S. 11, 31 ff. (1905); *Washington v. Harper,* 494 U.S. 210, 221 ff. (1990); *Chemerinsky,* S. 918.

Entscheidung enthält[661]. Ein Recht auf eine ärztlich unterstützten Suizid sieht der Supreme Court indes nicht als fundamentales Grundrecht an[662]. Selbsttötung und Selbsttötungsversuche seien historisch gesehen nie rechtlich geschützt gewesen[663]. Ferner müssten bestimmte gefährdete Personenkreise geschützt und der Weg zu freiwilliger oder unfreiwilliger Euthanasie blockiert werden[664]. Im Ergebnis hatten bundesstaatliche Gesetze Bestand, die Beihilfe zu Selbsttötungen strafrechtlich verfolgten.

---

661 *Cruzan v. Director, Missouri Dep. of Health,* 497 U.S. 261, 286 f. (1990); *Chemerinsky,* S. 919 f.; *Barron/Dienes*, S. 310.

662 *Washington v. Glucksberg,* 521 U.S. 702, 722 ff. (1997); *Barron/Dienes*, S. 311; *Amar* (2012), S. 123 f.; *Chemerinsky,* S. 921 f.; *Brugger*, S. 126.

663 *Washington v. Glucksberg,* 521 U.S. 702, 710 ff., 719 u. 722 (1997).

664 *Washington v. Glucksberg,* 521 U.S. 702, 731 f. u. 734 (1997).

D. Zusammenfassende Überlegungen

419 Zu Beginn dieses Buches[1] sind wichtige Parallelen zwischen der deutschen und der US-amerikanischen Verfassung angesprochen worden. Dieser letzte Abschnitt soll zusammenfassend den zentralen Unterschieden gewidmet sein. Eventuell bestätigt sich in Bezug auf die beiden Rechtstexte dann der Aphorismus von *Karl Kraus*[2]: *Je näher man ein Wort anschaut, desto ferner sieht es zurück.*

I. Unterschiede bei den Staatsgrundsätzen

420 Zunächst weist das Grundgesetz ausdrückliche Staatsgrundsätze und Staatsziele auf, was der US-amerikanischen Verfassung fremd ist, wenn man vom wenig relevanten republikanischen Grundsatz des Art. IV section 4 USC absieht. Benannt seien der Sozialstaatsgrundsatz des Art. 20 Abs. 1 GG und der Umweltstaatsgrundsatz des Art. 20a GG, die beide kein Gegenstück in der US-Verfassung haben[3].

421 Der frühere Verfassungsrichter *Udo Steiner* sieht den deutschen Sozialstaat als wichtiges Mittel, um die Bürgerinnen und Bürger für den Staat zu gewinnen[4], man kann den Sozialstaat auch als Instrument begreifen, welches einen Ausgleich zwischen Freiheit und Gleichheit schafft[5]. Zur Verwirklichung dieses Staatsziels hat der Bund zahlreiche Gesetzgebungskompetenzen, erwähnt seien nur Art. 74 Abs. 1 Nr. 7, Nr. 12, Nr. 13, Nr. 18 und Nr. 19a GG. Der Grundrechtsteil betont ebenfalls den sozialen Ausgleich, etwa in den Art. 6 Abs. 4 und Abs. 5, 14 Abs. 2 und 15 GG. Im weiteren Sinn lässt sich auch die Staatsaufgabe des Art. 3 Abs. 2 S. 2 GG hierzu rechnen. Schließlich kann man den vertikalen Finanzausgleich zwischen den Bundesländern (Art. 107 Abs. 2 GG) und den in Art. 72 Abs. 2 GG formulierten Gedanken der Herstellung gleichwertiger Lebensverhältnisse im Bundesgebiet, als soziale Anliegen bewerten[6]. Diese Orientierung des Rechts weg vom Individuum und hin zu gesellschaftlichen oder sozialen Fragen ist im deutschen Recht generell stärker als im US-Recht[7]. In den USA dagegen wird staatliche Umverteilung sehr skeptisch beurteilt[8].

422 Zwar ist der Demokratiegedanke beiden Verfassungen gemein, doch findet er sich nur im Grundgesetz explizit formuliert (Art. 20 Abs. 1, 28 Abs. 1 GG). Ferner ergeben sich gravierende Unterschiede in wichtigen Subsystemen wie dem Wahlrecht und dem Par-

1 S.o. A. I.
2 S. falschzitate.blogspot.com/2019/02/
3 *Hirschl,* American Journal of Comparative Law 53 (2005), 125, 131; *Kommers/ Miller,* S. 50; s.a. *Brugger,* S. 156 für den Sozialstaat.
4 *Steiner,* Jura 2019, 441, 447.
5 *Weber,* S. 38.
6 *Steiner,* Jura 2019, 441, 444 f.
7 *Lepsius,* S. 319, 328.
8 *Endler/Thunert,* S. 63, 68 u. 92.

teienrecht. Die Parteien sind in der US-Verfassung im Gegensatz zu Art. 21 GG überhaupt nicht erwähnt; sie wurden von den US-Verfassungsvätern auch sehr skeptisch beurteilt[9]. Das US-Mehrheitswahlrecht wiederum wirkt sich insofern auf die Parteienvielfalt aus, als dass fast zwangsläufig ein Zweiparteiensystem entsteht[10], wohingegen das Verhältniswahlsystem des Grundgesetzes zu einer vielfältigeren Parteienlandschaft geführt hat[11]. Manche nehmen sogar an, dass das Zweiparteiensystem verfassungsrechtlich gewollt sei[12].

Der gesamte Regelungskomplex der wehrhaften Demokratie, Art. 5 Abs. 3 S. 2, 9 **423**
Abs. 2, 18, 20 Abs. 4, 21 Abs. 2 und Abs. 3 GG hat keine Entsprechung in der US-Verfassung.

Ein dem Rechtsstaatsprinzip des Art. 20 Abs. 3, 28 Abs. 1 GG entsprechender Grund- **424**
satz fehlt in der US-Verfassung. Zentrale Elemente des deutschen Rechtsstaates wie die Rechtsbindung von Richtern und Verwaltung oder der Vorbehalt des Gesetzes sind deshalb im US-Verfassungsrecht wesentlich schwächer ausgeprägt[13]. Insbesondere fehlt die Wesentlichkeitstheorie, sodass in den USA sehr weitgehende administrative und präsidentielle Befugnisse verfassungsrechtlich möglich sind[14]. Der rechtsstaatlich fundierte Verhältnismäßigkeitsgrundsatz hat in den USA ebenfalls eine deutlich geringere Bedeutung als in Deutschland, häufig begnügt sich der Supreme Court mit dem rational-basis-test[15]. Hingewiesen sie hier nur auf das Strafrechtssystem mit hohen gesetzlich festgelegte Mindeststrafen, insbesondere für Drogendelikte (three strikes and out)[16], mit seiner extrem langen Dauer von Haftstrafen, auch für Jugendliche[17] sowie psychisch kranke Menschen[18] und auf die Existenz der Todesstrafe in vielen Bundesstaaten und im Bund[19]. In Zahlen bedeutet dies, dass mehr als zwei Millionen Menschen in den US-Gefängnissen einsitzen[20] und die USA seit vielen Jahren zu den Ländern mit den höchsten Inhaftierungsraten weltweit gehören (über 600 Gefangene pro 100.000 Einwohner im Vergleich zu unter 80 Gefangene pro 100.000 Einwohner in Deutschland)[21]. Seit Jahrzehnten werden Afroamerikaner in Relation zu ihrem Bevölkerungsanteil unverhältnismäßig oft vom Drogenstrafrecht und generell von der Strafverfolgung betroffen[22].

---

9 *Lepore,* S. 144 u. 146; *Brugger,* S. 35.
10 *Brugger,* S. 34 f.; *Morlok/Michael,* Rn. 209.
11 *Morlok/Michael,* Rn. 209.
12 *Amar* (2012), S. 227 u. 397.
13 Ähnlich *Lepsius,* S. 319, 333.
14 *Brugger,* S. 218.
15 *Hailbronner,* S. 133, 144; *Baer,* S. 253, 265; *Collings,* S. 273, 295; *Kahn,* Michigan Law Review 101 (2003), 2677, 2697 f.
16 *Stevenson,* S. 15; *Brugger,* JZ 2009, 609, 618 ff.
17 *Stevenson,* S. 15, 147 ff. u. 269.
18 *Stevenson,* S. 186 ff.
19 Hierzu etwa *Brugger,* JZ 2009, 609, 616 f.
20 *Stevenson,* S. 15 u. 317.
21 Genaue Zahlen auf de.wikipedia.org/wiki/Gefangenenrate.
22 *Lepore,* S. 623, 700 u. 726.

425 In Hinsicht auf den beiden Verfassungen gemeinsamen Bundesstaatsgedanken erscheint folgender Vergleich angebracht. In Deutschland stellen sich die legislativen Befugnisse der Bundesländer als Inseln in einem Meer von Bundesgesetzen dar. Umgekehrt wirken die Gesetzgebungsbefugnisse des Bundes in den USA wie – zugegeben – sehr große Flüsse, die sich indes durch Landschaften aus Bundesstaatengesetzen bewegen. M.a.W. gibt es nur eine fragmentarische Bundesrechtsordnung[23]. Erinnert sei an die Rechtsgebiete des Zivil-, Handels-, Straf-, Waffen-, Umwelt-, Bau-, Gesellschafts- und Familienrechts die in den USA in den Händen der Bundesstaaten liegen[24]. Gleiches gilt für die Bereiche des allgemeinen Verwaltungsrechts und des Gerichtsverfahrens, soweit Landesbehörden und -gerichte tätig werden[25].

426 Generell lässt sich festhalten, dass das Verhältnis von Bund zu Ländern in der deutschen Verfassung sehr viel detaillierter und stärker auf Zusammenarbeit gerichtet geregelt ist. Erwähnt seien nur die Art. 23 Abs. 4–7, 28 Abs. 1 u. Abs. 3, 30–37, 83 ff. GG sowie die Regeln zur Finanzverfassung. In der US-Verfassung gibt es kaum Regeln über die Organisation der Bundesverwaltung[26], geschweige denn Hinweise auf die Aufgaben der Landesverwaltung.

427 Wie bereits unter A.II. genauer geschildert, öffnet sich das deutsche Verfassungsrecht, im Unterschied zum amerikanischen, sehr viel stärker internationalen – insbesondere europäischen – Einflüssen.

II. Unterschiede bei der Staatsorganisation

428 Unter B.I.6. und 7. wurde erörtert, dass der US-Präsident eine singuläre innen- und außenpolitische Machtstellung innehat, die Befugnisse des Bundespräsidenten bleiben weit hinter dieser Position zurück. Selbst die Bundeskanzlerin hat keinen dem US-Präsidenten vergleichbare Stellung, sie wird nämlich gemäß Art. 65 GG in vielen ihrer Entscheidungen durch die Ressortkompetenz der Bundesminister sowie die Kollegialkompetenzen der Bundesregierung gebremst[27]. Zudem ist sie im Unterschied zum US-Präsidenten auf das Vertrauen des Parlaments angewiesen (Art. 67, 68 GG) und kann daher abgewählt werden, wenn z.B. eine Regierungskoalition scheitert.

429 Die Unterschiede zwischen dem Bundesverfassungsgericht und dem Supreme Court sind weniger frappierend. Das US-amerikanische Gericht kann freier über die Annahme von Verfahren entscheiden, zudem amtieren seine Richterinnen und Richter auf Lebenszeit. Generell wird der Gesetzgeber vom Bundesverfassungsgericht strenger kontrolliert als dies vor dem Supreme Court üblich ist. Instrumente hierfür sind etwa

23 *Lepsius,* S. 319, 332.
24 *Currie,* S. 29.
25 *Schmidt-Aßmann,* VerwArch 111 (2020), 1, 8 f.
26 *Brugger,* S. 206.
27 Vertiefend hierzu *Morlok/Michael,* Rn. 822 ff.; *Jarass/Pieroth,* Art. 65, Rn. 5 ff.; *Sodan/Ziekow,* § 15, Rn. 22 f.

die aus den Grundrechten entwickelten Schutzpflichten, eine konsequentere Verhältnismäßigkeitsprüfung und das Fehlen der „political questions doctrine" (B.II.5.), mit der sich der Supreme Court aus manchen Fragen zurückzieht.

Für die Rollenverteilung zwischen Verfassungsgericht und Parlament dürfte auch die Möglichkeit einer Verfassungsänderung eine wichtige Rolle spielen. In Deutschland ist die Verfassung sehr viel leichter zu ändern als in den USA[28]. In den USA hat der Supreme Court also häufiger das letzte Wort. Ein interessanter kleiner Unterschied zeigt sich in der Verarbeitung beschlossener Verfassungsänderungen im Verfassungstext. In den USA bleibt der ursprüngliche Verfassungstext bestehen, Änderungen werden angehängt, in Deutschland wird der ursprüngliche Verfassungstext überschrieben. Der Nachteil am erstgenannten Verfahren ist, dass man zwischen Originaltext und Änderungen hin- und her blättern muss, etwa um zu entscheiden, ob die Prohibition von Alkohol noch gilt; der Vorteil ist darin zu sehen, dass frühere Fehler präsent bleiben und die grundsätzliche Offenheit des Verfassungsdokuments deutlicher wird[29]. **430**

Im Bereich der Legislative erwiesen sich vor allem Senat und Bundesrat als sehr unterschiedliche Einrichtungen (B.III.5.). Der Bundesrat ist keineswegs wie der Senat ein gleichberechtigter Partner im Gesetzgebungsverfahren. Außerdem bietet die vielfältige Zusammensetzung des Bundesrates aus Landesregierungen mit sehr unterschiedlichen Koalitionen eher die Chance zur sachorientierten Zusammenarbeit und Kompromissfindung, wohingegen im Senat die Parteipolitik meist das gleiche Gewicht hat wie im Repräsentantenhaus. Ein gewichtiger Unterschied zwischen Bundestag und Repräsentantenhaus liegt in der nur zweijährigen Amtszeit der US-amerikanischen Kammer (B.III.5.). **431**

Das US-amerikanische Gesetzgebungsverfahren hat mehr Blockademöglichkeiten als das deutsche. Sowohl der Präsident mit seinem Veto, als auch jede Parlamentskammer kann ein Gesetzgebungsprojekt ausbremsen (B.VI.). Deshalb kann es auch zu sogenannten „shut downs" der Bundesverwaltung kommen, weil das Parlament den Haushalt nicht rechtzeitig bewilligt, für Deutschland ist das eine sehr ungewöhnliche Vorstellung. **432**

III. Unterschiede bei den Grundrechten

Nicht zuletzt mit Blick auf die NS-Zeit beginnt die deutsche Verfassung in Art. 1 Abs. 1 GG mit einem Bekenntnis zur Menschenwürde[30]. Diese Bestimmung gehört nach Art. 79 Abs. 3 GG zum änderungsfesten Verfassungskern und enthält den wichtigsten Verfassungswert[31]. Eine vergleichbare explizite Wertorientierung gibt es in der US-Ver- **433**

---

28 *Kulick,* JZ 2016, 67, 68; *Kaiser u.a.,* S. 7, 14.

29 *Amar,* (2006), S. 459 f.

30 *Jarass/Pieroth,* Art. 1, Rn. 1; *Steiner,* Jura 2019, 441, 442; *Michael/Morlok,* Rn. 131.

31 BVerfGE 109, 279, 311; *Collings,* S. 273, 295; *Michael/Morlok,* Rn. 142; *Steiner,* Jura 2019, 441, 442; *Jarass/Pieroth,* Art. 1, Rn. 2; *Sodan/Ziekow,* § 26, Rn. 1.

fassung nicht, die vielmehr die Staatsorganisation in ihren ersten Artikeln behandelt. Wenn man einen Wert benennen sollte, der für die US-Verfassung zentral ist, wäre dies die individuelle Freiheit und nicht die Menschenwürde; hierzu passen sowohl das Recht auf Waffenbesitz als auch das Recht auf Abtreibung[32].

434 Auf den ersten Blick wird deutlich, dass das der Grundrechtsteil des Grundgesetzes umfassender angelegt und stärker ausdifferenziert ist, als die Liste der Grundrechte in der US-Verfassung[33]. Dennoch weist die US-Verfassung mit einer starken Betonung von justizbezogenen Grundrechten in den Zusatzartikeln IV bis VIII, insbesondere den Geschworenengerichten (B.II.8)., und dem Recht auf Waffenbesitz im zweiten Zusatzartikel (C.VI.) Besonderheiten auf, die im Grundgesetz nicht bzw. nicht so stark ausgeprägt sind. Dass aus Grundrechten Leistungsansprüche folgen, kommt im Deutschland häufiger vor, etwa in Art. 6 Abs. 4, 7 Abs. 4 und 19 Abs. 4 GG. Solche Leistungsrechte aus Grundrechten werden in den USA eher verneint[34]. Das Bundesverfassungsgericht hat ferner weitere – auch einklagbare – Funktionen der Grundrechte entwickelt, wie etwa die mittelbare Drittwirkung im Privatrecht, die Schutzpflichten sowie die Teilhaberechte aus Grundrechten[35], die so im US-Verfassungsrecht unbekannt sind. Diese Weiterentwicklungen beruhen auf dem Gedanken, dass die Grundrechte als objektive Wertordnung zu verstehen sind, die das gesamte deutsche Recht prägt[36].

435 In Bezug auf die Grundrechte, die beide Verfassungen kennen, fällt auf, dass die enge Zusammenarbeit zwischen Staat und Kirche, die das deutsche Verfassungsrecht durch die Art. 7 Abs. 3 u. Abs. 5 GG sowie Art. 140 GG i.V.m. Art. 136 ff. WRV ermöglicht, in den USA nicht vorstellbar wäre. Hierzu passt auch die deutlich großzügigere Haltung der meisten Bundesstaaten der USA zum – oft religiös motivierten – Homeschooling (C.III.4.).

436 Was die Meinungsfreiheit angeht, besteht in den USA ein weiter ausgedehnter Schutz als in Deutschland (C.IV.6.). Gruppendiffamierungen werden seltener sanktioniert, die Strafbarkeit der Holocaust-Leugnung ist unbekannt und der Schutz des allgemeinen Persönlichkeitsrechts als Gegengewicht nur sehr schwach ausgeprägt.

437 Abschließend lässt sich festhalten, dass sich die deutsche und die US-amerikanische Verfassungsordnung nicht zu fern sind, als dass man sich völlig fremd fühlt, aber auch nicht so nah, dass man nur bestätigt und nie herausgefordert wird. Der Blick über den Atlantik auf die jeweils andere Verfassungsordnung bleibt so im positiven Sinne irritierend und erkenntnisfördernd[37].

---

32 *Whitman*, SZ Nr. 145 v. 27.06.2014, S. 12.

33 *Lindenblatt*, S. 86.

34 S. z.B. *Regan v. Taxation with Representation*, 461 U.S. 540, 545 f. u. 549 (1983); *Matal v. Tam*, 138 S.Ct. 1744, 1761 (2017); s.a. *Brugger*, S. 181; *Chemerinsky*, S. 1069 f.; *Currie*, S. 54; *Kulick*, JZ 2016, 67, 73 f.

35 *Steiner*, Jura 2019, 441, 442 f.; *Jarass/Pieroth*, vor Art. 1, Rn. 8 f.; *Sodan/Ziekow*, § 22, Rn. 16 ff.

36 Seit BVerfGE 7, 198, 205 s.a. 49, 89, 141 f.; 56, 54, 73; 117, 202, 227; 127, 87, 114; 148, 267, 280; *Jarass/Pieroth*, vor Art. 1, Rn. 6; *Sodan/Ziekow*, § 22, Rn. 14; *Collings*, S. 273, 300; *Kommers/Miller*, S. 45 u. 57; *Michael/Morlok*, Rn. 21; *Steiner*, Jura 2019, 441, 442 f.

37 Ähnlich *Kaiser u.a.*, S. 7, 14.

E. Constitution of the United States

We the People of the United States, in Order to form a more perfect Union, establish Justice, insure domestic Tranquility, provide for the common defence, promote the general Welfare, and secure the Blessings of Liberty to ourselves and our Posterity, do ordain and establish this Constitution for the United States of America.

Article I

Section 1 All legislative Powers herein granted shall be vested in a Congress of the United States, which shall consist of a Senate and House of Representatives.

Section 2 (1) The House of Representatives shall be composed of Members chosen every second Year by the People of the several States, and the Electors in each State shall have the Qualifications requisite for Electors of the most numerous Branch of the State Legislature.

(2) No Person shall be a Representative who shall not have attained to the Age of twenty five Years, and been seven Years a Citizen of the United States, and who shall not, when elected, be an Inhabitant of that State in which he shall be chosen.

(3) *Representatives and direct Taxes shall be apportioned among the several States which may be included within this Union, according to their respective Numbers, which shall be determined by adding to the whole Number of free Persons, including those bound to Service for a Term of Years, and excluding Indians not taxed, three fifths of all other Persons.*[1] The actual Enumeration shall be made within three Years after the first Meeting of the Congress of the United States, and within every subsequent Term of ten Years, in such Manner as they shall by Law direct.The number of Representatives shall not exceed one for every thirty Thousand, but each State shall have at Least one Representative; and until such enumeration shall be made, the State of New Hampshire shall be entitled to chuse three, Massachusetts eight, Rhode-Island and Providence Plantations one, Connecticut five, New-York six, New Jersey four, Pennsylvania eight, Delaware one, Maryland six, Virginia ten, North Carolina five, South Carolina five, and Georgia three.

(4) When vacancies happen in the Representation from any State, the Executive Authority thereof shall issue Writs of Election to fill such Vacancies.

(5) The House of Representatives shall chuse their Speaker and other Officers;and shall have the sole Power of Impeachment.

1 Geändert durch den 14. Zusatzartikel, section 2.

Section 3 (1) The Senate of the United States shall be composed of two Senators from each State, *chosen by the Legislature thereof*[2], for six Years; and each Senator shall have one Vote.

(2) Immediately after they shall be assembled in Consequence of the first Election, they shall be divided as equally as may be into three Classes. The Seats of the Senators of the first Class shall be vacated at the Expiration of the second Year, of the second Class at the Expiration of the fourth Year, and of the third Class at the Expiration of the sixth Year, so that one third may be chosen every second Year; *and if Vacancies happen by Resignation, or otherwise, during the Recess of the Legislature of any State, the Executive thereof may make temporary Appointments until the next Meeting of the Legislature, which shall then fill such Vacancies.*[3]

(3) No Person shall be a Senator who shall not have attained to the Age of thirty Years, and been nine Years a Citizen of the United States, and who shall not, when elected, be an Inhabitant of that State for which he shall be chosen.

(4) The Vice President of the United States shall be President of the Senate, but shall have no Vote, unless they be equally divided.

(5) The Senate shall chuse their other Officers, and also a President pro tempore, in the Absence of the Vice President, or when he shall exercise the Office of President of the United States.

(6) The Senate shall have the sole Power to try all Impeachments. When sitting for that Purpose, they shall be on Oath or Affirmation. When the President of the United States is tried, the Chief Justice shall preside: And no Person shall be convicted without the Concurrence of two thirds of the Members present.

(7) Judgment in Cases of Impeachment shall not extend further than to removal from Office, and disqualification to hold and enjoy any Office of honor, Trust or Profit under the United States: but the Party convicted shall nevertheless be liable and subject to Indictment, Trial, Judgment and Punishment, according to Law.

Section 4 (1) The Times, Places and Manner of holding Elections for Senators and Representatives, shall be prescribed in each State by the Legislature thereof; but the Congress may at any time by Law make or alter such Regulations, except as to the Places of chusing Senators.

(2) The Congress shall assemble at least once in every Year, and such Meeting shall be *on the first Monday in December*[4], unless they shall by Law appoint a different Day.

Section 5 (1) Each House shall be the Judge of the Elections, Returns and Qualifications of its own Members, and a Majority of each shall constitute a Quorum to do Business; but a smaller Number may adjourn from day to day, and may be authorized to

2 Geändert durch den 17. Zusatzartikel.
3 Geändert durch den 17. Zusatzartikel.
4 Geändert durch den 20. Zusatzartikel, section 2.

compel the Attendance of absent Members, in such Manner, and under such Penalties as each House may provide.

(2) Each House may determine the Rules of its Proceedings, punish its Members for disorderly Behaviour, and, with the Concurrence of two thirds, expel a Member.

(3) Each House shall keep a Journal of its Proceedings, and from time to time publish the same, excepting such Parts as may in their Judgment require Secrecy; and the Yeas and Nays of the Members of either House on any question shall, at the Desire of one fifth of those Present, be entered on the Journal.

(4) Neither House, during the Session of Congress, shall, without the Consent of the other, adjourn for more than three days, nor to any other Place than that in which the two Houses shall be sitting.

Section 6 (1) The Senators and Representatives shall receive a Compensation for their Services, to be ascertained by Law, and paid out of the Treasury of the United States.They shall in all Cases, except Treason, Felony and Breach of the Peace, be privileged from Arrest during their Attendance at the Session of their respective Houses, and in going to and returning from the same; and for any Speech or Debate in either House, they shall not be questioned in any other Place.

(2) No Senator or Representative shall, during the Time for which he was elected, be appointed to any civil Office under the Authority of the United States, which shall have been created, or the Emoluments whereof shall have been encreased during such time; and no Person holding any Office under the United States, shall be a Member of either House during his Continuance in Office.

Section 7 (1) All Bills for raising Revenue shall originate in the House of Representatives; but the Senate may propose or concur with Amendments as on other Bills.

(2) Every Bill which shall have passed the House of Representatives and the Senate, shall, before it become a Law, be presented to the President of the United States; If he approve he shall sign it, but if not he shall return it, with his Objections to that House in which it shall have originated, who shall enter the Objections at large on their Journal, and proceed to reconsider it. If after such Reconsideration two thirds of that House shall agree to pass the Bill, it shall be sent, together with the Objections, to the other House, by which it shall likewise be reconsidered, and if approved by two thirds of that House, it shall become a Law. But in all such Cases the Votes of both Houses shall be determined by Yeas and Nays, and the Names of the Persons voting for and against the Bill shall be entered on the Journal of each House respectively. If any Bill shall not be returned by the President within ten Days (Sundays excepted) after it shall have been presented to him, the Same shall be a Law, in like Manner as if he had signed it, unless the Congress by their Adjournment prevent its Return, in which Case it shall not be a Law.

(3) Every Order, Resolution, or Vote to which the Concurrence of the Senate and House of Representatives may be necessary (except on a question of Adjournment) shall be presented to the President of the United States; and before the Same shall take Effect, shall be approved by him, or being disapproved by him, shall be repassed by two thirds of the Senate and House of Representatives, according to the Rules and Limitations prescribed in the Case of a Bill.

Section 8 (1) The Congress shall have Power To lay and collect Taxes, Duties, Imposts and Excises, to pay the Debts and provide for the common Defence and general Welfare of the United States; but all Duties, Imposts and Excises shall be uniform throughout the United States;

(2) To borrow Money on the credit of the United States;

(3) To regulate Commerce with foreign Nations, and among the several States, and with the Indian Tribes;

(4) To establish a uniform Rule of Naturalization, and uniform Laws on the subject of Bankruptcies throughout the United States;

(5) To coin Money, regulate the Value thereof, and of foreign Coin, and fix the Standard of Weights and Measures;

(6) To provide for the Punishment of counterfeiting the Securities and current Coin of the United States;

(7) To establish Post Offices and post Roads;

(8) To promote the Progress of Science and useful Arts, by securing for limited Times to Authors and Inventors the exclusive Right to their respective Writings and Discoveries;

(9) To constitute Tribunals inferior to the supreme Court;

(10) To define and punish Piracies and Felonies committed on the high Seas, and Offenses against the Law of Nations;

(11) To declare War, grant Letters of Marque and Reprisal, and make Rules concerning Captures on Land and Water;

(12) To raise and support Armies, but no Appropriation of Money to that Use shall be for a longer Term than two Years;

(13) To provide and maintain a Navy;

(14) To make Rules for the Government and Regulation of the land and naval Forces;

(15) To provide for calling forth the Militia to execute the Laws of the Union, suppress Insurrections and repel Invasions;

(16) To provide for organizing, arming, and disciplining, the Militia, and for governing such Part of them as may be employed in the Service of the United States, reserving to the States respectively, the Appointment of the Officers, and the Authority of training the Militia according to the discipline prescribed by Congress;

(17) To exercise exclusive Legislation in all Cases whatsoever, over such District (not exceeding ten Miles square) as may, by Cession of particular States, and the Acceptance of Congress, become the Seat of the Government of the United States, and to exercise like Authority over all Places purchased by the Consent of the Legislature of the State in which the Same shall be, for the Erection of Forts, Magazines, Arsenals, dock-Yards and other needful Buildings;

(18) To make all Laws which shall be necessary and proper for carrying into Execution the foregoing Powers, and all other Powers vested by this Constitution in the Government of the United States, or in any Department or Officer thereof.

Section 9 (1) The Migration or Importation of such Persons as any of the States now existing shall think proper to admit, shall not be prohibited by the Congress prior to the Year one thousand eight hundred and eight, but a Tax or duty may be imposed on such Importation, not exceeding ten dollars for each Person.

(2) The Privilege of the Writ of Habeas Corpus shall not be suspended, unless when in Cases of Rebellion or Invasion the public Safety may require it.

(3) No Bill of Attainder or ex post facto Law shall be passed.

(4) No Capitation, or other direct, Tax shall be laid, unless in Proportion to the Census or Enumeration herein before directed to be taken[5].

(5) No Tax or Duty shall be laid on Articles exported from any State.

(6) No Preference shall be given by any Regulation of Commerce or Revenue to the Ports of one State over those of another: nor shall Vessels bound to, or from, one State, be obliged to enter, clear, or pay Duties in another.

(7) No Money shall be drawn from the Treasury, but in Consequence of Appropriations made by Law; and a regular Statement and Account of the Receipts and Expenditures of all public Money shall be published from time to time.

(8) No Title of Nobility shall be granted by the United States: And no Person holding any Office of Profit or Trust under them, shall, without the Consent of the Congress, accept of any present, Emolument, Office, or Title, of any kind whatever, from any King, Prince, or foreign State.

Section 10 (1) No State shall enter into any Treaty, Alliance, or Confederation; grant Letters of Marque and Reprisal; coin Money; emit Bills of Credit; make any Thing but gold and silver Coin a Tender in Payment of Debts; pass any Bill of Attainder, ex post facto Law, or Law impairing the Obligation of Contracts, or grant any Title of Nobility.

5 Ergänzt durch den 16. Zusatzartikel.

(2) No State shall, without the Consent of the Congress, lay any Imposts or Duties on Imports or Exports, except what may be absolutely necessary for executing it's inspection Laws: and the net Produce of all Duties and Imposts, laid by any State on Imports or Exports, shall be for the Use of the Treasury of the United States; and all such Laws shall be subject to the Revision and Controul of the Congress.

(3) No State shall, without the Consent of Congress, lay any Duty of Tonnage, keep Troops, or Ships of War in time of Peace, enter into any Agreement or Compact with another State, or with a foreign Power, or engage in War, unless actually invaded, or in such imminent Danger as will not admit of delay.

Article II

Section 1 (1) The executive Power shall be vested in a President of the United States of America. He shall hold his Office during the Term of four Years, and, together with the Vice President, chosen for the same Term, be elected, as follows:

(2) Each State shall appoint, in such Manner as the Legislature thereof may direct, a Number of Electors, equal to the whole Number of Senators and Representatives to which the State may be entitled in the Congress: but no Senator or Representative, or Person holding an Office of Trust or Profit under the United States, shall be appointed an Elector.

(3) The Electors shall meet in their respective States, and vote by Ballot for two Persons, of whom one at least shall not be an Inhabitant of the same State with themselves. And they shall make a List of all the Persons voted for, and of the Number of Votes for each; which List they shall sign and certify, and transmit sealed to the Seat of the Government of the United States, directed to the President of the Senate. The President of the Senate shall, in the Presence of the Senate and House of Representatives, open all the Certificates, and the Votes shall then be counted. The Person having the greatest Number of Votes shall be the President, if such Number be a Majority of the whole Number of Electors appointed; and if there be more than one who have such Majority, and have an equal Number of Votes, then the House of Representatives shall immediately chuse by Ballot one of them for President; and if no Person have a Majority, then from the five highest on the List the said House shall in like Manner chuse the President. But in chusing the President, the Votes shall be taken by States, the Representation from each State having one Vote; A quorum for this Purpose shall consist of a Member or Members from two thirds of the States, and a Majority of all the States shall be necessary to a Choice. In every Case, after the Choice of the President, the Person having the greatest Number of Votes of the Electors shall be the Vice President. But if there should remain two or more who have equal Votes, the Senate shall chuse from them by Ballot the Vice President.[6]

6 Geändert durch den 12. Zusatzartikel.

(4) The Congress may determine the Time of chusing the Electors, and the Day on which they shall give their Votes; which Day shall be the same throughout the United States.

(5) No Person except a natural born Citizen, or a Citizen of the United States, at the time of the Adoption of this Constitution, shall be eligible to the Office of President; neither shall any person be eligible to that Office who shall not have attained to the Age of thirty five Years, and been fourteen Years a Resident within the United States.

(6) *In Case of the Removal of the President from Office, or of his Death, Resignation, or Inability to discharge the Powers and Duties of the said Office, the Same shall devolve on the Vice President, and the Congress may by Law provide for the Case of Removal, Death, Resignation or Inability, both of the President and Vice President, declaring what Officer shall then act as President, and such Officer shall act accordingly, until the Disability be removed, or a President shall be elected.*[7]

(7) The President shall, at stated Times, receive for his Services, a Compensation, which shall neither be increased nor diminished during the Period for which he shall have been elected, and he shall not receive within that Period any other Emolument from the United States, or any of them.

(8) Before he enter on the Execution of his Office, he shall take the following Oath or Affirmation: "I do solemnly swear (or affirm) that I will faithfully execute the Office of President of the United States, and will to the best of my Ability, preserve, protect and defend the Constitution of the United States."

Section 2 (1) The President shall be Commander in Chief of the Army and Navy of the United States, and of the Militia of the several States, when called into the actual Service of the United States; he may require the Opinion, in writing, of the principal Officer in each of the executive Departments, upon any Subject relating to the Duties of their respective Offices, and he shall have Power to grant Reprieves and Pardons for Offenses against the United States, except in Cases of Impeachment.

(2) He shall have Power, by and with the Advice and Consent of the Senate, to make Treaties, provided two thirds of the Senators present concur; and he shall nominate, and by and with the Advice and Consent of the Senate, shall appoint Ambassadors, other public Ministers and Consuls, Judges of the supreme Court, and all other Officers of the United States, whose Appointments are not herein otherwise provided for, and which shall be established by Law: but the Congress may by Law vest the Appointment of such inferior Officers, as they think proper, in the President alone, in the Courts of Law, or in the Heads of Departments.

(3) The President shall have Power to fill up all Vacancies that may happen during the Recess of the Senate, by granting Commissions which shall expire at the End of their next Session.

7 Geändert durch den 25. Zusatzartikel.

Section 3 He shall from time to time give to the Congress Information of the State of the Union, and recommend to their Consideration such Measures as he shall judge necessary and expedient; he may, on extraordinary Occasions, convene both Houses, or either of them, and in Case of Disagreement between them, with Respect to the Time of Adjournment, he may adjourn them to such Time as he shall think proper; he shall receive Ambassadors and other public Ministers; he shall take Care that the Laws be faithfully executed, and shall Commission all the Officers of the United States.

Section 4 The President, Vice President and all civil Officers of the United States, shall be removed from Office on Impeachment for, and Conviction of, Treason, Bribery, or other high Crimes and Misdemeanors.

Article III

Section 1 The judicial Power of the United States, shall be vested in one supreme Court, and in such inferior Courts as the Congress may from time to time ordain and establish. The Judges, both of the supreme and inferior Courts, shall hold their Offices during good Behaviour, and shall, at stated Times, receive for their Services, a Compensation, which shall not be diminished during their Continuance in Office.

Section 2 (1) The judicial Power shall extend to all Cases, in Law and Equity, arising under this Constitution, the Laws of the United States, and Treaties made, or which shall be made, under their Authority;--to all Cases affecting Ambassadors, other public Ministers and Consuls;--to all Cases of admiralty and maritime Jurisdiction;--to Controversies to which the United States shall be a Party;--to Controversies between two or more States;--*between a State and Citizens of another State*[8];--between Citizens of different States;--between Citizens of the same State claiming Lands under Grants of different States, and between a State, or the Citizens thereof, and foreign States, Citizens or Subjects.

(2) In all Cases affecting Ambassadors, other public Ministers and Consuls, and those in which a State shall be Party, the supreme Court shall have original Jurisdiction. In all the other Cases before mentioned, the supreme Court shall have appellate Jurisdiction, both as to Law and Fact, with such Exceptions, and under such Regulations as the Congress shall make.

(3) The Trial of all Crimes, except in Cases of Impeachment; shall be by Jury; and such Trial shall be held in the State where the said Crimes shall have been committed; but when not committed within any State, the Trial shall be at such Place or Places as the Congress may by Law have directed.

8 Geändert durch den 11. Zusatzartikel.

Section 3 (1) Treason against the United States, shall consist only in levying War against them, or in adhering to their Enemies, giving them Aid and Comfort. No Person shall be convicted of Treason unless on the Testimony of two Witnesses to the same overt Act, or on Confession in open Court.

(2) The Congress shall have Power to declare the Punishment of Treason, but no Attainder of Treason shall work Corruption of Blood, or Forfeiture except during the Life of the Person attainted.

Article IV

Section 1 Full Faith and Credit shall be given in each State to the public Acts, Records, and judicial Proceedings of every other State. And the Congress may by general Laws prescribe the Manner in which such Acts, Records and Proceedings shall be proved, and the Effect thereof.

Section 2 (1) The Citizens of each State shall be entitled to all Privileges and Immunities of Citizens in the several States.

(2) A Person charged in any State with Treason, Felony, or other Crime, who shall flee from Justice, and be found in another State, shall on Demand of the executive Authority of the State from which he fled, be delivered up, to be removed to the State having Jurisdiction of the Crime.

(3) No Person held to Service or Labour in one State, under the Laws thereof, escaping into another, shall, in Consequence of any Law or Regulation therein, be discharged from such Service or Labour, but shall be delivered up on Claim of the Party to whom such Service or Labour may be due.[9]

Section 3 (1) New States may be admitted by the Congress into this Union; but no new State shall be formed or erected within the Jurisdiction of any other State; nor any State be formed by the Junction of two or more States, or Parts of States, without the Consent of the Legislatures of the States concerned as well as of the Congress.

(2) The Congress shall have Power to dispose of and make all needful Rules and Regulations respecting the Territory or other Property belonging to the United States; and nothing in this Constitution shall be so construed as to Prejudice any Claims of the United States, or of any particular State.

Section 4 (1) The United States shall guarantee to every State in this Union a Republican Form of Government, and shall protect each of them against Invasion; and on Application of the Legislature, or of the Executive (when the Legislature cannot be convened) against domestic Violence.

9 Geändert durch den 13. Zusatzartikel.

Article V

The Congress, whenever two thirds of both Houses shall deem it necessary, shall propose Amendments to this Constitution, or, on the Application of the Legislatures of two thirds of the several States, shall call a Convention for proposing Amendments, which, in either Case, shall be valid to all Intents and Purposes, as Part of this Constitution, when ratified by the Legislatures of three fourths of the several States, or by Conventions in three fourths thereof, as the one or the other Mode of Ratification may be proposed by the Congress; Provided that no Amendment which may be made prior to the Year One thousand eight hundred and eight shall in any Manner affect the first and fourth Clauses in the Ninth Section of the first Article; and that no State, without its Consent, shall be deprived of its equal Suffrage in the Senate.

Article VI

(1) All Debts contracted and Engagements entered into, before the Adoption of this Constitution, shall be as valid against the United States under this Constitution, as under the Confederation.

(2) This Constitution, and the Laws of the United States which shall be made in Pursuance thereof; and all Treaties made, or which shall be made, under the Authority of the United States, shall be the supreme Law of the Land; and the Judges in every State shall be bound thereby, any Thing in the Constitution or Laws of any State to the Contrary notwithstanding.

(3) The Senators and Representatives before mentioned, and the Members of the several State Legislatures, and all executive and judicial Officers, both of the United States and of the several States, shall be bound by Oath or Affirmation, to support this Constitution; but no religious Test shall ever be required as a Qualification to any Office or public Trust under the United States.

Article VII

The Ratification of the Conventions of nine States, shall be sufficient for the Establishment of this Constitution between the States so ratifying the Same.

First Amendment (1791)

Congress shall make no law respecting an establishment of religion, or prohibiting the free exercise thereof; or abridging the freedom of speech, or of the press; or the right of the people peaceably to assemble, and to petition the Government for a redress of grievances.

Second Amendment (1791)

A well regulated Militia, being necessary to the security of a free State, the right of the people to keep and bear Arms, shall not be infringed.

Third Amendment (1791)

No Soldier shall, in time of peace be quartered in any house, without the consent of the Owner, nor in time of war, but in a manner to be prescribed by law.

Fourth Amendment (1791)

The right of the people to be secure in their persons, houses, papers, and effects, against unreasonable searches and seizures, shall not be violated, and no Warrants shall issue, but upon probable cause, supported by Oath or affirmation, and particularly describing the place to be searched, and the persons or things to be seized.

Fifth Amendment (1791)

No person shall be held to answer for a capital, or otherwise infamous crime, unless on a presentment or indictment of a Grand Jury, except in cases arising in the land or naval forces, or in the Militia, when in actual service in time of War or public danger; nor shall any person be subject for the same offence to be twice put in jeopardy of life or limb; nor shall be compelled in any criminal case to be a witness against himself, nor be deprived of life, liberty, or property, without due process of law; nor shall private property be taken for public use, without just compensation.

Sixth Amendment (1791)

In all criminal prosecutions, the accused shall enjoy the right to a speedy and public trial, by an impartial jury of the State and district wherein the crime shall have been committed, which district shall have been previously ascertained by law, and to be informed of the nature and cause of the accusation; to be confronted with the witnesses against him; to have compulsory process for obtaining witnesses in his favor, and to have the Assistance of Counsel for his defence.

Seventh Amendment (1791)

In Suits at common law, where the value in controversy shall exceed twenty dollars, the right of trial by jury shall be preserved, and no fact tried by a jury, shall be otherwise reexamined in any Court of the United States, than according to the rules of the common law.

Eighth Amendment (1791)

Excessive bail shall not be required, nor excessive fines imposed, nor cruel and unusual punishments inflicted.

Ninth Amendment (1791)

The enumeration in the Constitution, of certain rights, shall not be construed to deny or disparage others retained by the people.

10th Amendment (1791)

The powers not delegated to the United States by the Constitution, nor prohibited by it to the States, are reserved to the States respectively, or to the people.

11th Amendment (1798)

The Judicial power of the United States shall not be construed to extend to any suit in law or equity, commenced or prosecuted against one of the United States by Citizens of another State, or by Citizens or Subjects of any Foreign State.

12th Amendment (1804)

The Electors shall meet in their respective states and vote by ballot for President and Vice-President, one of whom, at least, shall not be an inhabitant of the same state with themselves; they shall name in their ballots the person voted for as President, and in distinct ballots the person voted for as Vice-President, and they shall make distinct lists of all persons voted for as President, and of all persons voted for as Vice-President, and of the number of votes for each, which lists they shall sign and certify, and transmit sealed to the seat of the government of the United States, directed to the President of the Senate; -- The President of the Senate shall, in the presence of the Senate and House of Representatives, open all the certificates and the votes shall then be counted; -- The person having the greatest number of votes for President, shall be the President, if such number be a majority of the whole number of Electors appointed; and if no person have such majority, then from the persons having the highest numbers not exceeding three on the list of those voted for as President, the House of Representatives shall choose immediately, by ballot, the President. But in choosing the President, the votes shall be taken by states, the representation from each state having one vote; a quorum for this purpose shall consist of a member or members from two-thirds of the states, and a majority of all the states shall be necessary to a choice. And if the House of Representatives shall not choose a President whenever the right of choice shall devolve upon them, before the fourth day of March next following, then the Vice-President shall act as President, as in case of the death or other constitutional disability of the President.-- The person having the greatest number of votes as Vice-President, shall be the Vice-President, if such number be a majority of the whole number of Electors appointed, and if no person have a majority, then from the two highest numbers on the list, the Senate shall choose the Vice-President; a quorum for the purpose shall consist of two-thirds of the whole number of Senators, and a majority of the whole number shall be necessary to a choice. But no person constitutionally ineligible to the office of President shall be eligible to that of Vice-President of the United States.

13th Amendment (1865)

Section 1 Neither slavery nor involuntary servitude, except as a punishment for crime whereof the party shall have been duly convicted, shall exist within the United States, or any place subject to their jurisdiction.

Section 2 Congress shall have power to enforce this article by appropriate legislation.

14th Amendment (1868)

Section 1 All persons born or naturalized in the United States, and subject to the jurisdiction thereof, are citizens of the United States and of the State wherein they reside. No State shall make or enforce any law which shall abridge the privileges or immunities of citizens of the United States; nor shall any State deprive any person of life, liberty, or property, without due process of law; nor deny to any person within its jurisdiction the equal protection of the laws.

Section 2 Representatives shall be apportioned among the several States according to their respective numbers, counting the whole number of persons in each State, excluding Indians not taxed. But when the right to vote at any election for the choice of electors for President and Vice-President of the United States, Representatives in Congress, the Executive and Judicial officers of a State, or the members of the Legislature thereof, is denied to any of the male inhabitants of such State, being twenty-one years of age, and citizens of the United States, or in any way abridged, except for participation in rebellion, or other crime, the basis of representation therein shall be reduced in the proportion which the number of such male citizens shall bear to the whole number of male citizens twenty-one years of age in such State.

Section 3 No person shall be a Senator or Representative in Congress, or elector of President and Vice-President, or hold any office, civil or military, under the United States, or under any State, who, having previously taken an oath, as a member of Congress, or as an officer of the United States, or as a member of any State legislature, or as an executive or judicial officer of any State, to support the Constitution of the United States, shall have engaged in insurrection or rebellion against the same, or given aid or comfort to the enemies thereof. But Congress may by a vote of two-thirds of each House, remove such disability.

Section 4 The validity of the public debt of the United States, authorized by law, including debts incurred for payment of pensions and bounties for services in suppressing insurrection or rebellion, shall not be questioned. But neither the United States nor any State shall assume or pay any debt or obligation incurred in aid of insurrection or rebellion against the United States, or any claim for the loss or emancipation of any slave; but all such debts, obligations and claims shall be held illegal and void.

Section 5 The Congress shall have the power to enforce, by appropriate legislation, the provisions of this article.

15th Amendment (1870)

Section 1 The right of citizens of the United States to vote shall not be denied or abridged by the United States or by any State on account of race, color, or previous condition of servitude.

Section 2 The Congress shall have the power to enforce this article by appropriate legislation.

16th Amendment (1913)

The Congress shall have power to lay and collect taxes on incomes, from whatever source derived, without apportionment among the several States, and without regard to any census or enumeration.

17th Amendment (1913)

(1) The Senate of the United States shall be composed of two Senators from each State, elected by the people thereof, for six years; and each Senator shall have one vote. The electors in each State shall have the qualifications requisite for electors of the most numerous branch of the State legislatures.

(2) When vacancies happen in the representation of any State in the Senate, the executive authority of such State shall issue writs of election to fill such vacancies: Provided, That the legislature of any State may empower the executive thereof to make temporary appointments until the people fill the vacancies by election as the legislature may direct.

(3) This amendment shall not be so construed as to affect the election or term of any Senator chosen before it becomes valid as part of the Constitution.

18th Amendment (1919)[10]

Section 1 *After one year from the ratification of this article the manufacture, sale, or transportation of intoxicating liquors within, the importation thereof into, or the exportation thereof from the United States and all territory subject to the jurisdiction thereof for beverage purposes is hereby prohibited.*

Section 2 *The Congress and the several States shall have concurrent power to enforce this article by appropriate legislation.*

Section 3 *This article shall be inoperative unless it shall have been ratified as an amendment to the Constitution by the legislatures of the several States, as provided in the Constitution, within seven years from the date of the submission hereof to the States by the Congress.*

10 Aufgehoben durch den 21. Zusatzartikel.

19th Amendment (1920)

(1) The right of citizens of the United States to vote shall not be denied or abridged by the United States or by any State on account of sex.

(2) Congress shall have power to enforce this article by appropriate legislation.

20th Amendment (1933)

Section 1 The terms of the President and the Vice President shall end at noon on the 20th day of January, and the terms of Senators and Representatives at noon on the 3d day of January, of the years in which such terms would have ended if this article had not been ratified; and the terms of their successors shall then begin.

Section 2 The Congress shall assemble at least once in every year, and such meeting shall begin at noon on the 3d day of January, unless they shall by law appoint a different day.

Section 3 If, at the time fixed for the beginning of the term of the President, the President elect shall have died, the Vice President elect shall become President. If a President shall not have been chosen before the time fixed for the beginning of his term, or if the President elect shall have failed to qualify, then the Vice President elect shall act as President until a President shall have qualified; and the Congress may by law provide for the case wherein neither a President elect nor a Vice President shall have qualified, declaring who shall then act as President, or the manner in which one who is to act shall be selected, and such person shall act accordingly until a President or Vice President shall have qualified.

Section 4 The Congress may by law provide for the case of the death of any of the persons from whom the House of Representatives may choose a President whenever the right of choice shall have devolved upon them, and for the case of the death of any of the persons from whom the Senate may choose a Vice President whenever the right of choice shall have devolved upon them.

Section 5 Sections 1 and 2 shall take effect on the 15th day of October following the ratification of this article.

Section 6 This article shall be inoperative unless it shall have been ratified as an amendment to the Constitution by the legislatures of three-fourths of the several States within seven years from the date of its submission.

21st Amendment (1933)

Section 1 The eighteenth article of amendment to the Constitution of the United States is hereby repealed.

Section 2 The transportation or importation into any State, Territory, or Possession of the United States for delivery or use therein of intoxicating liquors, in violation of the laws thereof, is hereby prohibited.

Section 3 This article shall be inoperative unless it shall have been ratified as an amendment to the Constitution by conventions in the several States, as provided in the Constitution, within seven years from the date of the submission hereof to the States by the Congress.

22nd Amendment (1951)

Section 1 No person shall be elected to the office of the President more than twice, and no person who has held the office of President, or acted as President, for more than two years of a term to which some other person was elected President shall be elected to the office of President more than once. But this Article shall not apply to any person holding the office of President when this Article was proposed by Congress, and shall not prevent any person who may be holding the office of President, or acting as President, during the term within which this Article becomes operative from holding the office of President or acting as President during the remainder of such term.

Section 2 This article shall be inoperative unless it shall have been ratified as an amendment to the Constitution by the legislatures of three-fourths of the several States within seven years from the date of its submission to the States by the Congress.

23rd Amendment (1961)

Section 1 The District constituting the seat of Government of the United States shall appoint in such manner as Congress may direct:

A number of electors of President and Vice President equal to the whole number of Senators and Representatives in Congress to which the District would be entitled if it were a State, but in no event more than the least populous State; they shall be in addition to those appointed by the States, but they shall be considered, for the purposes of the election of President and Vice President, to be electors appointed by a State; and they shall meet in the District and perform such duties as provided by the twelfth article of amendment.

Section 2 The Congress shall have power to enforce this article by appropriate legislation.

24th Amendment (1964)

Section 1 The right of citizens of the United States to vote in any primary or other election for President or Vice President, for electors for President or Vice President, or for Senator or Representative in Congress, shall not be denied or abridged by the United States or any State by reason of failure to pay poll tax or other tax.

Section 2 The Congress shall have power to enforce this article by appropriate legislation.

25th Amendment (1967)

Section 1 In case of the removal of the President from office or of his death or resignation, the Vice President shall become President.

Section 2 Whenever there is a vacancy in the office of the Vice President, the President shall nominate a Vice President who shall take office upon confirmation by a majority vote of both Houses of Congress.

Section 3 Whenever the President transmits to the President pro tempore of the Senate and the Speaker of the House of Representatives his written declaration that he is unable to discharge the powers and duties of his office, and until he transmits to them a written declaration to the contrary, such powers and duties shall be discharged by the Vice President as Acting President.

Section 4 (1) Whenever the Vice President and a majority of either the principal officers of the executive departments or of such other body as Congress may by law provide, transmit to the President pro tempore of the Senate and the Speaker of the House of Representatives their written declaration that the President is unable to discharge the powers and duties of his office, the Vice President shall immediately assume the powers and duties of the office as Acting President.

(2) Thereafter, when the President transmits to the President pro tempore of the Senate and the Speaker of the House of Representatives his written declaration that no inability exists, he shall resume the powers and duties of his office unless the Vice President and a majority of either the principal officers of the executive department or of such other body as Congress may by law provide, transmit within four days to the President pro tempore of the Senate and the Speaker of the House of Representatives their written declaration that the President is unable to discharge the powers and duties of his office. Thereupon Congress shall decide the issue, assembling within forty-eight hours for that purpose if not in session. If the Congress, within twenty-one days after receipt of the latter written declaration, or, if Congress is not in session, within twenty-one days after Congress is required to assemble, determines by two-thirds vote of both Houses that the President is unable to discharge the powers and duties of his office, the Vice President shall continue to discharge the same as Acting President; otherwise, the President shall resume the powers and duties of his office.

26th Amendment (1971)

Section 1 The right of citizens of the United States, who are eighteen years of age or older, to vote shall not be denied or abridged by the United States or by any State on account of age.

Section 2 The Congress shall have power to enforce this article by appropriate legislation.

27th Amendment (1992)

No law, varying the compensation for the services of the Senators and Representatives, shall take effect, until an election of representatives shall have intervened.

Fallverzeichnis

Wenn möglich, sind die Entscheidungen nach der amtlichen Sammlung des Supreme Court (U.S. = United States Reports) zitiert, die Sie im Internet unter supremecourt.gov oder unter justia.com finden. Jüngere Entscheidungen, die dort noch nicht aufgenommen wurden, werden nach der Zeitschrift Supreme Court Reporter (S.Ct.) zitiert, die in den – kostenpflichtigen - juristischen Datenbanken westlaw oder lexis.nexis nachgewiesen sind.

Buckley v. Valeo, 405 U.S. 1 ff. (1976), Rn. 283 ff., 308, 344 f., 373
Burnet v. Coronado, 285 U.S. 393, 406 f. (1932), Rn. 127
Burson v. Freeman, 504 U.S. 191 ff. (1992), 276, 304, 308, 311
Burton v. Wilmington Parking Authority, 365 U.S. 715 ff. (1961), Rn. 235
Burwell v. Hobby Lobby, 573 U.S. 691 ff. (2014), Rn. 242 ff.
Bush v. Gore, 531 U.S. 98 ff. (2000), Rn. 90, 99, 117, 209, 213

Caetano v. Massachusetts, 136 S. Ct. 1027 ff. (2016), Rn. 357, 362
California Medical Association v. FEC, 453 U.S. 182 ff. (1981), Rn. 285 f.
Cantwell v. Connecticut, 310 U.S. 296 ff. (1940), Rn. 240, 258 f.
Central Hudson Gas v. Public Service Commission, 447 U.S. 557 ff. (1980), Rn. 281, 309
Chamber of Commerce v. Reich, 74 F. 3d, 1322, 1339 (1996), Rn. 68
Chaplinsky v. New Hampshire, 315 U.S. 568 ff. (1942), Rn. 275 f., 291, 294
Church of Lukumi v. Hialeah, 508 U.S. 520 ff. (1993), Rn. 262
Citizens United v. FEC, 558 U.S. 310 ff. (2010), Rn. 127, 279, 283, 285 ff., 300 f., 308
City of Boerne v. Flores, 521 U.S. 507 ff. (1997), Rn. 86
City of Dallas v. Stanglin, 490 U.S. 19 ff. (1989), Rn. 277, 282, 344 f.
City of Philadelphia v. New Jersey, 437 U.S. 617 ff. (1978), Rn. 161
City of Richmond v. Croson, 488 U.S. 469 ff. (1989), Rn. 393
Clinton v. City of New York, 524 U.S. 417 ff. (1998), Rn. 44, 71
Coates v. Cincinnati, 402 U.S. 611 ff. (1971), Rn. 326 ff.
Cohen v. California, 403 U.S. 15, 19 (1971), Rn. 275, 291, 294
Cohen v. Cowles Media Co., 501 U.S. 663 ff. (1991), Rn. 298
Cook v. Gralike, 531 U.S. 510 ff. (2001), Rn. 182
Cooper v. Aaron, 358 U.S. 1 ff. (1958), Rn. 86
Crawford v. Marion County, 128 S. Ct. 1610 ff. (2008), Rn. 214 ff.
Cruzan v. Director, Missouri Dep. of Health, 497 U.S. 261 ff. (1990), Rn. 418
Curtis Publishing v. Butts, 388 U.S. 130 ff. (1967), Rn. 295

Dames v. Regan, 453 U.S. 654, 679 f. (1981), Rn. 36
Davis v. FEC, 554 U.S. 724 ff. (2008), Rn. 109, 111, 284 ff.
De Jonge v. Oregon, 299 U.S. 353 ff. (1937), Rn. 334, 337 f.
DeShaney v. Winnebago County Department, 489 U.S. 189 ff. (1989), Rn. 417
Dred Scott v. Sanford, 60 U.S. 393 ff. (1857), Rn. 375
Duncan v. Louisiana, 391 U.S. 145 ff. (1968), Rn. 136, 143, 149, 151

Edenfield v. Fane, 507 U.S. 761 ff. (1993), Rn. 281, 310
Edwards v. Aguillard, 482 U.S. 578 ff. (1987), Rn. 254
Employment Division v. Smith, 494 U.S. 872 ff. (1990), Rn. 259, 261 f.
Engel v. Vitale, 370 U.S. 421 ff. (1962), Rn. 250
Estelle v. Gamble, 429 U.S. 97 ff. (1976), Rn. 417
Everson v. Board of Education, 330 U.S. 1 ff. (1947), Rn. 246, 270

First National Bank v. Bellotti, 435 U.S. 765 ff. (1978), Rn. 298
Fisher v. University of Texas, 570 U.S. 297, 312 ff. (2013), Rn. 380, 393 f.
Fisher v. University of Texas, 136 S. Ct. 2198, 2208 (2016), Rn. 394
Franchise Tax Bd. v. Hyatt, 139 S. Ct. 1485 ff. (2019), Rn. 127
Frisby v. Schultz, 487 U.S. 474 ff. (1988), Rn. 340, 342
Fullilove v. Klutznick, 448 U.S. 448 ff. (1980), Rn. 393

Gade v. National Solid Wastes Management Association, 505 U.S. 88 ff. (1992), Rn. 167 f., 170 f.
Garcetti v. Cabellos, 547 U.S. 410 ff. (2006), Rn. 318
Garcia v. San Antonio, 469 U.S. 528 ff. (1985), Rn. 127
Gitlow v. New York, 268 U.S. 652 ff. (1925), Rn. 276, 338
Goldman v. Weinberger, 475 U.S. 503 ff. (1986), Rn. 260
Goldwater v. Carter, 444 US 996 ff. (1979), Rn. 116
Gonzales v. Raich, 545 U.S. 1 ff. (2005), Rn. 158 f.
Good News Club v. Milford Central School, 533 U.S. 98 ff. (2001), Rn. 312
Granholm v. Heald, 544 U.S. 460 ff. (2005), Rn. 161
Gratz v. Bollinger, 539 U.S. 244, 271 ff (2003), Rn. 380, 394
Greater New Orleans Broadcasting Association v. United States, 527 U.S. 173 ff. (1999), Rn. 310
Greer v. Spock, 424 U.S. 828 ff. (1976), Rn. 311, 313
Gregory v. Ashcroft, 501 U.S. 452 ff. (1991), Rn. 222
Griswold v. Connecticut, 381 U.S. 479 ff. (1965), Rn. 280, 344, 401, 410
Grutter v. Bollinger, 539 U.S. 306 ff. (2003), Rn. 392 ff.

Hague v. Committee for Industrial Organization, 307 U.S. 496, 515 f. (1939), Rn. 339
Harper v. Virgina Board of Elections, 338 U.S. 663 ff. (1966), Rn. 202, 205
Harris v. McRae, 448 U.S. 297 ff. (1980), Rn. 176, 417
Hazelwood School District v. Kuhlmeier, 484 U.S. 260 ff. (1988), Rn. 316 f.
Heart of Atlanta v. United States, 379 U.S. 241 ff. (1964), Rn. 158
Heller v. District of Columbia, 554 U.S. 570 ff. (2008), Rn. 350, 353 ff., 364
Hillsborough County v. Automated Med. Lab., 471 U.S. 707 ff. (1985), Rn. 167, 171
Holder v. Humanitarian Law Project, 561 U.S. 1 ff. (2010), Rn. 293
Hosanna-Tabor Evangelical Church v. EEOC, 565 U.S. 171 ff. (2012), Rn. 246
Houston v. Hill, 482 U.S. 451 ff. (1987), Rn. 323 f.
Hudgens v. N.L.R.B., 424 U.S. 507 ff. (1976), Rn. 314
Hurley v. Irish-American Gay, Lesbian & Bisexual Group, 515 U.S. 557 ff. (1995), Rn. 340
Hustler Magazine v. Falwell, 485 U.S. 46 ff. (1988), Rn. 212, 330, 332

Iancu v. Brunetti, 139 S. Ct. 2294 ff. (2019), Rn. 301, 304, 323
INS v. Chadha, 462 U.S. 919 ff. (1983), Rn. 223
International Society for Krishna Consciousness v. Lee, 505 U.S. 672 ff. (1992), Rn. 311, 313

Miller v. California, 413 U.S. 15 ff. (1973), Rn. 291
Mills v. Alabama, 384 U.S. 214 ff. (1966), Rn. 276, 308
Minnesota v. Clover Leaf Creamery, 449 U.S. 456 ff. (1981), Rn. 163
Minnesota Voters Alliance v. Mansky, 138 S. Ct. 1876 ff. (2018), Rn. 187, 311 ff.
Mississippi University of Women v. Hogan, 458 U.S. 718 ff. (1982), Rn. 318 f.
Moore v. Ogilvie, 394 U.S. 814 ff. (1969), Rn. 111
Moose Lodge No. 107 v. Irvis, 407 U.S. 163 ff. (1972), Rn. 235
Morse v. Frederick, 551 U.S. 393 ff. (2007), Rn. 316 f.
Murphy v. National Collegiate Athletic Association, 138 S. Ct. 1461 ff. (2018), Rn. 222

NAACP v. Alabama ex rel. Patterson, 357 U.S. 449 ff. (1958), Rn. 344 ff.
NAACP v. Claiborne, 458 U.S. 886 ff. (1982), Rn. 338
National Federation of Family and Life Advocates v. Becerra, 138 S. Ct. 2361 ff. (2018), Rn. 277, 279, 301, 309
National Socialist Party of America v. Skokie, 432 U.S. 43 ff. (1977), Rn. 297
Nebraska Press Association v. Stuart, 427 U.S. 539 ff. (1976), Rn. 300
NFIB v. Sebelius, 567 U.S. 519 ff. (2012), Rn. 160, 165, 200 f.
New Orleans v. Dukes, 427 U.S. 297 ff. (1976), Rn. 380, 383
New York v. Ferber, 458 U.S. 747 ff. (1984), Rn. 291, 322 ff.
New York v. United States, 505 U.S. 144 ff. (1992), Rn. 201, 222
New York Times v. Sullivan, 376 U.S. 254 ff. (1964), Rn. 276, 279, 295, 309
New York Times v. United States, 403 U.S. 713 ff. (1971), Rn. 300
Nixon v. Shrink Missouri Government PAC, 528 U.S. 377 ff. (2000), Rn. 283, 286
Nixon v. United States, 506 U.S. 224 ff. (1993), Rn. 116

Obergefell v. Hodges, 135 S. Ct. 2584 ff. (2015), Rn. 90, 97, 232, 396, 407
Ohio v. Akron Center for Reproductive Health, 497 U.S. 502 ff. (1990), Rn. 415
Old Dominion Branch v. Austin, 418 U.S. 264 ff. (1974), Rn. 69
Oregon Waste Systems v. Department of Environmental Quality, 511 U.S. 93 ff. (1992), 161 f.
Osborne v. Ohio, 495 U.S. 103, 109 f. (1990), Rn. 291

Packingham v. North Carolina, 137 S. Ct. 1730 ff. (2017), Rn. 280, 311
Palko v. Connecticut, 302 U.S. 319 ff. (1937), Rn. 232
Palmore v. Sidoti, 466 U.S. 429 ff. (1984), Rn. 372
Parents Involved in Community Schools v. Seattle, 551 U.S. 701 ff. (2007), Rn. 378, 380, 391
Parker v. Levy, 417 U.S. 733 ff. (1974), Rn. 319, 324 f.
Patton v. United States, 281 U.S. 276 ff. (1930), Rn. 151
Pell v. Procunier, 417 U.S. 817 ff. (1974), Rn. 320
Pena-Rodriguez v. Colorado, 137 S. Ct. 855 ff. (2017), Rn. 136, 143 f., 372
Perry Education Association v. Perry Local Educators Association, 460 U.S. 37 ff. (1983), Rn. 311 ff., 339
Philadelphia Newspapers Inc. v. Hepps, 475 U.S. 767 ff. (1986), Rn. 295
Pickering v. Board of Education, 391 U.S. 563 ff. (1968), Rn. 318

Pike v. Bruce Church, Inc, 397 U.S. 137 ff. (1970), Rn. 161
Planned Parenthood v. Ashcroft, 462 U.S. 476 ff. (1983), Rn. 415
Planned Parenthood v. Casey, 505 U.S. 833 ff. (1992), Rn. 122, 127, 410, 412 ff.
Plessy v. Ferguson, 163 U.S. 537 (1896), Rn. 376 f.
Presser v. Illinois, 116 U.S. 252 ff. (1886), Rn. 336
Printz v. United States, 521 U.S. 898 ff. (1997), Rn. 222
Prudential Insurance Company v. Benjamin, 328 U.S. 408 ff. (1946), 169
Prune Yard Shopping Center v. Robins, 447 U.S. 74 ff. (1980), Rn. 314

Quillion v. Walcott, 434 U.S. 246 ff. (1978), Rn. 408

Raines v. Byrd, 521 U.S. 811 ff. (1997), Rn. 109
Randall v. Sorrell, 548 U.S. 230 ff. (2006), Rn. 283, 285 f.
Rattigan v. Holder, 689 F.3d 764 ff. (D.C. Cir. 2012), Rn. 69
RAV v. City of St Paul, 505 U.S. 377 ff. (1992), Rn. 279, 294, 297, 301 ff.
Regan v. Taxation with Representation, 461 U.S. 540 ff. (1983), Rn. 434
Regents of Univ. of California v. Bakke, 438 U.S. 265 ff. (1978), Rn. 372, 376, 380, 389 f., 392 f.
Reynolds v. Sims, 377 U.S. 533 ff. (1964), Rn. 118
Reynolds v. United States, 98 U.S. 145 ff. (1879), Rn. 259
Roberts v. Jaycees, 468 U.S. 609 ff. (1984), Rn. 344 f., 347 f.
Roe v. Wade, 410 U.S. 113 ff. (1973), Rn. 404, 410 ff.
Romer v. Evans, 517 U.S. 620 ff. (1996), Rn. 379
Rotary International v. Rotary Club of Duarte, 481 U.S. 537 ff. (1987), Rn. 345 ff.
Rucho v. Common Cause, 139 S. Ct. 2484 ff. (2019), Rn. 90, 112, 119 ff.

Santa Fe Independent School District v. Doe, 530 U.S. 290 ff. (2000), Rn. 240, 250
Santosky v. Kramer, 455 U.S. 746 ff. (1982), Rn. 408
Saxbe v. Washington Post, 417 U.S. 843 ff. (1974), Rn. 320
Sea-Land Services v. Interstate Commerce Commission, 738 F. 2d 1311 ff. (D.C. Cir. 1984), Rn. 70
Schenck v. Pro-Choice Network, 519 U.S. 357 ff. (1997), Rn. 305 f.
Schlesinger v. Reservists Committee, 418 U.S. 208 ff. (1974), Rn. 109
Shelby County v. Holder, 570 U.S. 529 ff. (2013), Rn. 203, 222
Snyder v. Phelps, 562 U.S. 443 ff. (2011), Rn. 294, 302, 308 f.
South Dakota v. Dole, 483 U.S. 203 ff. (1987), Rn. 201
Spence v. Washington, 418 U.S. 405 ff. (1974), Rn. 277, 282
Stanley v. Illinois, 405 U.S. 645 ff. (1972), Rn. 408
Swann v. Charlotte, 402 U.S. 1 ff. (1971), Rn. 378

Taylor v. Louisiana, 419 U.S. 522 ff. (1975), Rn. 139, 149
Texas v. Johnson, 491 U.S. 397 ff. (1989), Rn. 277, 282, 294
Thomas v. Collin, 363 U.S. 516 ff. (1945), Rn. 338, 343
Thompson v. Western States Medical Center, 535 U.S. 357 ff. (2002), Rn. 310
Ticor Title Insurance Co. v. Brown, 511 U.S. 117 ff. (1994), Rn. 103, 111

Timbs v. Indiana, 139 S. Ct. 682 ff. (2019), Rn. 232, 401
Tinker v. Des Moines, 393 U.S. 503 ff. (1969), Rn. 277, 282, 315 ff.
Torcaso v. Watkins, 367 U.S. 488 ff. (1961), Rn. 241
Town of Greece v. Galloway, 134 S. Ct. 1811, 1825 (2014), Rn. 250
Trinity Lutheran Church v. Comer, 137 S. Ct. 2012 ff. (2017), Rn. 254
Trump v. Hawaii, 138 S. Ct. 2392 ff. (2018), Rn. 111, 116, 127, 132, 246, 255
Turner Broadcasting Systems v. FCC, 512 U.S. 622 ff. (1994), Rn. 301 f.
Turner v. Safley, 482 U.S. 78 ff. (1987), Rn. 320, 406

United States Railroad Retirement Bd. v. Fritz, 449 U.S. 166 ff. (1980), Rn. 380, 383 f.
United States v. Carolene Products, 304 U.S. 144 ff. (1938), Rn. 400
United States v. Comstock, 560 U.S. 126 ff. (2010), Rn. 165
United States v. Cruikshank, 92 U.S. 542 ff. (1876), Rn. 336
United States v. Darby, 312 U.S. 100 ff. (1941), Rn. 159
United States v. Eichman, 496 U.S. 310 ff. (1990), Rn. 276, 282
United States v. Grace, 461 U.S. 171 ff. (1983), Rn. 277, 311 ff.
United States v. Kahriger, 345 U.S. 22 ff. (1953), Rn. 160
United States v. Kokinda, 497 U.S. 720 ff. (1990), Rn. 313
United States v. Lee, 455 U.S. 252 ff. (1982), Rn. 266
United States v. Lopez, 514 U.S. 549 ff. (1995), Rn. 158, 160
United States v. Morrison, 529 U.S. 598 ff. (2000), Rn. 158, 160
United States v. O'Brian, 391 U.S. 367 ff. (1968), Rn. 282, 301
United States v. Seeger, 380 U.S. 163 ff. (1965), Rn. 241
United States v. Stevens, 559 U.S. 460 ff. (2010), Rn. 272, 291 f., 323 f.
United States v. Virginia, 518 U.S. 515 ff. (1996), Rn. 382
United States v. Windsor, 133 S. Ct. 2675 ff. (2013), Rn. 71
U.S. Term Limits Inc. v. Thornton, 514 U.S. 779 ff. (1995), Rn. 182

Vieth v. Jubilirer, 541 U.S. 267 ff. (2004), Rn. 119
Village of Willowbrook v. Olech, 528 U.S. 562 ff. (2000), Rn. 385
Virginia State Board of Pharmacy v. Virginia Citizens Consumer Council, 425 U.S. 748 ff. (1976), Rn. 279 ff.

Wallace v. Jaffree, 472 U.S. 38 ff. (1985), Rn. 240, 250, 253
Ward v. Rock Against Racism, 481 U.S. 781 ff. (1989), Rn. 282, 301 f.
Washington v. Glucksberg, 521 U.S. 702 ff. (1997), Rn. 397, 412, 418
Washington v. Harper, 494 U.S. 210 ff. (1990), Rn. 418
Waters v. Churchill, 511 U.S. 661 ff. (1994), Rn. 318
Welsh v. United States, 398 U.S. 333 ff. (1970), Rn. 241
West Coast Hotel v. Parrish, 300 U.S. 379 ff. (1937), Rn. 400, 403
West Virginia v. Barnette, 319 U.S. 624 ff. (1943), Rn. 282, 343
Whitney v. California, 274 U.S. 357 ff. (1927), Rn. 334
Whole Womanś Health v. Hellerstedt, 136 S. Ct. 2292 ff. (2016), Rn. 414
Wickard v. Filburn, 317 U.S. 111 ff. (1941), Rn. 158

Williams v. Florida, 399 U.S. 78 ff. (1970), Rn. 137
Williams v. Vermont, 472 U.S. 14 ff. (1985), Rn. 386
Wisconsin v. Yoder, 406 U.S. 205 ff. (1972), Rn. 261, 271, 408

Youngsberg v. Romeo, 457 U.S. 307 ff. (1982), Rn. 417
Youngstown Sheet and Tube v. Sawyer, 343 US 579 ff. (1952), Rn. 52, 60 ff., 224
Zivetovsky ex re. Zivotovsky v. Kerry, 135 S. Ct. 2076 ff. (2015), Rn. 36

Stichwortverzeichnis

Die Zahlen beziehen sich auf die Randnummern.